conter e

Giuliano Amato   Andrea Graziosi

Grandi illusioni

Ragionando sull'Italia

Appendice statistica a cura di
Carlo D'Ippoliti

il Mulino

ISBN 978-88-15-24437-6

Indice

Introduzione

Per più secoli gli europei hanno vissuto un periodo di crescita straordinaria, che ha seguito percorsi e avuto tempi diversi nelle diverse parti del continente ma ne ha segnato e in parte accomunato la storia, le aspirazioni e i modi di pensare. Dalla fine del Settecento questa crescita ha subito una progressiva accelerazione, culminata negli eccezionali decenni del secondo dopoguerra, che hanno portato, almeno dopo il 1953, a un aumento del benessere persino nelle deformi economie socialiste dell'Europa orientale. Qui essa ha invertito la rotta già negli anni Settanta, per poi riprendere in maniera contraddittoria e per motivi particolari dopo il crollo di quelle economie. In Europa occidentale la crescita è invece continuata per qualche tempo dopo che le forze che l'avevano nutrita si erano indebolite anche, ma non solo e non ovunque nella stessa misura, grazie alla dilatazione dei debiti pubblici e privati. Dalla fine del XX secolo le cose sono però progressivamente diventate sempre più difficili, e il 2007 ha segnato una decisa svolta verso il peggio.

L'Italia, dove la crescita era cominciata già prima dell'Unità, ha partecipato intensamente a questo processo, e ne è stata per qualche tempo dopo il 1945 alla testa. Grazie a sempre più numerosi bambini capaci di sopravvivere ai primi anni di vita, e quindi a più giovani, e a una diminuzione della mortalità, la sua popolazione è aumentata dai 22 milioni del 1861 ai 45,5 nel 1945 (una crescita che sarebbe stata ancora più veloce senza l'emigrazione), per raggiungere i 55 milioni nel 1975. Dalla metà degli anni Settanta essa ha però cominciato a ristagnare – nel 2001 eravamo ancora meno di 57 milioni – e solo ultimamente si è registrata una timida ripresa grazie a un'immigrazione che non può tuttavia essere data per scontata.

Anche le nostre città hanno conosciuto un'esperienza simile. Roma è per esempio passata dai 184.000 abitanti del 1860 ai 463.000 del 1900, ai 691.000 del 1920, a 1.652.000 del 1950 e ai 2.800.000 del 1970 (quasi 15 volte il valore del 1860), prima di invertire la rotta fermandosi – malgrado l'immigrazione – ai 2.744.000 del 2010. Dal 1860 al 1900 Milano è passata invece da 242.000 a 493.000 abitanti, per superare decisamente Roma con 836.000 abitanti nel 1920, e ha poi raggiunto la cifra di 1.260.000 nel 1950 e di 1.724.000 nel 1970, per crollare, anche a causa dell'espansione delle zone residenziali extraurbane, a quella di 1.307.000 di oggi[1].

In quegli stessi decenni la speranza di vita alla nascita è balzata dai 29 anni del 1861 ai 55 del 1941, ai 69 del 1971 e agli 82 di oggi, mentre il tasso di mortalità infantile crollava dal 228,7‰ del 1861 al 107,1 del 1941, al 42,5 del 1971, al 3,6 dello scorso anno. Anche la percentuale degli alfabetizzati – sia pure spesso malamente – tra gli abitanti con più di 15 anni è cresciuta in modo straordinario e, malgrado tutto, omogeneo: nel 1861 era alfabetizzato il 37,1% della popolazione del Centro-Nord e il 14,2% di quella meridionale. Settant'anni dopo, nel 1931, si era rispettivamente all'87,4 e al 56,2%, anche se si trattava spesso di persone con una scolarizzazione di soli tre anni; nel 1971 al 97,3 e all'87%, diventati 99,3 e 96,8% nel 2001[2].

Nello stesso periodo il reddito annuo *pro capite* passava da 2.022 euro (del 2010) nel 1861 a 3.018 nel 1941, per balzare a 13.650 nel 1971 e raggiungere i 27.647 nel 2007, quando questa crescita si è arrestata, riportando il dato a 25.668 euro nel 2010.

Anche la diseguaglianza sociale è diminuita in modo significativo fino ai primi anni Ottanta del Novecento, quando ha ricominciato a crescere, sia pure in modo incerto. Questa diminuzione è stata dovuta in parte al progresso economico e in parte al mutato ruolo e alla mutata natura dello Stato, e quindi alla spesa sociale.

Come dimostra la tabella I.1, quest'ultima è aumentata molto velocemente fino agli anni Settanta e ha continuato ad aumentare, ma a credito, fino agli anni Novanta. La brusca frenata successiva al 1992, che ha colpito le aspettative di molti, non ha comunque arrestato un aumento in termini reali continuato almeno fino al 2007, quando anche in questo campo si è verificata un'inversione di rotta.

TAB. I.1. SPESA SOCIALE IN ITALIA, 1931-2011 (VOCI PRINCIPALI, IN MILIONI DI EURO, 2009)

	1931	1951	1971	1991	2011
Pensioni	9.096 (74,6% spesa sociale)	5.053 (guerra e inflazione)	50.642 (42,5% spesa sociale)	177.282	226.893 (53,6% spesa sociale)
Sanità	463 (3,8% spesa sociale)	2.275	26.984 (22,6% spesa sociale)	73.565	93.597 (22,1% spesa sociale)
Istruzione	2.181 (17,9% spesa sociale)	4.542	31.616 (26,5% spesa sociale)	64.639	67.989 (16,1% spesa sociale)

Il progresso non è stato quindi solo un'illusione, o un'ideologia, ma una realtà concreta, di sorprendente rapidità e di straordinarie proporzioni. Queste sue caratteristiche hanno nutrito grandi illusioni e grandi utopie sin dalla fine del XVIII secolo. Nei decenni del secondo dopoguerra, quando il progresso ha assunto dimensioni tali da far parlare, seriamente e non solo in Italia, di «miracolo», questo fenomeno si è manifestato in almeno due forme.

La prima, più breve e intensa, risale al ventennio successivo al 1968 ed è stata il frutto di un'ubriacatura da successi che ha portato a credere che tutto fosse possibile: fu allora chiesto, se non tutto, molto; e classi dirigenti – essenzialmente filo-popolari – ne concessero buona parte, senza preoccuparsi di aumentare le entrate, come pure sarebbe stato almeno in parte possibile, vista la nuova ricchezza del paese. Anche grazie a un senso comune politico ed economico che riteneva la spesa in deficit un peccato veniale, quando non un bene, si operò così a spese del futuro. E di quelle illusioni paghiamo ancora il conto, benché esse siano finite da tempo.

La seconda forma, più profonda e ancora viva, potrebbe essere definita l'illusione delle aspettative crescenti, della possibilità di una crescita infinita. Essa è naturalmente legata alla prima, non solo perché è una delle fondamenta dell'appena ricordato senso comune, ma anche perché ha assunto proprio negli anni Settanta – come ideologia dei «diritti», e in particolare dei «diritti acquisiti» – quella che è forse la sua forma politica prevalente in Italia.

Negli anni Novanta questa illusione ha nutrito fenomeni apparentemente opposti, come la fede nel nuovo miracolo berlusconiano o le rivendicazioni che hanno costantemente attraversato le coalizioni di centrosinistra, mettendo in crisi il primo governo Prodi. E oggi si manifesta, e non solo in Italia, nella diffusa e insistente rivendicazione di una nuova fase di «crescita», concepita spesso come un diritto ingiustamente negato, o una condizione normale cui non si capisce perché non sia possibile tornare.

È possibile che l'illusione delle aspettative crescenti sia già morta, o gravemente indebolita, nelle generazioni più giovani, ma vasti strati della popolazione europea e italiana, in particolare quelli che la crescita hanno vissuto e considerato la norma, continuano a ritenerla tale, anche se gli eventi degli ultimi anni hanno intaccato le loro convinzioni. La natura gerontocratica delle nostre società ha fatto quindi in modo che la fine di un'epoca, e la transizione alla successiva, siano state gestite da élite particolarmente inadatte al compito, perché formatesi in anni in cui la crisi e la stagnazione erano fenomeni superficiali e transitori, e ha accentuato un distacco generazionale che è psicologico oltre che culturale.

Eppure è evidente che la crescita non può essere una condizione normale della società umana. Se protratta su un periodo sufficientemente lungo, anche una crescita demografica ed economica che ancora vent'anni fa sarebbe stata ritenuta modesta, diciamo del 2% all'anno, sarebbe insostenibile. Ed è altrettanto evidente che la crescita straordinaria che abbiamo sperimentato, e che oggi sperimentano paesi e continenti esclusi dalla precedente stagione, è legata a fattori altrettanto straordinari, destinati a esaurirsi in India o in Cina come si sono esauriti da noi.

Questi fattori sono essenzialmente due, strettamente intrecciati tra loro: un forte boom demografico e il passaggio dalla società rurale a quella urbano-industriale. Entrambi sono stati potenziati dal progressivo allargamento del mercato internazionale ed entrambi hanno liberato una quantità straordinaria di energia, rappresentata dalla massa di giovani prodotta dal primo e dal salto di produttività determinato dal secondo, che aveva avuto un precedente di intensità paragonabile solo nella transizione neolitica dalle società di raccoglitori a quelle di agricoltori. Esauritosi il boom demografico, e consumato quel passaggio, quell'energia è venuta rapidamente meno, e con essa sono venuti meno anche i fattori endogeni di crescita, a eccezione del progresso culturale, scientifico e tecnologico che ha per fortuna tempi e logiche diversi, anche se sembra avere anch'esso le sue stagioni.

Se questo è vero, l'unico modo per alimentare la crescita nelle società che hanno già consumato la doppia rivoluzione di cui si diceva è agganciarle a quelle che quella doppia rivoluzione stanno ancora vivendo. Ciò si può fare in due modi: importando finché sarà possibile con l'immigrazione l'energia demografica che esse producono, e vendendo loro con le esportazioni quello che non sono ancora in grado di produrre.

I dati economici e demografici italiani sembrano confermare queste ipotesi[3]. La crescita del nostro prodotto interno lordo (PIL) ha avuto il seguente andamento: dopo aver superato negli anni Cinquanta anche il 6-7% all'anno, essa è stata pari al 5% dal 1961 al 1973, con un tasso di inflazione intorno al 5% e una spesa pubblica che si aggirava sul 30% del PIL. Dal 1974 al 1980, quando la società italiana era comunque ancora dotata di energia, la crescita è stata del 3,3%, ma l'inflazione superava il 16% e la spesa pubblica il 36% del PIL. Negli anni Ottanta, la crescita si è fermata al 2,4%, mentre l'inflazione calava al 9,2 e la spesa pubblica superava il 45% del PIL, a conferma che buona parte della ridotta crescita era dovuta a una spesa statale in deficit. A partire dal 1992 la crescita è stata in genere inferiore al 2%, con una tendenza a schiacciarsi sull'1% in certi periodi e saldi negativi in alcuni anni, mentre l'inflazione calava al di sotto del 3% e la spesa pubblica si aggirava tra il 45 e più del 50% del PIL.

È interessante notare che siamo di fronte a dinamiche che ripetono con vent'anni di ritardo quanto era accaduto alle economie socialiste a cominciare dalla metà degli anni Sessanta. Allora, dopo circa dieci anni di crescita notevole (ma più bassa di quella occidentale a causa dell'inferiorità strutturale di quei sistemi), i loro tassi di sviluppo avevano cominciato a declinare e a tendere verso lo zero, sotto il quale scesero a cavallo tra gli anni Settanta e Ottanta nell'incredulità degli analisti occidentali, abituati a considerare la crescita normale e quindi scettici nei confronti di chi attirava la loro attenzione su quanto andava accadendo[4]. La pur forte diversità dei sistemi economici «capitalisti» e «socialisti» ha quindi sfalsato l'andamento di fenomeni comuni (nei secondi la crescita postbellica si è manifestata in ritardo, con minor forza, e si è esaurita prima), ma non è stata in grado di alterarne la sostanziale affinità, provando come il fattore demografico e quello legato all'inurbamento siano stati di gran lunga i più influenti.

Tornando ai dati italiani, è evidente che dai primi anni Settanta l'indebolimento dei fattori interni di crescita è stato parzialmente compensato – come del resto è accaduto in gran parte del mondo occidentale – facendo ricorso alla spesa pubblica, e quindi all'aumento del debito pubblico, usato per sostenere la domanda e quindi lo sviluppo. Si riuscì così, sul breve periodo, a prolungare quest'ultimo e a realizzare le aspettative crescenti generate dal miracolo dei decenni precedenti, costruendo però al tempo stesso un meccanismo che alimentava il progressivo aumento dell'impiego pubblico e dell'imposizione fiscale, e diventava così di ostacolo al proseguimento stesso di quella crescita che aveva in un primo momento favorito[5].

La conferma più netta viene tuttavia dall'andamento demografico, messo in evidenza dalle piramidi della popolazione italiana del 1951, 1971, 1991, 2011 poste alla fine di questa introduzione, che vanno lette ricordando che gli anni dal 1951 al 1971 sono anche quelli in cui si è sostanzialmente compiuto, attraverso grandi migrazioni, il passaggio dall'Italia rurale a quella urbana.

Benché abbastanza peculiare per la velocità e l'intensità dei fenomeni registrati da queste piramidi, il caso italiano è nel complesso tipico: le altre società occidentali hanno percorso la stessa strada, e quest'ultima è stata da poco imboccata dalla grande maggioranza dei paesi di quello che una volta si chiamava il Terzo mondo. Il velocissimo calo delle nascite che vi si sta verificando lascia prevedere che nel giro di pochi decenni essi non saranno più in grado di esportare energia demografica[6]. Le società come la nostra dovranno fare allora i conti con la loro capacità, o incapacità, di usare questa preziosa risorsa quando essa era disponibile.

Poiché questo crollo della natalità ha coinciso e coincide ovunque con l'aumento del reddito e del livello culturale, c'è da chiedersi se le società colte e urbane siano in grado di essere demograficamente autosufficienti. Certo, come prova l'esperienza italiana degli anni Settanta, anche i fenomeni demografici possono cambiare velocemente di segno. Tuttavia, l'esperienza storica sembra indicare che in queste società ha avuto luogo uno sganciamento dalle conseguenze davvero rilevanti tra la convenienza individuale e quella sociale a fare figli. Nelle società rurali fare più figli, e in particolare più figli maschi, assicurava presto alla famiglia maggiore benessere, più prestigio e più sicurezza in un futuro che non conosceva le pensioni. In quelle urbane, al contrario, almeno nel periodo riproduttivo agli individui non conviene economicamente fare figli, anche se alla società e a quegli stessi individui, una volta invecchiati, la cosa converrebbe eccome.

L'Italia ha quindi esaurito la sua fase straordinaria di crescita, demografica e urbano-industriale, e ha cominciato a «normalizzarsi», negli anni Settanta, proprio quando sembrava non si potesse che crescere e migliorare, e sempre più velocemente. E poiché questa sua decelerazione ha coinciso con l'accelerazione di fenomeni simili a quelli che essa aveva appena vissuto nei paesi ex coloniali, anche il suo peso nel mondo – che aveva cominciato a declinare insieme a quello europeo già dopo la prima guerra mondiale – ha preso a diminuire a ritmi sempre più rapidi. Lo testimoniano i dati sulla diffusione dell'italiano e quelli sulla posizione economica e politica dell'Italia sul piano internazionale. Il bacino dei parlanti la nostra lingua, dialettofoni inclusi, che ancora all'inizio del XIX secolo era per ampiezza il 7° del mondo, è oggi scivolato al 22° posto, e si prevede che scenderà al 40° nei prossimi decenni. E l'Italia, che nel 1919 era riuscita a figurare tra i quattro grandi e negli anni Settanta era stata accolta nel G7, un gruppo che controllava allora circa la metà della produzione mondiale, deve difendere oggi la sua posizione nel G20.

Malgrado i lamenti di chi la considerava una «Italietta» solo perché non riusciva a raggiungere l'Inghilterra o la Germania, c'è stata quindi davvero una «grande Italia», e non solo in termini economici. Essa era tale all'interno di una grande Europa e ha poi cominciato a declinare con essa, un declino bruscamente accelerato dalle conseguenze della decolonizzazione, che si sono manifestate con chiarezza già con la crisi petrolifera degli anni Settanta e sono poi esplose negli anni Novanta con il nuovo e brusco salto compiuto da una globalizzazione che aveva ripreso dopo il 1945 il suo cammino. Ciascun paese europeo ha però vissuto questo declino a suo modo. Alcuni di essi hanno saputo fare il doppio aggancio di cui si diceva (importando immigrati e servendo i bisogni dei paesi in crescita), o difendere e perfezionare il loro sistema di istruzione superiore, e quindi la loro capacità di sviluppo scientifico-tecnologico, meglio e prima degli altri, e sono quindi riusciti ad affrontare la nuova fase di normalizzazione e relativo declino aperta dagli anni Settanta. Sembra invece che una parte significativa e trasversale del nostro paese, delle sue élite politiche, culturali, economiche e sindacali, come della sua popolazione, abbia preferito vivere di illusioni, chiudendosi in se stessa e rifiutando per lunghi anni di guardare la realtà e di fare i conti con essa.

Sono questi alcuni dei temi affrontati in queste pagine, in cui abbiamo cercato di riflettere sull'ultimo, straordinario cinquantennio della storia italiana, straordinario anche perché ha visto il velocissimo passaggio da una fase storica, quella appunto della crescita, a un'altra, molto diversa. L'idea ci è venuta nel 2011, riflettendo sul 150° anniversario dell'Unità. L'apprezzabile sforzo di ripercorrere, e reinterpretare, il Risorgimento, le sue premesse e le sue conseguenze, non ci pareva sufficiente: un anniversario tanto significativo, che cadeva in un momento di evidente difficoltà, avrebbe dovuto fornire lo spunto anche per pensare all'Italia di oggi, così lontana da quella fissata nella coscienza di due persone pur appartenenti a generazioni differenti, e con storie tanto diverse, come siamo noi.

Questo ci sembrava – e ci sembra – tanto più necessario perché la riflessione storica e intellettuale, e quindi politica, non è stata all'altezza di una transizione così rilevante. Il suo ritardo è forse una misura indiretta dell'ampiezza di una frattura che ha bisogno, per essere affrontata e compresa, di strumenti e occhi nuovi. Ed esso potrebbe anche essere una manifestazione particolare del più generale esaurimento dell'energia di cui si è detto.

Negli anni Sessanta Renzo De Felice e Claudio Pavone lanciavano ambiziosi progetti di ricerca sul fascismo e la Resistenza, a meno di vent'anni dalla loro fine. Oggi la ricerca storica è spesso ferma agli anni Cinquanta e Sessanta, e gli studi sugli anni Settanta sono affascinati da problemi, come il terrorismo, certo tragici ma forse sopravvalutati almeno nei termini della loro rilevanza per la storia successiva del paese e delle sue strutture profonde. Molte delle ultime e influenti sintesi storiche risalgono ai primi anni Novanta e non di rado si concentrano sui primi decenni del dopoguerra, dedicando a quelli successivi pagine veloci; esse dialogano inoltre poco con la storiografia internazionale, i suoi concetti e i suoi strumenti, e con la storia di altri paesi, sicché quella italiana è spesso trattata come una storia a sé stante, di cui diventa così difficile percepire eccezionalità e regolarità. La politica, e non solo quella di partiti ormai scomparsi, vi gioca infine un ruolo forse eccessivo. Ancora una volta si può fare l'esempio del grande spazio dedicato al terrorismo, cui fanno da contraltare le poche righe dedicate al Servizio sanitario nazionale, che pure ha avuto un'influenza decisiva sulla politica, la cultura, l'economia, i comportamenti e la vita degli italiani degli ultimi decenni[7].

L'indisponibilità delle fonti, che da sempre costringe la ricerca e la riflessione storica a muoversi con ritardo rispetto alla realtà, può certo chiarire almeno in parte queste difficoltà. Ma essa non basta a spiegare la relativa afasia sugli ultimi decenni della storia italiana, specie in vista del loro grande interesse, anche scientifico: basti pensare al già ricordato crollo delle nascite, o alla rapida successione di fenomeni carismatici, certo di diversissima portata e significato, da cui tali anni sono stati marcati, da Berlinguer a Berlusconi, passando per Craxi e Di Pietro.

Economisti, sociologi, demografi e scienziati politici sono per fortuna andati più avanti, ed è anche per questo che a loro, ma non solo a loro, ci rivolgemmo all'inizio del 2011 per organizzare alla Treccani un seminario bimensile, *Cento + 50. E poi? Ragionamenti in occasione del 150° dell'Unità d'Italia*, al quale hanno partecipato Marzio Barbagli, Pierluigi Ciocca, Pietro Costa, Marcello De Cecco, Donatella della Porta, Luca Einaudi, Maurizio Ferrera, Alberto Giacquinta, Tullio Gregory, Massimo Livi Bacci,

Salvatore Lupo, Raffaele Romanelli, Michele Salvati, Chiara Saraceno e Loredana Sciolla[8]. Li ringraziamo per aver accettato di discutere di questi temi con noi, fornendoci spunti di riflessione e appigli sicuri, così come ringraziamo Massimo D'Alema e Giulio Tremonti, che hanno voluto spiegarci quel che hanno provato a fare nei loro non facili anni di governo.

Abbiamo fatto uso dei loro contributi e di quelli di altri studiosi, in particolare di quelli che hanno partecipato ai convegni organizzati a partire dal 2009 dalla Società Italiana per lo Studio della Storia contemporanea[9], per riflettere – sulla base delle nostre diverse culture e sensibilità, ma anche di un dialogo intenso – sulle dinamiche della storia italiana del secondo dopoguerra, e specialmente di quella degli ultimi quarant'anni. Di essa abbiamo tentato una periodizzazione che ne mostrasse i nessi problematici, le continuità e le discontinuità tra le varie fasi, mettendo in luce i meccanismi, e l'eterogenesi, del suo sviluppo.

Siamo coscienti dell'approssimazione e della fragilità di questo tentativo, che non pretende di ricostruire quanto è avvenuto nella sua interezza: il nostro non è un libro di storia nel senso pieno del termine, il che spiega anche l'essenzialità dei riferimenti bibliografici. Abbiamo piuttosto cercato di portare allo scoperto, e di seguire, i fili del passato che ci sembravano rimasti in ombra, illuminando fenomeni che hanno spesso preso alla sprovvista il paese e le sue classi dirigenti, generando derive alle quali non si è badato, pagandone più tardi le conseguenze. Si tratta spesso di fili neri, più che rossi, perché legati al declino di cui si è detto: paradossalmente, essi hanno spesso tratto origine dai successi precedenti e sono stati a loro volta sovente anche generatori, sul breve periodo, di nuovi successi, che hanno però poi presto invertito il loro segno.

Speriamo così di contribuire ad aprire prospettive nuove sulla recente storia italiana e a raggiungere uno sguardo diverso su di essa, e sul paese stesso, uno sguardo capace di suscitare dibattiti e di stimolare ricerche, riflessioni e interpretazioni nuove.

Dalla scansione della nostra periodizzazione ragionata discendono i capitoli del libro, che affrontano prima l'impatto della sconfitta (1945-1948) e la grande trasformazione a essa seguita (1949-1967), e discutono poi le illusioni e convulsioni del

1968-1978, la contraddittoria ripresa degli anni Ottanta e la crisi e i riformismi del decennio successivo, esaminandone successi e limiti, anche intellettuali. Il più breve capitolo finale affronta invece l'ultimo decennio e i suoi problemi. In ciascun caso abbiamo sempre cercato di tener presente il posto della storia italiana in quella europea, di cui essa ha seguito le dinamiche anche se con peculiarità di grande rilievo. Sullo sfondo c'è invece il posto dell'Europa e dell'Occidente nel mondo. Ma abbiamo anche cercato di tener conto della diversa evoluzione delle macroregioni italiane e del loro gioco reciproco: non solo del Nord e del Sud, ma anche, e per quanto possibile, del Nord-Est, della Sicilia e delle regioni centrali.

Abbiamo poi provato a dare ai fenomeni demografici e sociali che sostengono o ostacolano lo sviluppo il peso che ci sembra essi meritino, senza per questo dimenticare quelli economici, e fattori cruciali come gli orizzonti mentali, la cultura e i comportamenti delle élite, e non solo di esse. Per tutto il XX secolo, per esempio, la demografia ha sostenuto lo sviluppo e la crescita della ricchezza, fornendo all'Italia e all'Europa una popolazione sempre più sana, mobile, istruita e dell'età giusta, vale a dire con molti giovani adulti e pochi dipendenti (figli, anziani, malati ecc.), visto che il numero dei bambini è progressivamente calato e quello degli ultrasettantenni è cominciato ad aumentare significativamente solo negli ultimi decenni del secolo.

Allora però la situazione si è rapidamente capovolta, e la società italiana nel suo complesso si è rifiutata a lungo di farci i conti – ancora a fine anni Novanta si tenevano grandi manifestazioni per difendere la pensione a 57 anni – proprio come si è rifiutata di fare i conti con la perdita di status dell'Occidente dopo la decolonizzazione e con le sue conseguenze. Molti dei nostri problemi sono nati anche da questo rifiuto di prendere atto di una realtà sgradevole, che solo di recente abbiamo di malavoglia cominciato ad affrontare, e dai tentativi di varia ispirazione di esorcizzarla. In queste pagine abbiamo provato a guardarla.

G.A. e A.G.

Roma, gennaio 2011-settembre 2012

note

[1] Napoli, già grande agli inizi del 1800, è la parziale eccezione: essa aveva 449.000 abitanti nel 1850, 564.000 nel 1900, 722.000 nel 1920, 1.233.000 nel 1970 (meno di tre volte il dato del 1850, a sua volta non distante da quello del 1800) e ne ha meno di un milione oggi, anche a causa dell'espansione della sua area metropolitana. La città si è quindi solo parcamente nutrita dei ceti «moderni», o modernizzati, che hanno cambiato il volto di Londra e Parigi (ma anche di Roma e Milano) negli ultimi due secoli.

[2] Questi dati, e i successivi, sono tratti da G. Vecchi, *In ricchezza e in povertà. Il benessere degli italiani dall'Unità a oggi*, Bologna, Il Mulino, 2011, pp. 417-437.

[3] In J.-F. Jamet, *Assainissement des finances publiques et ralentissement de l'économie (1992-2001)*, in P. Caracciolo (a cura di), *Refaire l'Italie. L'expérience de la gauche libérale (1992-2001)*, Paris, Editions rue d'Ulm, 2009, pp. 87-141.

[4] I. Birman, *The Financial Crisis in the USSR*, in «Soviet Studies», 32, 1 (1980), pp. 84-105; Id., *Ekonomika nedostač* (Economia del deficit), New York, Chalidze Publications, 1983. Paesi come la Russia, e soprattutto l'Ucraina, hanno quindi avuto la sventura di vivere un miracolo di gran lunga meno intenso e brillante, sprecando i loro anni migliori. E questo malgrado un'abbondanza di risorse naturali che avrebbe dovuto semmai rendere la loro esperienza più intensa e poi rallentarne il declino.

[5] Il confronto con l'esperienza sovietica è interessante anche da questo punto di vista: l'URSS, che potrebbe essere definita l'esempio più puro di sistema keynesiano, è crollata in ultima analisi per ragioni monetarie e di bilancio, che costrinsero il suo gruppo dirigente sulla strada di riforme mal concepite e mal gestite (A. Graziosi, *L'URSS dal trionfo al degrado. Storia dell'Unione Sovietica, 1945-1991*, Bologna, Il Mulino, 2011, pp. 500 ss.). Sugli interessanti rapporti tra Keynes e l'esperienza sovietica cfr. C.B. Hoover, *The Economic Life of Soviet Russia*, New York, Macmillan, 1931, p. 217; Id., *Memoirs of Capitalism, Communism, and Nazism*, Durham, NC, Duke University Press, 1965.

[6] Le piramidi relative alla popolazione dei paesi del mondo a partire dal 1991 possono essere ricavate sul sito dell'US Census Bureau, http://www.census.gov/population/international/data/idb/informationGateway.php. J. Chesnais, *The Demographic Transition*, Oxford, Clarendon, 1992; B.R. Mitchell, *International Historical Statistics*, New York, Palgrave Macmillan (le varie edizioni relative a diversi continenti).

[7] Le più note sono, in ordine di pubblicazione: P. Ginsborg, *Storia d'Italia dal dopoguerra a oggi. Società e politica, 1943-1988*, Torino, Einaudi, 1989; P. Scoppola, *La repubblica dei partiti. Evoluzione e crisi di un sistema politico, 1945-1996*, Bologna, Il Mulino, 1991; S. Lanaro, *Storia dell'Italia repubblicana*, Venezia, Marsilio, 1992; A. Lepre, *Storia della prima Repubblica. L'Italia dal 1943 al 1993*, Bologna, Il Mulino, 1993; P. Craveri, *La Repubblica dal 1958 al 1992*, Torino, UTET, 1995; S. Colarizi, *Biografia della prima Repubblica*, Roma-Bari, Laterza, 1996; cui si sono poi aggiunti: G. Crainz, *Il paese mancato: dal miracolo economico agli anni Ottanta*, Roma, Donzelli, 2003; S. Lupo, *Partito*

e antipartito: una storia politica della prima Repubblica, 1946-1978, Roma, Donzelli, 2004; P. Ginsborg, *L'Italia del tempo presente. Famiglia, società civile, Stato, 1980-1996*, Torino, Einaudi, 2007. Di recente ha fatto la sua comparsa una nuova generazione di storie, di cui non siamo purtroppo riusciti a tenere conto, come S. Colarizi e M. Gervasoni, *La tela di Penelope. Storia della seconda Repubblica*, Roma-Bari, Laterza, 2012, o G. Crainz, *Il paese reale. Dall'assassinio di Moro all'Italia di oggi*, Roma, Donzelli, 2012.

[8] Sul sito Treccani sono anche disponibili i filmati dei loro interventi, cfr. http://www.treccani.it/webtv/sezioni.html?sezioni=convegni.

[9] Tra il 2009 e il 2012 la SISSCo ha organizzato, in collaborazione con le Università di Bologna e della Valle d'Aosta, il CIREC, e la CARISBO tre convegni: *Crisi? Gli anni Settanta e le loro fratture* (Bologna, 2009); *L'Italia tra due secoli* (Bologna, 2011), e infine *L'Italia nell'era della globalizzazione* (Aosta, 2012). I lavori che vi sono stati presentati e le discussioni che li hanno animati ci sono stati preziosi.

Popolazione italiana, 1951

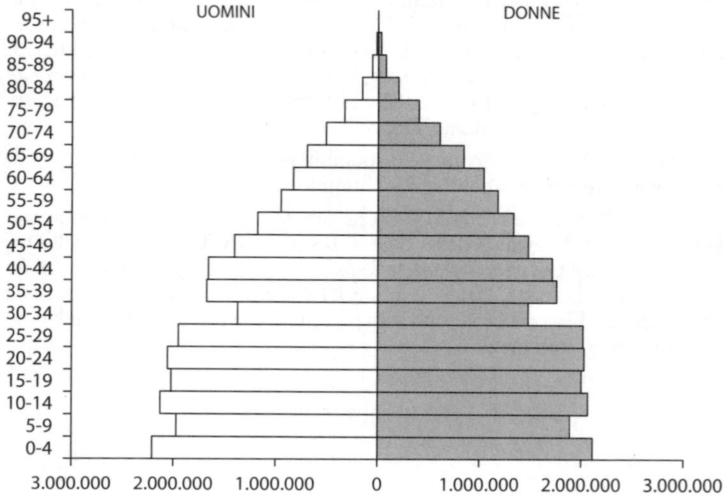

Popolazione italiana, 1971

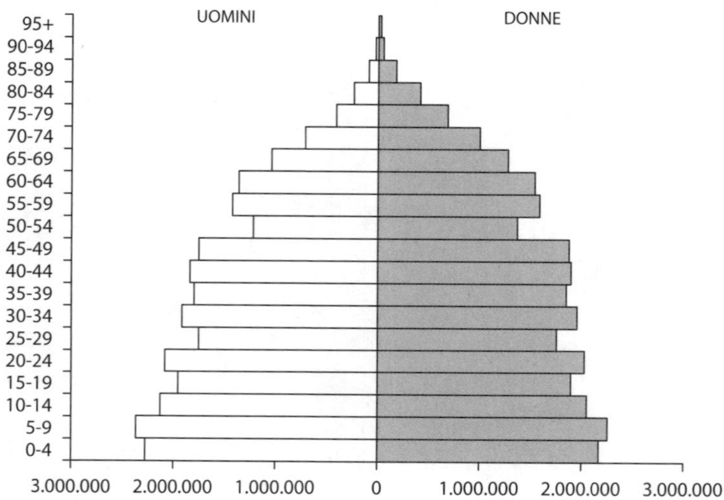

Popolazione italiana, 1991

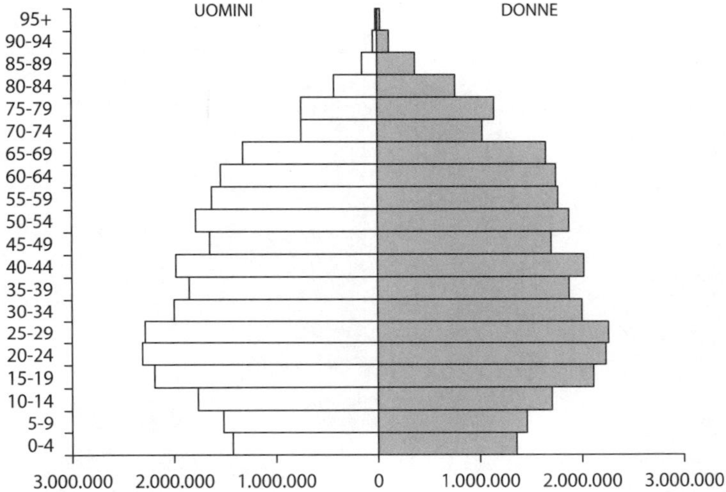

Popolazione italiana, 2011, per cittadinanza

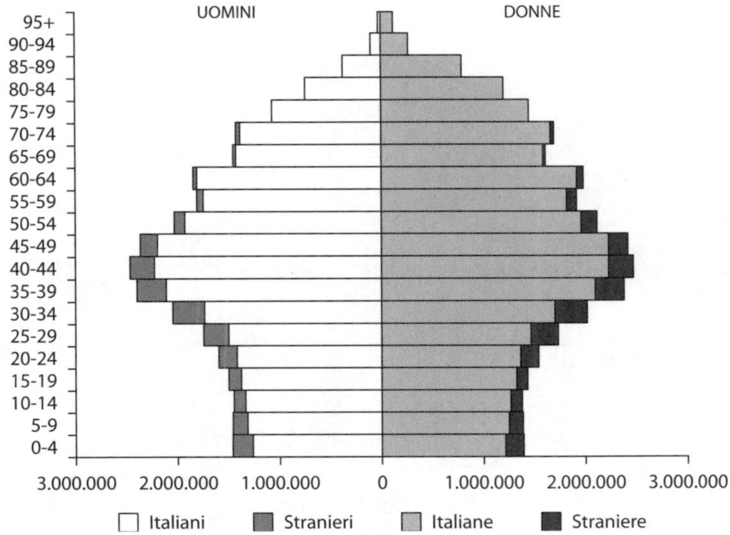

Dobbiamo queste piramidi a Gianpiero Dalla Zuanna e Maria Castiglioni del Dipartimento di Scienze statistiche dell'Università di Padova, che ringraziamo.

1. L'impatto della sconfitta, 1945-1948

1. L'Italia dopo la guerra

L'Italia prima del miracolo è stata e si è in genere paragonata agli altri paesi dell'Europa occidentale, com'è giusto che sia per la sua storia, l'importanza della sua cultura, la ricchezza e i contatti delle sue città e delle sue élite. Al momento dell'Unità, per esempio, il reddito *pro capite* era notevolmente più basso che nei paesi dell'Europa nord-occidentale, ma l'altissima disparità tra ricchi e poveri faceva sì che i ceti superiori del nuovo Stato non fossero troppo diversi da quelli dei suoi più solidi vicini. Anche per la sua storia e il ruolo che aveva giocato, quella italiana era insomma una élite europea, con ambizioni e opzioni europee.

Ma l'Italia prima del miracolo era anche un paese fortemente rurale, in cui – e non solo nel Meridione – la percentuale di contadini, spesso analfabeti, era più simile a quella dell'Europa meridionale e orientale che non a quella di paesi protestanti alfabetizzati da centinaia di anni. Certo, il settore moderno e le élite degli altri Stati sud- ed est-europei, erano più piccoli e recenti, specie se paragonati ai più grandi, antichi e quindi più orgogliosi – ma talvolta anche meno dinamici e moderni (soprattutto se il confronto è con l'Impero russo) – nobili, borghesi, possidenti, intellettuali e banchieri italiani. Tuttavia, alla fine della seconda guerra mondiale solo il 27% delle abitazioni aveva un bagno, solo il 7% il telefono e anche la stragrande maggioranza degli alfabetizzati non aveva fatto più di tre o quattro anni di scuola. Nel 1947 l'«Economist» commentò il progetto di Costituzione dicendo che il vero punto rivoluzionario erano gli otto anni di scuola previsti per tutti. L'anno successivo, tuttavia, gli iscritti alla scuola media unica erano solo poco più di 300.000 e poco meno di 260.000 quelli all'avviamento professionale, con un'enorme strozzatura rispetto ai quasi cinque milioni di iscritti alle elementari.

Schematizzando, ma non troppo, sembrerebbe quindi possibile sostenere che il «popolo italiano» già entrato nella vita dello Stato e della nazione, oltre che nella modernità, fosse ancora nel dopoguerra solo una minoranza – per quanto ormai cospicua – rispetto al popolo che gli intellettuali cattolici chiamavano «la povera gente» e gli studiosi di folklore definivano «il volgo primitivo dei popoli civili» (una distinzione, questa, che aiuta a porre in modo diverso la questione della «popolarità» del fascismo, sicuramente diffusa nel primo, ma assai meno salda nel secondo, e quindi tra la maggioranza degli «italiani»)[1].

Il peso di questa arretratezza si sarebbe fatto sentire a lungo, ed è ancora percepibile, anche se sotto traccia, sia nella parte bassa sia in quella alta della scala sociale.

In basso perché chi aveva più di 8 anni nel 1963, e ha fatto quindi all'80% solo le elementari, è poi cresciuto, malgrado l'acquisito benessere, in condizioni di semianalfabetismo di fatto e talvolta di analfabetismo di ritorno, una condizione che ha pesato anche sui suoi figli. In altre parole, ancora a metà degli anni Novanta quasi tutti gli ultraquarantenni erano figli di un'Italia premoderna che non esisteva più, ma continuava a vivere in loro e con loro, e la stessa cosa si può dire oggi per gli ultrasessantenni.

In alto perché le élite formatesi negli anni Cinquanta e Sessanta e talvolta anche prima, che spesso detengono ancora il potere anche grazie allo straordinario allungamento dell'aspettativa di vita verificatosi negli ultimi decenni, hanno un fortissimo senso di identità, legato a un liceo classico immaginato per una società ormai scomparsa, e pensano anche loro «naturalmente» nei termini di un paese che non esiste più[2].

L'Italia del 1945 era quindi un paese arretrato e ingiusto, abitato da contadini, braccianti, edili, domestiche ecc., spesso dotati di un'esperienza diretta o indiretta di emigrazione e in genere privi o quasi di qualunque forma di protezione sociale, da operai qualificati e ceti impiegatizi e piccolo-borghesi spesso legati allo

Stato e più stabili, e dotato di una élite di livello europeo dalla storia secolare.

Questa ingiustizia era a sua volta una delle cause della fragilità e della mancanza di spessore del paese, e quindi anche della fragilità delle ambizioni, subito grandi, dei suoi ceti dirigenti, che nel 1943 erano stati sconfitti anche perché non erano riusciti a tenere nel giusto conto la profonda arretratezza del paese, e avevano preferito vederne solo la parte europea e moderna. Questa visione limitata, o questo rifiuto della realtà, che portava a una sopravvalutazione delle possibilità del paese tipica di molte élite europee, specie dell'Europa meridionale e centro-orientale, assumeva in Italia forme peculiari. Esse scaturivano anche dal senso di vergogna che le nostre classi superiori provavano nei confronti dell'esistenza stessa di quel «volgo primitivo» al quale non si sentivano affini e che preferivano anche per questo ignorare.

Il tradizionale dualismo élite-popolo, presente in forma cosciente in tutti i paesi europei almeno dalla fine del Settecento, assumeva anche per questo da noi le sembianze di un dualismo tra una élite e un «popolo che non c'era», nel senso che non era neanche preso in considerazione, se non, e raramente, in modo retorico. Non a caso il Risorgimento italiano è stato forse l'unico movimento nazionale europeo privo di un romanticismo legato all'idealizzazione dei contadini come veri rappresentanti della nazione. Anche quello di Mazzini era di fatto un popolo urbano, delle città «dominanti», e questa peculiare versione del dualismo univa il Nord e il Sud del paese, dove anzi il fenomeno assumeva tratti ancora più marcati. Qui anche il popolo urbano diventava plebe e le élite meridionali, anche sulla base delle esperienze del 1799, erano ancora più anticontadine delle loro controparti settentrionali, un sentimento i cui resti sono ancora percepibili ai nostri giorni nel disagio provato dai loro membri quando incontrano in viaggio gli ultimi rappresentanti dell'emigrazione transoceanica.

Questo dualismo si rifletteva nella situazione linguistica, nel culto della lingua letteraria alta da parte delle élite, nella forza dei dialetti e nell'«italianizzazione» largamente incompleta del 1945, nonché nella questione cattolica e nei rapporti tra lo Stato unitario, i suoi gruppi dirigenti e la Chiesa, che con i contadini e la «povera gente» aveva invece un rapporto profondo, ancorché contraddittorio.

L'Italia del dopoguerra era tagliata anche da altre fratture, da quella tra laici e cattolici, ereditata dal Risorgimento, a quella generata dalla prima guerra mondiale, che contrapponeva fascismo e antifascismo. A esse si era sovrapposta, approfondendole, distorcendole e complicandole, quella di origine internazionale legata al nuovo anticomunismo della guerra fredda. Si era così affermata una tendenza a un bipolarismo complesso, che si sarebbe presentato nel corso dei decenni successivi in forme sempre nuove, ma che avrebbero comunque sempre accentuato la spaccatura della comunità nazionale come comunità politica.

Soprattutto il paese aveva alle spalle due storie talmente diverse che ancor oggi gli storici trovano difficile metterle insieme in un modello fondato sulla loro interazione e i loro condizionamenti reciproci. All'Italia dei comuni prima, e delle città dominanti poi, assurta a modello della storia medievale, corrisponde quella del Meridione napoletano, con un'unica grande città dominante e il primo Stato accentratore europeo. Ma questo dualismo storico può essere facilmente, e legittimamente, moltiplicato: per ovvi motivi anche la Sicilia, lo Stato della Chiesa, l'impero veneziano o la Sardegna presentano storie dotate di fortissima originalità e peculiarità, che è difficile combinare in una ricostruzione unitaria, se non sul piano di un'alta cultura che fu presto una.

Malgrado queste fragilità, queste faglie e la sconfitta, l'Italia del 1945 era tuttavia anche quella che si potrebbe chiamare un'Italia dell'energia, prima di tutto demografica, ma anche sociale ed economica. O meglio essa era, senza rendersene conto, l'ultima manifestazione di quest'Italia dell'energia o, per dirla con Volpe, «in cammino» da almeno la metà del Settecento[3], da quando cioè era cominciata anche da noi la doppia rivoluzione demografica e urbano-industriale, che nel 1945 non era affatto conclusa, visto che quasi la metà della popolazione attiva era ancora impiegata in agricoltura, le donne facevano ancora più di 2,5 figli ciascuna e l'attesa di vita non raggiungeva i 60 anni.

Quelle faglie e questa energia, che stava per essere alimentata dal *baby boom*, rappresentavano forse i principali elementi di continuità tra l'Italia fascista e quella repubblicana, anche se la continuità determinata dall'energia appariva talmente ovvia da non essere nemmeno notata: la crescita demografica e la giovinezza della popolazione sembravano quasi un dato naturale in un paese la cui popolazione era aumentata persino tra il 1940 e il 1945, nonostante la guerra. Era quindi difficile capire che la fantastica Roma della «dolce vita» era figlia della triplicazione della sua popolazione tra il 1920 e il 1950 e immaginare che le cose potessero andare diversamente; tanto più che anche grazie a vaccini e antibiotici, che innescarono la seconda rivoluzione sanitaria dopo quella di Pasteur, la struttura demografica italiana stava per conoscere i suoi anni migliori in un paese con relativamente pochi bambini, pochi anziani e molti giovani sempre più sani.

Naturalmente vi erano anche altre e più note continuità, come quella statuale-burocratica, su cui si è spesso concentrata l'attenzione di storici e osservatori. Essa era stata rafforzata dalla crescita del sistema amministrato e del settore di potenza legati allo Stato (banche, industria pesante, enti pubblici, accademie e istituti di vario genere ecc.) decisa dal fascismo e accelerata dalle sue guerre. Lanaro ha per esempio ricordato come gli 809.000 addetti alla pubblica amministrazione del 1937 fossero diventati dieci anni dopo quasi 1.150.000.

Fascismo e guerra avevano insomma fatto crescere, e mutato, i ceti sociali superiori, aggiungendo a nobili, possidenti, imprenditori e liberi professionisti nuovi strati di dirigenti statali e parastatali. E ne avevano ampliato la base, moltiplicando l'area dei privilegiati, anche di origine sociale relativamente umile, che godevano della sicurezza (di impiego, di pensione, di assistenza) e della modernità garantite dallo Stato. Era stato così fornito a chi da questi privilegi era rimasto escluso un nuovo ideale, incarnato da centinaia di migliaia di famiglie che erano riuscite a sottrarsi alle incertezze della società tradizionale, un ideale destinato a far sentire il suo peso nei decenni successivi.

In particolare, la Repubblica decise di salvare la grande industria di Stato che il fascismo aveva creato a cavallo tra risposta alla crisi del 1929 e suoi bisogni di potenza. Un fronte vasto e composito – che andava dagli americani ai liberali, a don Sturzo e a pezzi del Partito d'Azione – ne auspicò la privatizzazione. Ma ebbero il sopravvento la difficoltà reale di trovare privati in grado di gestire apparati sproporzionati rispetto alle possibilità e alle condizioni del paese – e che quindi solo la politica e le sue ambizioni di grandezza avevano potuto alimentare – e la speranza di riuscire a trasformare quel braccio di potenza statale-militare in leva di trasformazione sociale e democratica, nutrita da un fronte altrettanto vario, che andava da Dossetti a molti socialisti e azionisti, passando naturalmente per buona parte dei dirigenti del settore pubblico interessati a salvare le loro creature. Nel febbraio 1948 l'operatività dell'IRI fu pienamente ripristinata, ricostituendo un potente settore economico statale (per molti anni l'IRI fu la più grande azienda industriale del mondo occidentale al di fuori degli Stati Uniti) formalmente sottoposto al controllo politico.

Grazie alle scelte di De Gasperi, che lasciò ai suoi dirigenti ampia autonomia, quel controllo non si fece dapprima sentire. Ma il fatto che buona parte del sistema economico e burocratico fascista fosse fatto proprio dalla Repubblica ebbe due conseguenze. La prima, di breve-medio periodo, rafforzò la sopravvivenza del fascismo, delle sue mentalità, dei suoi gruppi di potere, dei suoi uomini e delle sue catene gerarchiche e personali, all'interno del nuovo Stato. Fu questa, insieme all'altrettanto reale influenza della Chiesa (che con la sua struttura, in larga parte indenne, rappresentava un'altra delle grandi continuità tra la vecchia e la nuova Italia), la base della «grande paura» del pericolo clerico-fascista che agitò allora le nuove élite della Repubblica, quelle al potere così come quelle, anche intellettuali, all'opposizione.

Si trattava di paure che affondavano quindi le loro radici nella realtà, ma non vedevano che questa realtà era rapidamente erosa da una modernizzazione di cui quella stessa economia di Stato si fece presto strumento. Ciò avvenne anche per le scelte dei suoi dirigenti migliori che, assieme a dossettiani, socialisti e azionisti, riuscirono negli anni Cinquanta a costituire il fulcro di un progetto di modernità «altra» rispetto a quella liberale e diversa da quella, altrettanto statalista, del fascismo perché tesa alla giustizia sociale piuttosto che al raggiungimento di fini di potenza, ma a essa accomunata negli strumenti, e non solo. Fu questa la seconda, e più duratura, conseguenza della «scelta» (le virgolette sono necessarie perché essa fu in qualche modo inevitabile) di salvare buona parte del sistema economico pubblico, su cui torneremo nel secondo capitolo.

Malgrado fossero intaccate e messe brevemente in dubbio, anche le gerarchie sui luoghi di lavoro, o quelle dei ruoli di genere, sembrarono riconquistare rapidamente la loro stabilità e fornire così nuovo sostegno alla continuità del paese, che si presentò presto anche come continuità dell'unità nazionale e della nazione, nonostante le fratture e la guerra civile del 1943-1945. Se l'unità nazionale era un obiettivo condiviso da tutti i partiti maggiori, la continuità nazionale era incarnata in primo luogo dal Partito d'Azione e dai suoi dirigenti che, a cominciare da Parri, rappresentavano la parte migliore della tradizione risorgimentale e quindi delle élite nazionali italiane, e come tali spesso si autorappresentavano[4]. Non a caso, già pochi mesi dopo la Liberazione, Parri dispose l'arresto e il confino a Ponza dei dirigenti di un separatismo siciliano che metteva in pericolo l'idea di nazione, e di Stato, di cui egli si sentiva portatore e che era stata scossa dalla sconfitta, dall'8 settembre e dalla Repubblica sociale italiana. E già nel giugno 1945 i carabinieri uccidevano Antonio Canepa, professore a Catania, antifascista (paradossalmente, ma non troppo, in contatto con Giustizia e Libertà), partigiano e capo dell'Esercito volontario per l'indipendenza della Sicilia.

La sconfitta elettorale, e poi la scomparsa, del Partito d'Azione non ne sminuiscono l'importanza come portatore di questa continuità nazionale, in cui i suoi ex militanti avrebbero giocato un ruolo chiave anche nei decenni successivi. Ma questa continuità, innegabile, era però anche e irrimediabilmente minata dalla sconfitta. Essa aveva quindi bisogno di miti, capaci di nascondere la realtà e cancellare, per quanto possibile, le fratture provocate dal 1941-1945, che erano altrettanto rilevanti delle continuità di cui abbiamo appena sottolineato il peso.

Vi era in primo luogo la forte discontinuità nelle élite alte del paese, e quindi nell'ordine sociale che su quelle élite, e sulle gerarchie da esse incarnate, si era basato. Non è tanto, o solo, questione delle gerarchie fasciste: a sparire dalla scena furono pezzi decisivi e secolari delle classi dirigenti italiane, come la monarchia, la corte e la nobiltà. Non è irragionevole pensare che la grande vitalità espressa dalle classi popolari negli anni successivi sia stata alimentata anche da questa rottura verificatasi nei ceti superiori tradizionali, che fu anche rottura di gabbie sociali, mentali e geografiche dal carattere fortemente repressivo. Attraverso l'eliminazione della camicia di forza su cui si era basato un ordine sociale, oltre che politico, autoritario, la sconfitta contribuì quindi alla liberazione dell'energia accumulata nel «popolo» del paese, ma lo fece abbattendo le regole precedenti piuttosto che attraverso la maturazione di regole nuove, contribuendo così a dare al miracolo successivo quella coloritura insieme disordinata, affascinante, vitale ed equivoca che rinsaldò (o piuttosto almeno in parte generò) alcuni dei comportamenti tradizionalmente addebitati al «carattere italiano»[5].

La seconda, e forte, rottura determinata dalla sconfitta era rappresentata dalla frantumazione delle ambizioni e dello status da «piccola» (ma non tanto piccola su scala mondiale) grande potenza indipendente che il nostro paese vantava ancora nel 1941, quando l'Italia poteva immaginare di lanciare, e contemporaneamente, sue armate in Africa, nei Balcani e in Unione Sovietica. A morire nel 1943 non fu quindi, certo, la patria, ma di sicuro morirono o deperirono allora, incamminandosi verso un progressivo indebolimento, pezzi importanti di quella che era stata la patria del Risorgimento, e precisamente quelli legati all'idea di una «grande Italia»[6], idea che non era stata solo di nazionalisti e fascisti e non era stata concepita solo in termini di affermazione militare o imperiale. Pensiamo per esempio alla creazione di un'università di livello europeo nei primi, difficili decenni dopo l'unità, o a quella della rete degli istituti nati subito prima, durante o dopo la grande guerra, e arricchita e potenziata dal fascismo (Africa, Europa orientale, Medio ed Estremo Oriente, CNR, Enciclopedia italiana).

In altri termini, la sconfitta non si limitò a liquidare, e per fortuna, le ambizioni di potenza e dominio sugli altri. Essa incrinò anche quella voglia, quella capacità e quel bisogno di guardare al mondo e di misurarsi con le sue parti più avanzate da pari a pari in campo scientifico, culturale, tecnologico ecc. che erano state strettamente intrecciate alla visione dell'Italia come «grande Stato» perché ne costituivano alcuni dei prerequisiti essenziali, anche in campo militare o diplomatico (in quello economico, al contrario, la fine dell'autarchia avrebbe determinato un'esplosione dei contatti e del confronto con il mondo, opera però di privati spesso estranei alla gestione politica e culturale del paese e dello Stato, quando non sospettosi nei suoi confronti).

La Repubblica e le sue nuove élite, giustamente sospettose della *grandeur*, e comunque impossibilitate dalla sconfitta e dalla nuova configurazione bipolare del mondo ad aspirarvi sul piano tradizionale della potenza, rinunciarono quindi con essa anche ai suoi strumenti migliori, che era invece possibile salvare rinnovandoli, vale a dire fornendo loro una nuova legittimazione come stava invece per accadere nel campo dell'economia pubblica. Dietro questa incapacità di rinnovamento c'era anche il rifiuto di fare i conti con il passato, vale a dire con la sconfitta subita da tutto il paese, anche se la guerra era stata voluta solo da una sua parte. Da questo punto di vista il manifesto che il fascismo nel 1942 aveva provato invano a far approvare nelle università, pur nascondendo le colpe di una scelta rovinosa, diceva la verità: la guerra stava davvero «decidendo delle sorti dell'Italia» e per lunghi anni a venire[7]. E l'Italia, che grazie alla vittoria voleva trasformarsi da potenza europea in potenza mondiale, stava invece sacrificando il suo status e con esso anche l'ambizione alla grandezza nei campi del sapere.

Questa perdita di ambizioni legate al desiderio di essere una grande potenza ebbe un riflesso anche sui vincoli che tenevano insieme le varie, e tanto diverse, anime del paese. Nel XIX secolo le élite italiane avevano avuto bisogno del Sud, consciamente o inconsciamente, anche perché era loro indispensabile per acquisire le dimensioni geografiche e demografiche (pensiamo alla leva) necessarie a essere considerati appunto una grande potenza, ancorché la più piccola tra esse. Dopo la sconfitta del 1943 questo bisogno venne meno, e venne meno proprio quando la diversissima, e quasi opposta, esperienza del 1943-1945 – quando il Nord visse una occupazione e un'attivizzazione rivoluzionaria condivisa da buona parte delle regioni centrali, mentre il Sud, diversamente occupato, percorreva un'altra strada – stava approfondendo, e rinnovando, le diversità scavate tra le due parti del paese dalle rispettive esperienze storiche. Il vento del Nord fu a suo modo l'incarnazione della nuova, fondamentale frattura scavata dalla crisi e dalla guerra tra parti della nazione che invece i decenni successivi al 1861 avevano avvicinato.

Insomma, se la differenza di sviluppo delle diverse regioni del paese non va sottovalutata, non solo è eccessivo parlare per il Mezzogiorno di «problema di sottosviluppo interno imparagonabile per ampiezza e intensità a quelli pur presenti nel resto d'Europa» (problemi simili vi erano nel Regno Unito, in Spagna e stavano per approfondirsi in Germania, a seguito della spartizione del paese, e divergenze ancor più drammatiche, conseguenze anch'esse di una guerra vissuta diversamente, esistevano persino negli Stati Uniti). Più importanti ancora della questione sociale nel determinare convergenze e divergenze erano il diverso passato storico delle varie regioni italiane e soprattutto le loro diverse esperienze nella drammatica crisi appena conclusasi[8].

Le elezioni del dopoguerra rivelarono la profondità della nuova frattura, la prima dopo decenni di convergenza. I risultati del referendum sulla monarchia, sabauda ma vittoriosa al Sud, sono fin troppo noti, così come è noto il forte radicamento regionale di molti partiti, a cominciare dal MSI che nel 1948 raccolse nel Sud quasi l'80% dei suoi voti, a conferma che a contare non era tanto la diversità dello sviluppo, quanto quella della concreta esperienza storica. Significativamente l'unico partito a ottenere percentuali omogenee di voti fu la DC, che prese da subito gli stessi voti al Sud e al Nord. Questa omogeneità elettorale era certo il prodotto della convergenza su di essa di forze e interessi molto diversi, un paradosso rafforzato dal 1948, quando il partito divenne il bastione dell'anticomunismo su tutto il territorio nazionale. Ma essa era anche il riflesso della forza ancora quasi intatta del cattolicesimo e della Chiesa (ricordiamo quel che abbiamo detto a proposito della sua continuità), capaci di unificare il paese più di ogni altra forza politica.

La rottura prodotta dalla guerra e dalla sconfitta era rappresentata anche dalle nuove élite politiche (democristiani, socialisti e comunisti) andate al potere nel 1944-1945, di cui facevano parte – spesso con ruoli di primo piano – numerosissimi trentenni, anche loro simbolo e incarnazione dell'Italia dell'energia di cui abbiamo parlato. I loro vertici, che venivano spesso da esperienze di esilio, anche interno, confino ed emigrazione, rappresentavano una netta discontinuità con le élite che avevano costruito lo Stato nazionale, fondato appunto sulla esclusione dei cattolici prima, e dei socialisti (nonché dei comunisti) poi. L'eccezione era naturalmente quella degli azionisti, che di quelle élite rappresentavano la parte che aveva rifiutato la confluenza nel fascismo. Il PdA era quindi allo stesso tempo il partito più vecchio, e il più nuovo, tra quelli che avevano diretto la Resistenza, ed era al contempo anche il meno ideologicamente catafratto dei nuovi partiti del dopoguerra, DC inclusa. Non che gli azionisti non fossero, e fortemente, ideologizzati, ma riuscivano in qualche modo a sottrarsi allo scontro tra democristiani e socialcomunisti come scontro tra due diverse concezioni redentrici, fondate sulla diversa valutazione di valori essenziali. A questo corrispose il loro tentativo iniziale di sottrarsi agli schieramenti della guerra fredda, più spesso in nome degli interessi nazionali italiani e talvolta in quello di un'Europa-nazione chiamata a sostituire le patrie precedenti[9].

Al di là dei loro conflitti, i nuovi partiti erano uniti dal loro essere tali e quindi da una comune natura e ambizione: ciascuno di essi portava dentro di sé un progetto alternativo di Stato e di nazione, ed essi erano quindi a loro modo «proto-Stati» latenti, o in formazione. Anche per questo essi assunsero nel giro di pochi anni a modello organizzativo quello comunista, che di tale natura era l'incarnazione più evidente e riuscita. E altrettanto presto configurarono un loro rapporto con lo Stato, o i suoi organi locali, certo inventato in Unione Sovietica ma che aveva in Italia l'ovvio e immediato riferimento del Partito nazionale fascista. I partiti «proto-Stato» sarebbero così presto diventati dei partiti-Stato, simbolo e incarnazione della divisione e delle fratture causate dalla guerra. Anche in questo caso il PdA costituì un'eccezione, e, come ha osservato Vittorio Foa, la sua incomprensione della natura dei moderni partiti di massa non fu una causa minore della sua rapida sconfitta.

Per i gruppi dirigenti di questi partiti la storia, o meglio l'idea del processo storico e del loro ruolo in esso, giocava una parte fondamentale. Ciascuno di essi aveva per esempio una sua interpretazione della storia italiana e anche da questo punto di vista essi erano frammenti di uno specchio ormai rotto, quello della «piccola, grande Italia» le cui élite, prive di rapporti stabili con le masse, avevano però formato un blocco relativamente omogeneo, portatore di un suo racconto – quello risorgimental-nazionale – sulla formazione del nuovo Stato, poi sussunto, insieme a gran parte di esse, nel fascismo. Ognuno di questi frammenti aspirava all'unità, vale a dire a rappresentare l'intero paese, e costituiva quindi paradossalmente anche un fattore di coesione, tanto più che i partiti, appunto nazionali, funzionavano anche come nuova cerniera tra centro e periferia, arginando le spinte centrifughe che erano invece state favorite dal sistema parlamentare prepartitico, basato sui collegi uninominali.

La Repubblica dei partiti era quindi a suo modo centripeta, e la sua anima unitaria era alimentata a livello ideologico dalla Resistenza e dal suo mito. Naturalmente la Resistenza ebbe luogo e giocò un ruolo chiave sia per rigenerare il paese sia per fargli godere di un trattamento migliore da parte degli alleati. Ma è innegabile che su questa realtà fu subito costruito un mito della cui verità si autoconvinsero anche molti dei militanti antifascisti che pure negli anni Trenta avevano sperimentato il proprio isolamento e il sostegno del «popolo italiano», vale a dire della maggioranza della parte nazionalizzata e modernizzata della popolazione, al fascismo. Questo mito assolveva funzioni diverse: postulando la continuità di un unico «popolo» da sempre sostanzialmente antifascista, «risvegliato» appunto dalla Resistenza, rendeva possibile sbarazzarsi della responsabilità della guerra e del regime. E attirando l'attenzione sul 1943-1945 permetteva di nascondere la guerra fascista e la sconfitta della nazione, presentando ai vincitori una nuova Italia e rimuovendo la necessità di fare i conti con la sconfitta nazionale, il suo significato e le sue conseguenze.

Anche per questo la nuova Italia nacque senza fare i conti con la guerra (diverso è il caso del fascismo, di cui invece, almeno politicamente, si discusse) e naturalmente predisposta al mito, vale a dire a non guardare in faccia la realtà e anche a nascondersela. Come spesso accade, questo elemento di debolezza si rivelò però essere, almeno sul breve periodo, anche un elemento di forza, tale fu lo *scurdammoce o' passato* così ben descritto da Eduardo De Filippo in *Napoli milionaria!* Contrariamente a quanto avvenuto nel 1918, nel 1945 della guerra *nisciuno* ne voleva *sentere parlà*, e del resto basta confrontare l'E.A. Mario della *Leggenda del Piave* del 1918 con quello della *Tammurriata nera* del 1945 per capire l'abisso che separa da questo punto di vista i due dopoguerra, e porsi quanto meno il problema se davvero il culto della memoria identitaria sia preferibile, in termini di visione e costruzione del futuro, alla rimozione del passato, e per sapere dove possa e debba essere trovato il punto di equilibrio tra questi due poli.

La Resistenza rappresentò un potente fattore di unità anche da un altro punto di vista: essa fu infatti per prima cosa «movimento di liberazione nazionale», e come tale è stata a lungo rappresentata, prima di essere analizzata anche in termini di guerra civile (*Istituto Nazionale per la Storia del Movimento di Liberazione in Italia* fu per esempio il nome scelto da Parri nel 1949 per il centro della rete di istituti destinata a duplicare quella delle Società di storia patria)[10]. Ed essa condivise questa sua natura nazionale-centrica con tutte le resistenze europee, che furono a loro modo una grande reazione dell'Europa delle nazioni all'Europa tedesca (e a Est anche a quella sovietica che si andava disegnando). Se è quindi vero che, come viene fatto di solito notare, la guerra diede una potente spinta all'integrazione europea, anche grazie alle intuizioni americane, alla minaccia sovietica e al contributo delle forze democratiche *cattoliche* (e quindi proprio per questo solo parzialmente sensibili al fascino di una nazione che pure avevano imparato a riconoscere), essa è anche all'origine – in Italia come in Francia, Norvegia o Polonia – di quel rafforzamento dei sentimenti nazionali che avrebbero a più riprese ostacolato il processo di integrazione. Il gaullismo ne è forse l'esempio più evidente, ma non a caso in Italia l'opposizione all'Europa assunse subito un volto di sinistra, come di sinistra e in particolare socialcomunista, ma anche azionista fu l'insistenza sulla Resistenza come movimento di liberazione nazionale, che portava tra l'altro a sopravvalutarne il ruolo nella sconfitta tedesca e a sottovalutare invece quello, di gran lunga più importante, degli eserciti alleati[11].

Questa interpretazione della Resistenza, che contraddiceva il suo spirito di rottura e di apertura, nutrì anche le tendenze all'autoreferenzialità, inclusa quella culturale, di buona parte della sinistra italiana, che pure omaggiava formalmente l'internazionalismo e il modello sovietico, destinato però a restare un altrove impossibile e irraggiungibile. La decolonizzazione e il sostegno ai suoi movimenti di liberazione nazionale ne avrebbero poi riacceso l'attenzione per il mondo, ma non mutarono la diffidenza e quindi la chiusura, certo mai completa, nei confronti della cultura angloamericana. Si trattava di una diffidenza alimentata dalla guerra fredda, dall'esaltazione del «popolo italiano» (fatta ora in chiave progressista) e dai resti di un orgoglio nazionale che, come si è già osservato, rendeva difficile fare i conti con la sconfitta e prendere atto delle sue conseguenze, che includevano il declassamento dell'Italia ad attore secondario e subordinato della politica internazionale, e avrebbero quindi suggerito un apprezzamento realistico delle possibilità del paese e delle cose da fare per rimediare alle «incapacità» legate al suo nuovo status.

2. Le scelte del 1945-1947

La scelta fondamentale fu appunto quella di concentrarsi sul popolo italiano e di allargarne al massimo i confini, tendendo a far coincidere il popolo politico e moderno, fino ad allora relativamente ristretto, con l'intera popolazione del paese. Era una scelta che spingeva quest'ultimo a concentrarsi ancor più su se stesso e che ne avrebbe aumentato il senso di coesione, con effetti sicuramente benefici, i quali avrebbero tuttavia contribuito a rafforzare i legami «familiari» tra i suoi abitanti, e quindi a ridurne l'apertura nei confronti degli altri. Almeno sul breve-medio periodo, gli effetti negativi della sconfitta furono comunque ampiamente compensati da quelli positivi. La Repubblica, declassata e priva di *grandeur*, ebbe infatti principi e obiettivi più umani e moralmente alti, ancorché fonte di problemi sul lungo periodo, e si trovò inserita in un sistema internazionale capace di darle molto. La sua Costituzione fu il simbolo di questo capovolgimento di priorità, voluto e rappresentato dai ceti dirigenti che avevano sostituito le vecchie élite nazionali, un capovolgimento che alla luce del miracolo economico e delle possibilità da esso offerte sembrò possedere tra la metà degli anni Cinquanta e la metà degli anni Ottanta una capacità quasi profetica di prevedere il futuro e ispirare una politica adatta a esso.

In realtà, già al momento della fondazione dello Stato nazionale il concetto di cittadinanza era stato interpretato in chiave etno-linguistica più che politica, e Manzoni e Mazzini avevano contato di più di Cavour e del pensiero liberale (di cui naturalmente non va sottovalutato il ruolo). Italiano era insomma chi era tale «di lingua, d'altare, di memorie, di sangue e di cor», come stabilì con chiarezza la legge del 1912 che, anche allo scopo di difendere l'italianità degli emigrati, fece di uno *ius sanguinis* per di più trasmesso per via maschile la base per il riconoscimento di una italianità intesa in senso «familiare», relegando lo *ius soli* in posizione marginale[12].

Dopo l'Unità le élite del paese ebbero quindi davanti a sé due strade. La prima passava per l'allargamento progressivo e solidaristico di questa famiglia, e quindi dello Stato che la rappresentava (uno Stato dai confini politici e culturali inizialmente molto ristretti), al popolo che condivideva i tratti identitari «italiani». La seconda voleva anch'essa unire gli italiani nella nazione, ma si proponeva di farlo per permettere al paese di essere grande, anche e soprattutto all'estero.

Naturalmente le due strade si potevano intrecciare e lo avevano spesso fatto – unire la nazione a fini di potenza richiedeva la mobilitazione e la cura del suo popolo, come aveva mostrato il Nitti del 1917 – dando luogo a ibridi di vario tipo anche durante il fascismo, che pure aveva imboccato con decisione la seconda.

Già nel 1942, per esempio, prima della Repubblica Sociale, il nuovo Codice civile, ancora in vigore, aveva previsto istituti come la durata a tempo indeterminato del rapporto di lavoro, la giusta causa in caso di licenziamento, la retribuzione delle ferie annuali, la previdenza obbligatoria, l'indennità di anzianità a fine servizio, il mantenimento del posto in caso di infortunio, malattia o gravidanza ecc.[13], trasformando almeno teoricamente in diritti quelli che erano stati fino ad allora privilegi di pochi, e contribuendo così ad alimentare l'immaginario del paese nel dopoguerra.

Nel 1945 era però evidente che la seconda strada aveva portato alla catastrofe del 1943. Il discredito gettato su di essa dalla sconfitta fece sì che le nuove élite scegliessero con decisione una versione molto pura della prima, che corrispondeva del resto alle loro idee e alle loro preferenze. Cattolici democratici, socialisti, azionisti e comunisti promossero allora una nuova Italia fondata sul lavoro, i diritti e la democrazia, che promuoveva la riduzione dell'ingiustizia e favoriva la partecipazione popolare, garantendo appunto il godimento di diritti allargati a comprendere quelli sociali, e lo fecero anche recuperando un legame con un Risorgimento convenientemente reinterpretato, di cui la Resistenza era presentata come un compimento.

Più che morire, la patria quindi perse nel 1943-1945 alcuni pezzi, e rinacque acquistandone altri. Essa rinunciò alla vocazione imperiale, e fu un bene, ma anche alle sue ambizioni di grandezza, e questo fu talvolta un male, e si aprì verso l'alto agli organismi internazionali e verso il basso a regioni, città e autonomie. Soprattutto puntò con decisione a una maggiore partecipazione del popolo «italiano» alla vita dello Stato, e all'ingresso in questo popolo di strati che ne erano stati fino ad allora esclusi. Il processo ebbe due facce: al salto in avanti nella «nazionalizzazione delle masse» più volte discussa dalla storiografia (a sua volta una variante, ancorché la più frequente, del più generale processo di statizzazione delle masse, che – come insegna per esempio il caso sovietico – non può essere schiacciato su quello condotto in nome del nazionalismo) corrispose un salto ancor più deciso in direzione della «massificazione dello Stato», vale a dire della conquista dello Stato da parte delle masse.

Questo cambiamento di paradigma si basava anche sul comune convincimento che la posizione europea nel mondo fosse un dato acquisito, grazie al sostegno di quell'Europa fuori d'Europa che erano allora gli Stati Uniti. La possibilità che tale posizione potesse essere messa in forse, minando le fondamenta stesse della scelta che si stava compiendo, non era nemmeno contemplata, e la crisi, quando di crisi si parlava, era vista come una crisi del capitalismo, capace di aprire nuove e più alte prospettive.

I comunisti vi giocarono certo un ruolo importante, ma il consenso al cambiamento di rotta fu molto più ampio e democristiani, socialisti e azionisti non furono da meno. È anzi possibile sostenere che furono loro, e soprattutto i primi, a dargli la sua forma definitiva. Le posizioni assunte allora da Foa e Fanfani aiutano a capire perché. Alla Costituente il primo propose per esempio «la costituzionalizzazione degli obiettivi di una politica economica e sociale diretta alla redistribuzione equa della ricchezza e l'attribuzione delle relative "garanzie costituzionali" a un'Alta Corte di Giustizia, la futura Corte costituzionale». Egli contribuiva così a quella costituzionalizzazione, e legalizzazione, dei diritti economici e sociali che doveva giocare un ruolo fondamentale nella storia della Repubblica.

Foa stesso avrebbe poi ricordato di essere stato allora sotto l'influenza della «seduzione dottrinale», che risaliva alle critiche socialiste e poi marxiste alla formalità, e quindi alla vuotezza, dei diritti borghesi, di «completare l'edificio dei "diritti dell'uomo" per mezzo della combinazione del diritto politico e del diritto economico, per creare una società pienamente logica e armoniosa», in cui l'autodeterminazione delle persone potesse diventare finalmente realtà[14].

Va tenuto conto che Foa non era solo: alla Costituente egli faceva parte con Lombardi, Calamandrei, Codignola, Valiani, Lussu e altri, del gruppo autonomista, e gli economisti del Partito d'Azione, come Bertolino, già nel 1945 guardavano ad Attlee, Beveridge e Keynes, nelle cui teorie vedevano lo strumento di una possibile rivoluzione democratica, basata su un nuovo tipo di intervento dello Stato in economia[15]. Soprattutto, idee simili animavano il gruppo di intellettuali democristiani legati a Dossetti, di cui Fanfani era allora l'esponente di punta in campo economico. La storia della sua formazione intellettuale è ben nota, ma non per questo meno significativa. Docente di storia delle dottrine economiche alla Cattolica, negli anni Trenta egli aveva sostenuto il corporativismo in chiave antiliberale e antisocialista, occupandosi in particolare dei suoi aspetti sociali, e aveva contribuito a far conoscere Keynes negli ambienti cattolici, oltre a prendere posizioni antigiudaiche.

Avvicinatosi a Dossetti e La Pira, fu indirizzato dal primo a far parte della terza delle sottocommissioni (quella sui «Diritti e doveri in campo economico e sociale») in cui – pare su proposta dello stesso Dossetti – era stata divisa la Commissione dei 75[16]. Fanfani vi assunse subito un ruolo chiave, proponendo uno schema di lavoro articolato sulle garanzie economico-sociali del diritto alla vita; su quelle dei diritti all'affermazione della personalità del cittadino (diritto all'istruzione e all'educazione, alla migrazione, all'esercizio professionale e alla proprietà); sugli aspetti economico-sociali del diritto di associazione (sia ai fini dell'intrapresa economica che dell'azione sindacale); sulle garanzie economico-sociali per l'esistenza della famiglia e infine sul controllo sociale della vita economica. Su questa base, nel gennaio 1947, egli sciolse il conflitto tra il Comitato di redazione, che proponeva di scrivere «il lavoro è l'essenziale fondamento dell'organizzazione, politica, economica e sociale della Repubblica», e Togliatti, che gli contrapponeva «l'Italia è una Repubblica democratica di lavoratori», con la formula «l'Italia è una Repubblica democratica fondata sul lavoro».

Nella sua relazione sul «controllo sociale della vita economica» Fanfani sostenne che la produzione non era fine a se stessa, ma serviva alla «comunità». Si trattava, evidentemente, di una comunità intesa in senso cristiano, così come cristiana era la persona che si voleva dotare di diritti anche sociali, contrapponendola all'individuo della tradizione liberale. Ma le sue proposte, che innescarono un dibattito su un'attività privata da armonizzare a fini sociali attraverso diverse forme di controllo periferico e centrale, che includevano un «Consiglio economico nazionale»[17], piacquero ai comunisti e furono lodate dal socialista Giua, che dichiarò che non poteva «non accettare i principi esposti [...] dal relatore Fanfani, i quali collimano con gli insegnamenti di Carlo Marx».

Il secondo comma dell'art. 2 della Costituzione, che indica come «compito della Repubblica rimuovere gli ostacoli di ordine economico e sociale, che, limitando di fatto la libertà e l'eguaglianza dei cittadini, impediscono il pieno sviluppo della persona umana e l'effettiva partecipazione di tutti i lavoratori all'organizzazione politica, economica e sociale del paese», mostra con chiarezza la convergenza delle nuove élite su un'ipotesi politica che, dall'indiscutibile intuizione che i diritti formali, privi di sostegno materiale, potevano perdere di contenuto ed efficacia, derivava l'idea che quindi anche gli strumenti che rendevano effettivo quel sostegno potessero essere assimilati concettualmente a diritti, visto che senza di essi i diritti formali correvano il rischio di non essere tali.

Si trattava di una posizione certo ispirata dal marxismo, che della critica ai diritti borghesi e della loro necessaria integrazione con quelli sociali aveva fatto una delle sue armi più potenti. Tuttavia, proprio il ruolo cruciale di Fanfani indica che non si trattava solo, e nemmeno soprattutto, di marxismo, ma piuttosto della maturazione trasversale di idee e concetti che diedero alla nuova Italia «un impianto in cui le note più evidenti e incisive» portavano sì «il segno» della Democrazia cristiana[18], ma erano in realtà ispirate a un più ampio riformismo europeo cattolico sociale, socialdemocratico e liberalsocialista.

Quest'ultimo cercava da tempo di fondere in un'unica categoria, quella appunto dei «diritti», i diritti civili, fondati sulla non interferenza e quindi privi di costi, sempre garantibili e perciò direttamente universali, e i diritti sociali positivi. In quanto diritti a prestazione questi ultimi avevano e hanno però un limite intrinseco nelle risorse a disposizione, e possono quindi essere universali solo dal punto di vista dell'impegno a promuoverli, un impegno sempre circoscritto da ciò che è possibile fare, che rende questi diritti dei diritti anche teoricamente «razionati». Si tratta, evidentemente, di una differenza essenziale, alla quale si è tuttavia cercato di ovviare senza rinunciare a tenerli all'interno della stessa categoria per ragioni sociali, teoriche (senza i diritti positivi i diritti politici e civili sono in effetti zoppicanti) e per amore delle costruzioni unitarie. Il problema emerse con chiarezza già alla Costituente. Mortati, per esempio, vi sottolineò che i diritti sociali, che garantivano i diritti politici e civili, dovevano essere interpretati come diritti di tipo e ordine diverso, vale a dire come un impegno dello Stato a fare il possibile affinché se ne potesse godere, senza però assicurarne il pieno godimento come nel caso dei secondi. Anche per questo Einaudi insistette sull'inserimento nella Costituzione della clausola sul pareggio del bilancio, che faceva da freno alla esigibilità dei diritti sociali. Essa rappresentò la vittoria di questa impostazione, che resse fino alla seconda metà degli anni Cinquanta quando, come vedremo, il miracolo sembrò estendere quasi all'infinito i confini di quel «possibile», e facilitò l'affermarsi di una nuova interpretazione, favorita anche dall'unificazione nella medesima categoria di due concetti essenzialmente diversi.

L'esaltazione del lavoro, anche come dovere sociale, faceva sì che la condizione di cittadino dipendesse in qualche misura da quella di lavoratore e aveva importanti conseguenze. Data la situazione del paese, essa per esempio rafforzava, almeno sul breve periodo, le posizioni tradizionali nel campo delle relazioni di genere, potenziandone la tendenza alla continuità in un paese dove il lavoratore era, almeno simbolicamente, maschio. Soprattutto, essa esaltava il ruolo, anche politico, del sindacato, un aspetto colto con chiarezza da Lombardi, allora segretario del PdA, nella sua *Lettera alla CGIL* ancora unitaria dell'ottobre 1946. Anticipando posizioni poi condivise da alcuni dei migliori dirigenti sindacali, e mettendo indirettamente a fuoco la contraddizione intorno alla quale sarebbero ruotate le grandi scelte del sindacato italiano, egli vi incitava la CGIL a occuparsi di tutto il popolo lavoratore, inclusi i disoccupati, e non solo degli operai, puntando ad avere «non solo un'azione sindacale ma una politica sindacale», e a essere, a suo modo, «il massimo organismo politico del paese».

Le conseguenze di questi dibattiti e delle scelte costituzionali sulla politica economica furono però all'inizio di scarsa rilevanza, tanto per la povertà del paese quanto per l'influenza esercitata in questo campo dagli economisti liberali – come appunto Einaudi – che avevano avversato il fascismo e godevano quindi di largo prestigio. Il discredito della politica economica fascista rendeva poi sospettose nei confronti delle nazionalizzazioni anche forze politiche che altrove se ne sarebbero fatte paladine. Pur ammirando i laburisti inglesi, per esempio, gli azionisti, e con loro buona parte della sinistra, non vi insistevano anche perché «l'esperienza fascista [era] stata in così larga parte dominata dalla pratica dell'intervento pubblico nella vita produttiva, che il principio della nazionalizzazione [aveva] perduto larga parte del suo fascino tra le masse»[19].

C'era invece l'idea di una politica economica tesa al «benessere popolare» e garantita anche costituzionalmente, che già nel 1944 aveva portato Spinelli a proporre, insieme alla «demolizione dell'interventismo protettivo, corporativo e autarchico», la formazione di un settore socialista nell'economia che servisse a promuovere la giustizia sociale, convogliando a questo scopo le risorse prese al settore privato, con l'obiettivo di «abolire la miseria». La CGIL avrebbe presto elaborato a questo scopo un suo *Piano del Lavoro*, ma il primo piano operativo ispirato alle idee di Keynes e Beveridge fu quello INA-Case, messo a punto nell'estate del 1948 da Fanfani, diventato ministro del Lavoro, per avviare la costruzione di case per i lavoratori, un piano nei cui confronti Di Vittorio non fece un'opposizione pregiudiziale o accanita.

Gli stessi obiettivi di lotta alla miseria e di giustizia sociale erano dietro la larga condivisione da parte delle nuove élite della necessità di affrontare la questione meridionale. Alcuni guardavano al modello americano della *Tennessee Valley Authority*, ma c'era, più vicina e pressante, la lezione dell'intervento statale italiano, da Nitti ai nittiani che avevano scelto di collaborare con il fascismo, e c'era naturalmente il modello sovietico, allora almeno in apparenza l'esempio più grandioso e di successo di intervento statale a favore dello sviluppo.

Anticipando quel che sarebbe accaduto su più larga scala alla fine del decennio successivo, una volta riconosciuto allo Stato il ruolo di principale agente di trasformazione socioeconomica a disposizione dei partiti, e quindi dei loro gruppi intellettuali e delle loro idee, i comunisti si trovarono già nelle condizioni di poter sfruttare una straordinaria posizione di rendita politica e intellettuale, almeno nel campo dell'intervento nel Mezzogiorno. Essi non furono però capaci di profittarne, per i limiti loro imposti dagli schieramenti internazionali e dall'acquiescenza all'ortodossia staliniana.

L'Italia del dopoguerra voleva quindi essere sempre più la nazione di tutti gli italiani, definiti in base a criteri di discendenza e linguistico-culturali, anche se antifascismo, anticomunismo e guerra fredda la stavano tagliando lungo nuove linee di frattura, rendendo incerto e conflittuale il suo senso di identità politica e nazionale. Questa incertezza e queste conflittualità «identitarie» non impedirono tuttavia il boom successivo, forse favorito anche dall'almeno apparente rimozione del passato. Non è quindi facile rintracciare gli spesso richiamati effetti negativi, anche sullo sviluppo, della «frattura politica» che ha a lungo «lacerato il nostro paese» dopo il 1945[20]. E si potrebbe ipotizzare che quella frattura fosse molto attenuata dall'accordo su alcune scelte fondamentali, come quelle discusse alla Costituente, e che essa, per quel che aveva di reale, esercitasse almeno nei primi anni Cinquanta un'influenza economica positiva attraverso l'emarginazione, e a suo modo l'autoemarginazione, della sinistra comunista. Fu piuttosto la convergenza della seconda metà degli anni Cinquanta verso un modello di sviluppo diverso, trainato dal ruolo riformatore dello Stato, che si riallacciava in modo diretto alle scelte comuni del 1947, a creare problemi, presto aggravati dal progressivo esaurimento dell'energia generata dai processi demografici e di inurbamento. Dall'esperienza italiana si potrebbe quindi paradossalmente desumere che un forte senso di identità non è necessario allo sviluppo e che anzi l'insistenza su di esso, e quindi sulla memoria e le radici, manifestatasi negli anni Novanta, sia piuttosto da interpretare come un sintomo di ripiego.

Oltre che dall'energia presente nel paese e dalla sua ancorché caotica liberazione innescata dalla sconfitta, il boom fu generato anche dall'altra grande «scelta» (le virgolette sono qui necessarie visto il ruolo giocato in essa dagli americani) fatta dalle nuove élite nel dopoguerra, quella occidentale, europeista e liberoscambista. Al contrario di quella relativa all'allargamento della cittadinanza e dei diritti, essa non fu una scelta condivisa. A eccezione della neonata minoranza socialdemocratica e di una parte, non maggioritaria ma importante dell'azionismo, la sinistra vi si oppose, e decisivo fu invece il ruolo di economisti liberali, antifascisti e antikeynesiani, come Demaria, e soprattutto degli ex popolari, e in primo luogo di De Gasperi.

In particolare, la scelta europea, che De Gasperi promosse richiamando i valori cristiani, ma anche quelli del mazzinianesimo e del movimento operaio, servì da ponte per far accettare la leadership americana a partiti e movimenti che – come la DC e anche quella parte dell'azionismo che rifiutava l'alleanza con i socialcomunisti – erano spesso allora neutralisti e comunque mal disposti ad accettare il primato americano sull'Europa, vuoi in nome della difesa dei valori cattolici, vuoi in quella dei valori nazionali, come nel caso del Manlio Brosio ambasciatore a Mosca[21]. L'Europa servì insomma a far accettare l'Occidente e ci ancorò a esso, mediando scelte che molti non sarebbero stati altrimenti disposti a fare. Divenne così possibile stabilire alcune delle grandi linee di una politica estera che avrebbe tenuto fino agli anni Ottanta, e allo stesso tempo dare alla politica interna un impianto anticomunista ma riformatore, come dimostrano le misure prese dal governo De Gasperi nel 1948-1950, dal già ricordato piano INA-Case alla riforma agraria, al varo della Cassa del Mezzogiorno, all'adesione dell'Italia all'Accordo generale sulle tariffe e il commercio (GATT).

Atlantismo ed europeismo offrirono ai cattolici democratici e liberali – vale a dire al nucleo «popolare» del gruppo dirigente democristiano, in genere molto più progressista del suo elettorato e di buona parte delle gerarchie cattoliche – anche un riparo nei confronti della pur amata e rispettata Chiesa romana, il cui già grande ruolo nel paese era stato ingigantito dalla crisi statuale del 1943. E permisero a spezzoni della vecchia élite laica e risorgimentale di far sopravvivere alcune delle grandi ambizioni del paese, dandogli una veste europea: pensiamo all'europeismo di Spinelli, che trasferiva su un'Europa, peraltro politicamente e geograficamente non definita (che dire per esempio dei paesi della sua parte orientale?), gli ideali nazionali; o all'idea che era comunque necessario ancorare l'Italia all'Europa, per evitare di farla scivolare nel Mediterraneo, il che equivaleva a dire che l'Italia aveva il dovere di restare nel novero dei paesi «civili» e che possedeva i mezzi per far parte di quell'Occidente che ancora dominava il mondo.

Se insomma dalla fine del XVIII secolo il problema italiano si era identificato, per le élite che italiane si sentivano, con l'inserire il paese come tale, e quindi – nelle nuove condizioni create dalla Rivoluzione francese – come Stato nazionale, nel sistema di Stati in costruzione in Europa, e di farlo modernizzandolo, sì da rendergli possibile partecipare in posizioni non marginali al progresso, si può dire che le élite del 1945 risolsero tale problema brillantemente, così come avevano fatto quelle del 1861 ma non quelle del 1919, e come non sarebbero riuscite a fare quelle dei decenni successivi al 1968.

Grazie alle loro scelte e all'occupazione angloamericana che ne costituì l'indispensabile sfondo, l'Italia riuscì quindi a prendere parte, in buona posizione, all'ultimo periodo di egemonia occidentale sul mondo, quello a guida statunitense, che si estese dal 1947 al 1973, fu dominato da politiche economiche ispirate alla lotta contro la disoccupazione e per il benessere, ed ebbe in Keynes e Roosevelt i suoi eroi eponimi. Lo fece isolando e reprimendo la sinistra socialcomunista, ma senza emarginarla del tutto o schiacciarla con ferocia, e costruendo un sistema dai tratti in parte contraddittori. Da un lato l'adesione agli accordi internazionali e alla liberalizzazione degli scambi, la rottura delle gerarchie e dei controlli sociali, la maggiore mobilità e la domanda di consumi e benessere aprivano lo spazio all'iniziativa individuale e alle imprese private, favorite anche dal veloce ripristino delle gerarchie di fabbrica, dalla relativa emarginazione dei sindacati e dei partiti di sinistra e dai bassi salari. Dall'altro la continuità dello Stato e delle sue burocrazie, il salvataggio dell'esperienza nittiana e fascista e degli enti che la incarnavano, la politica delle leggi speciali e dei sussidi, e la decisione di usare lo Stato per rimediare ad arretratezza e ingiustizie, ne accentuavano, almeno in prospettiva, la presenza e il ruolo nell'economia.

I frutti delle buone scelte e della fortunata posizione del secondo dopoguerra furono presto copiosi al di là di ogni previsione per la contemporanea e felice, quanto straordinaria, presenza di più forze che spingevano nella stessa direzione: malgrado la decolonizzazione segnalasse l'inizio di una nuova era, l'Occidente era, e si sentiva ancora, saldamente al centro del mondo e godeva dei vantaggi di questa posizione; l'ottima struttura demografica, il grande serbatoio di forza-lavoro rurale, il progresso tecnologico innescato dalla guerra e l'importazione di nuove tecnologie permettevano rapidissimi aumenti di produttività; la ricostruzione, la ripresa internazionale e il boom di consumi a lungo repressi generavano potenti stimoli a una domanda che gli Stati potevano a loro volta influenzare con politiche keynesiane tanto più realistiche perché la grande inflazione causata dalla guerra aveva sostanzialmente ridotto i debiti pubblici e il costo della loro gestione, così come quello della spesa sociale; e infine la presenza di un nemico potente e minaccioso induceva ad attutire gli attriti nazionali, spingeva alla cooperazione europeo-occidentale e alla coesione con gli Stati Uniti e sottolineava l'importanza di politiche riformistiche tese a ridurre i conflitti interni, promuovendo il benessere e la giustizia sociale.

Queste felici coincidenze ridiedero fiato a una rinnovata fiducia nel progresso, già scossa dalle grandi guerre, e alimentarono la convinzione che si fosse entrati in una stagione di miglioramenti perenni, a loro volta generatori di aspettative crescenti che sembravano solidamente fondate. È questa la base, reale, delle grandi speranze dei decenni successivi, condivise sia dalla popolazione sia dalla maggioranza delle nuove classi dirigenti, le quali si convinsero che la progressiva realizzazione della scelta di ampliare la cittadinanza a tutto il popolo, attraverso la garanzia sociale dei diritti politici e civili, fosse diventata una possibilità reale molto prima, e in modo molto più ampio, del previsto.

note

[1] G. La Pira, *L'attesa della povera gente* e *Difesa della povera gente*, in «Cronache sociali», 15/4 e 1/7/1950; G. Cocchiara, *Storia del folklore in Europa*, Torino, Einaudi, 1952.

[2] Il ritardo culturale delle élite sui tempi che sono chiamate a dirigere è un fenomeno generale. A eccezione dei periodi rivoluzionari o postrivoluzionari, esse sono composte da persone di una certa età, formatesi quindi venti-trent'anni addietro. Questo intervallo temporale è naturalmente tanto più lungo quanto più aumenta l'attesa di vita, e tanto più rilevante culturalmente quanto maggiori sono stati i cambiamenti intervenuti in quei decenni. Il fenomeno, già notato da Keynes che aveva osservato come le classi dirigenti siano in genere prigioniere della cultura della generazione precedente, è stato quindi particolarmente forte nell'Italia dell'ultimo quarantennio.

[3] G. Volpe, *Italia in cammino. L'ultimo cinquantennio*, Milano, Treves, 1927. Come amava ricordare Franco Venturi, nel campo della grande cultura le cose stanno però diversamente. I progressi successivi al 1861 e la creazione di una buona università nazionale riuscirono solo a rallentare il declino del peso e del ruolo di una cultura alta che nel XVI secolo aveva dominato l'Europa e che, ancora nel XVIII, aveva esponenti di grandissimo prestigio. In altre parole, il posto di Metastasio nella cultura internazionale fu più importante di quello dei più celebri letterati risorgimentali e postrisorgimentali. Forse solo nella musica l'opera ci permise di riguadagnare terreno.

[4] L. Polese Remaggi, *La nazione perduta. Ferruccio Parri nel Novecento italiano*, Bologna, Il Mulino, 2004.

[5] Sarebbe a volte quindi inutile, oltre che inopportuno, cercare in passati lontani – per vie difficilmente verificabili – le radici di comportamenti che spesso affondano in esperienze recenti.

[6] E. Galli della Loggia, *La morte della patria: la crisi dell'idea di nazione tra Resistenza, antifascismo e Repubblica*, Roma-Bari, Laterza, 1996; E. Gentile, *La grande Italia: ascesa e declino del mito della nazione nel ventesimo secolo*, Milano, Mondadori, 1997.

[7] G. Devoto, *La parentesi. Quasi un diario*, Firenze, La Nuova Italia, 1974, p. 58.

[8] M. Salvati, *Occasioni mancate. Economia e politica in Italia dagli anni '60 a oggi*, Roma-Bari, Laterza, 2000, p. 17. Per Vecchi nel 1948 il ventaglio di variazione regionale del reddito, fatto pari a 100 l'indice dell'intera penisola, passava da 138 in Piemonte e Liguria a 66 nelle Marche e in Umbria (le regioni più povere), seguite da Abruzzi e Molise con 75. La Sicilia era a 90, la Campania a 92 (cfr. G. Vecchi, *In ricchezza e in povertà. Il benessere degli italiani dall'Unità a oggi*, Bologna, Il Mulino, 2011, pp. 259-266, 430-431).

[9] M. Brosio, *Diari di Mosca, 1947-1951*, Bologna, Il Mulino, 1986, e naturalmente A. Spinelli, *Come ho tentato di diventare saggio*, 2 voll., Bologna, Il Mulino, 1984-1987.

[10] Sulla Resistenza come guerra civile vedi naturalmente C. Pavone, *Una guerra civile: saggio storico sulla moralità nella Resistenza*, Torino, Bollati Boringhieri, 1991, un libro che non a caso sollevò all'inizio forti perplessità, specie

all'interno di vasti settori della sinistra che erano restii a usare la categoria, anche per non «riconoscere» gli avversari, e che difesero perciò la precedente interpretazione di guerra di liberazione nazionale.

[11] Il mito della Resistenza tradita e della rivoluzione possibile, la fragilità dei cui assunti è immediatamente svelata da una semplice analisi dei rapporti di forza militari anche sul solo scacchiere italiano, nasce anche da questa sopravvalutazione del ruolo *militare* della Resistenza stessa, che è a suo modo riconducibile a uno sguardo provinciale e autocentrato sulle vicende di quegli anni.

[12] Abbiamo qui seguito i lavori e le interpretazioni di Pietro Costa e Alberto Banti, senza per questo condividere sempre le pur stimolanti e originali riflessioni del secondo.

[13] Cfr. http://www.jus.unitn.it/cardozo/obiter_dictum/codciv/Codciv.htm.

[14] Questa seduzione avrebbe a lungo impedito a Foa di vedere la differenza essenziale e la contraddizione tra questi due tipi di diritti, una contraddizione che si era peraltro già manifestata in quella tra la posizione azionista favorevole alla revoca del divieto di licenziamento, per non gravare lo Stato e la popolazione con la difesa di minoranze garantite, e l'emendamento presentato dallo stesso Foa alla Costituente per impegnare giuridicamente, e contraddittoriamente, sia lo Stato a garantire il diritto al lavoro, sia i lavoratori al dovere di lavorare, sia i consumatori a non subire aumenti dei prezzi. A. Graziosi, *Vittorio Foa e la sinistra italiana, 1933-2008*, in «Il mestiere di storico», 1 (2012), pp. 7-34.

[15] E. Biagini, *Keynesian Ideas and the Recasting of Italian Democracy, 1945-1953*, in E.H. Green e D.M. Tanner (a cura di), *The Strange Survival of Liberal England*, Cambridge, Cambridge University Press, 2007, p. 235.

[16] P. Pombeni, *Il gruppo dossettiano e la fondazione della democrazia italiana (1938-1948)*, Bologna, Il Mulino, 1979; Id., *Fanfani costituente*, in P. Capuzzo *et al.* (a cura di), *Pensare la contemporaneità*, Roma, Viella, 2011, pp. 465-483.

[17] Il primo «Consiglio superiore dell'economia nazionale» (VSNCh), creato per dirigere dapprima l'intero sistema economico e poi limitato alla sola industria, fu quello sovietico. Esso ebbe un ruolo centrale nell'impostare l'industrializzazione del paese. A. Graziosi, *Il Consiglio superiore dell'economia nazionale e la crisi della NEP, 1923-1926*, in Id., *Stato e industria in Unione Sovietica (1917-1953)*, Napoli, ESI, 1993.

[18] M. Rumor, *Memorie (1943-1970)*, Vicenza, Editrice Veneta, 2007, p. 16.

[19] V. Foa, *Le nazionalizzazioni in Italia*, in «L'Italia libera», 30 ottobre 1946, ora in C. Colombini e A. Ricciardi (a cura di), *Vittorio Foa. Scritti politici (1932-1947)*, Torino, Bollati Boringhieri, 2010, pp. 210-213.

[20] Salvati, *Occasioni mancate*, cit., pp. viii, 30.

[21] Brosio, *Diari di Mosca*, cit.

2. La grande trasformazione, 1949-1967

1. Il miracolo

La veloce diffusione del termine «miracolo» per definire quanto accadde in Europa, e specialmente nei due grandi paesi sconfitti, poco dopo la guerra è di per sé un segno della predisposizione a credere che l'impossibile potesse diventare possibile generata dagli straordinari, e inattesi, mutamenti verificatisi a pochi anni dalla catastrofe. Il termine era però più che giustificato – negli anni Cinquanta e Sessanta la crescita del reddito *pro capite* italiano fu superata solo da quella tedesca – e il miracolo cominciò a manifestarsi prima che ve ne fosse coscienza: il suo inizio è fatto in genere risalire al 1951, con un'accelerazione successiva al 1958, che aprì il suo quinquennio migliore, ma già nel 1946 l'attività industriale era pari al 70% del 1938 ed è probabile che alla fine degli anni Quaranta i ritmi di sviluppo economico stessero crescendo in maniera più elevata rispetto a quelli registrati dalle statistiche ufficiali.

Le cattive condizioni dell'apparato fiscale italiano, nonché la difficoltà generale di vedere nuove attività che sorgevano laddove nessuno se le aspettava, crescevano nell'ombra e non era facile registrare e controllare in un paese il cui vecchio ordine era in larga parte saltato, spingono infatti a ritenere che quello italiano di fine anni Quaranta sia un caso classico di un paese che si considera in crisi, guarda alle vecchie, e conosciute, industrie in chiusura, e ignora mutazioni difficili da individuare proprio a causa della loro novità[1]. Questa cultura della crisi era particolarmente radicata nella sinistra socialista e comunista che, in linea con le analisi sovietiche secondo cui il capitalismo era ormai entrato nella sua fase terminale, parlava di un'Italia arretrata in un mondo capitalistico in declino. Anche per questo la sinistra tese a negare la realtà del miracolo economico fino a che divenne davvero impossibile farlo e a sottolinearne comunque e piuttosto gli aspetti negativi.

Il tipo di boom alla base del miracolo e i suoi meccanismi sono noti, così come è noto il suo legame con le esportazioni – rese possibili da una crescita dell'economia mondiale che aveva ancora il suo fulcro in Occidente, e facilitate dai bassi salari italiani – oltre che con l'esplodere della domanda interna, a partire da quella per abitazioni, nonché dell'offerta, anche grazie all'importazione di tecnologie avanzate. L'Italia visse allora, dopo gli anni dell'autarchia, una grande esperienza di internazionalizzazione, che ebbe più facce e che era stata anticipata da quella dei nostri soldati al fronte e dal ritorno, dopo il 1945, di centinaia di migliaia di prigionieri di guerra vissuti per anni in India, Germania, Polonia, Sudafrica, Stati Uniti ecc. A questa internazionalizzazione contribuirono: il veloce aumento del turismo; la ripresa dell'emigrazione, anche ma non solo transoceanica, che legò per decenni, attraverso continui va' e vieni, ampi strati popolari del nostro paese all'Europa del Nord, all'Australia, al Canada, all'America latina, e diede con le rimesse un contributo importante al miracolo; la progressiva unificazione economica dell'Europa occidentale, culminata nel 1956-1957 nella nascita del Mercato Comune, cui la DC convinse una recalcitrante Confindustria; il sempre più stretto legame tra ampi settori dell'industria italiana e i mercati esteri ecc.

Questa veloce internazionalizzazione coincise con una altrettanto veloce modernizzazione che incrinò e poi ruppe uno dei dualismi fondamentali della storia del paese, quello tra signori e popolo, e intaccò quello tra Nord e Sud – almeno in quanto fondato sulla separatezza, quando non sulla divaricazione, dell'esperienza storica – ponendo però indirettamente le basi per la sua rinascita sotto nuove forme.

L'unità nazionale fu infatti allora bruscamente accelerata da migrazioni interne che toccarono il loro culmine tra il 1960 e il 1963, quando più di 200.000 meridionali all'anno si trasferirono al Nord, dove alla fine se ne stabilirono quasi due milioni, concentrati soprattutto nel Nord-Ovest[2]. L'energia di *Rocco e i suoi fratelli* (film appunto del 1960), che incarnavano al tempo stesso la forza della struttura demografica del paese e il passaggio dalle campagne alle città, fu allora uno dei motori del miracolo, anche se Visconti, fedele all'impianto ideologico della sinistra, ne esaltò piuttosto gli elementi più cupi. Il Nord quindi ebbe allora, in forme nuove e forse come mai in passato, bisogno del Sud, ma la ripresa delle rimesse, la partecipazione al miracolo e l'aumento della spesa pubblica – la ricchezza creata dal miracolo diede infatti ai meridionalisti gli strumenti, anche finanziari, da essi lungamente invocati – innescavano intanto anche al Sud una vera rivoluzione in termini di consumi e stili di vita, comportamenti demografici inclusi, che spingeva verso la sua convergenza con le altre regioni italiane e al tempo stesso ne rendeva possibile in prospettiva una vita separata da esse. L'eliminazione *in loco* delle basi del vecchio dualismo contribuì infatti a ridurre l'apporto in termini di uomini che il Meridione dava allo sviluppo: già a fine anni Sessanta le migrazioni rallentarono, sia per l'esaurimento dell'energia accumulata nel Mezzogiorno sia per il pur relativo aumentato benessere dei suoi abitanti, indebolendo il nuovo, importante collegamento tra le due parti del paese. Questo mentre l'apertura economica all'Europa e al mondo minava in prospettiva il ruolo del Meridione come componente del mercato nazionale, così come la fine delle ambizioni di potenza dell'Italia ne aveva ridotto l'importanza come necessario elemento geografico e demografico della grandezza dello Stato nazionale.

Gli anni Cinquanta e Sessanta furono quindi al tempo stesso anni di forte convergenza nazionale, sostenuta anche da una scolarizzazione che, con la diffusione della televisione, rafforzò in tutto il paese i processi di italianizzazione[3], e anni in cui il consumarsi di alcune complementarità poneva le basi per future divisioni.

La grande migrazione interna e la ripresa di quella internazionale erano a loro volta parte integrante di quella che si potrebbe definire l'*auto*-liquidazione dell'Italia rurale, vale a dire di una costante di lunghissimo periodo della storia del paese nonché soprattutto del motore principale di quella che abbiamo definito l'Italia dell'energia, che aveva avuto nella famiglia contadina il suo cuore. Più che di miracolo sarebbe in questo caso opportuno parlare di esplosione, anche sociale: gli addetti all'agricoltura sul totale della popolazione attiva, che erano passati in quarant'anni dal 55,5% del 1911 al 44% del 1950, crollarono nei vent'anni successivi a poco più del 15%.

Abbiamo messo *auto* in corsivo perché fu un processo guidato dalle scelte degli stessi contadini, che decisero di lasciare in massa le campagne subito dopo aver ricevuto almeno parte della terra che avevano a lungo desiderata. Dopo le elezioni del 1948 De Gasperi e Dossetti erano infatti riusciti a sottrarsi almeno in parte all'abbraccio dei conservatori varando una riforma agraria che suscitò l'aspra reazione di alcuni ceti confluiti nella DC in quanto baluardo anticomunista. Al di là delle terre effettivamente distribuite (e almeno la legge stralcio colpì sul serio i latifondi di alcune delle regioni più arretrate del paese), le due leggi del 1949 assestarono un duro colpo all'Italia dei signori, ferendo non solo i latifondisti ma anche «la mentalità e talora gli interessi assodati di una certa parte di borghesia legata o da vincoli di collaborazione professionale o di sudditanza atavica e di subalternanza psicologica con quel mondo che dominava da secoli l'ambiente»[4].

Il colpo, di cui Antonio Segni divenne il simbolo, non fu senza conseguenze politiche, su cui torneremo. Ma la conseguenza principale non fu la stabilizzazione dell'Italia contadina desiderata dallo Stato degasperiano, che Gabriele De Rosa ha giustamente analizzato in termini di «riformismo sostanzialmente agrario»: la disgregazione del vecchio mondo, i provvedimenti a favore dei contadini, la rottura delle vecchie gabbie sociali, il clima di maggiore libertà e le nuove opportunità economiche accelerarono invece paradossalmente la crisi terminale di quell'Italia, preparata nei decenni precedenti alla prima guerra mondiale dalla grande emigrazione transoceanica.

L'autoliquidazione dell'Italia contadina fu forse il pezzo di maggiore importanza e la base portante della fine del popolo del nostro paese: non certo di quello politico e costituzionale, ma di quello che, come abbiamo già visto, dai primi decenni dell'Ottocento etnografi e studiosi di folklore avevano preso a chiamare, sulla scorta di una comparazione con i «popoli primitivi» con cui l'Europa era entrata in contatto a seguito delle grandi scoperte geografiche, il «volgo primitivo dei popoli civili». Questa fine, che contribuì a sua volta a minare definitivamente il dualismo signoripopolo, fu presto testimoniata da quella della miseria, ancora così fortemente radicata nell'Italia dei primi anni Cinquanta, e quindi della «povera gente». Tra gli anni Cinquanta e Sessanta i giovani italiani guadagnarono circa 1,5 cm di altezza, 2-3 anni di vita e qualche anno di scolarizzazione, grazie soprattutto alla riforma della scuola media del 1962, la cui importanza è talmente grande da non poter essere sopravvalutata e su cui torneremo. Questo mentre aumentava la penetrazione dell'italiano, si riduceva l'area dei dialetti e, almeno tra i giovani, tendeva a scomparire l'analfabetismo, diminuendo tanto il perimetro della cultura popolare quanto la sua autonomia da quella ufficiale. Contemporaneamente si assistette a un aumento, e soprattutto a una mutazione qualitativa, dei consumi (spesso ancora primari, vale a dire cibo, casa, arredi, bagni, trasporto privato; per quelli affluenti occorrerà aspettare i decenni successivi), di dimensioni davvero impressionanti, tanto più se lo si compara alla stagnazione degli ultimi anni.

Con questo popolo veniva progressivamente meno, in un processo che sarebbe sostanzialmente durato fino agli anni Settanta, anche la vecchia Italia ingiusta (ma non certo l'ingiustizia in quanto tale), che i partiti costituzionali del 1947 si erano proposti di combattere. In un certo senso DC, socialisti e comunisti stavano quindi presiedendo alla liquidazione della loro ragion d'essere, almeno così come l'avevano definita nel dopoguerra: fare gli interessi del popolo così come essi lo avevano allora variamente definito, integrandolo nello Stato e in una modernità di cui ciascuno di essi aveva una sua visione.

Intellettuali, storici e sociologi, in specie ma non solo di sinistra, registrarono quanto stava succedendo e, dopo aver esaltato nei film come nei romanzi l'umanità integra e generosa del popolo, ne presero presto a piangere la degenerazione e infine – con il Pasolini dei primi anni Settanta – la scomparsa, lamentando contraddittoriamente al tempo stesso la miseria in cui esso era costretto a vivere, l'influenza corruttrice dei consumi con cui cercava di uscirne e il «basso» (le virgolette sono indispensabili perché tale non era) livello dell'aumento di questi consumi, imputato alle politiche antipopolari delle classi dirigenti.

Il regista Giuseppe De Santis scrisse per esempio che

il tema centrale di *Riso amaro* è [...] la denuncia della corruzione che, con mezzi apparentemente innocenti, una certa ideologia americana ha diffuso in Europa occidentale; tale ideologia è riuscita a diffondere i suoi veleni anche tra gli strati più sani del popolo, specialmente in mezzo alla gioventù, cui essa si è presentata con l'amabile volto del *boogie-woogie*, del *chewing-gum* e del facile lusso.

Altri avrebbero deprecato il «rinnovamento degli interni domestici», e il loro squallore piccolo-borghese, a opera della «famiglia miracolata», come se fosse il portato della corruzione di costumi un tempo puri e di impulsi voluttuari e americanizzanti indotti dalla pubblicità, e non del desiderio di vivere in modo più civile. Altri ancora compiansero la selva delle antenne televisive, anche sulle baracche, come se anch'essa non testimoniasse del desiderio di vivere in modo migliore[5]. Persino la Roma degli anni Cinquanta e Sessanta, che anche grazie alle energie che aveva attirato nei decenni precedenti stava conoscendo una delle sue stagioni più vitali, fu condannata per l'altezza dei suoi edifici (tra i più bassi del mondo), la «rovinosa dilatazione», lo scempio edilizio – certo presente ma sempre considerato opera di avidi speculatori e mai anche frutto, avvelenato, del desiderio popolare di farsi, spesso letteralmente, una casa – e persino per l'invasione degli stranieri. Si configurava così un'ideologia dai tratti reazionari, che era a sua volta almeno in parte espressione della reazione dei signori alla perdita della loro Italia e che assumeva paradossalmente a volte le vesti della difesa di una modernità altra, razionale e pianificata, che non c'era.

La velocissima modernizzazione fu accompagnata da un altrettanto rapido declino della presa della religione cattolica, pur così apparentemente forte, sulla società italiana. Era anche questa la manifestazione particolare di un più generale fenomeno europeo che nel giro di pochi decenni avrebbe portato la Chiesa a parlare di scristianizzazione del continente, ed era anche un fattore, e non il minore, di quella scomparsa di un popolo della cui vita e cultura la religione e la Chiesa erano stati dei cardini fondamentali. Già nel 1953, per esempio, nella *Lettera a don Piero*, don Milani intravide la tragedia rappresentata per i preti dalle chiese sempre più vuote, dal sapere «che presto sarà finita per la fede dei poveri». Al calo dei fedeli si accompagnò quello dei sacerdoti, che alla fine degli anni Sessanta sarebbero stati la metà di quel che erano stati meno di un secolo prima.

Tuttavia, la sinistra politica e culturale, e il mondo laico più in generale, sottovalutarono il fenomeno e le sue implicazioni anche di medio periodo, e furono piuttosto – come abbiamo detto – ossessionati dal «clerico-fascismo», in cui molti videro il trionfatore del 1948. A temerlo erano ovviamente comunisti, socialisti e azionisti, preoccupati per esempio dalla «influenza clericale nelle campagne» (si sentivano qui ancora gli echi delle paure risorgimentali) o tra le donne, e da quella che consideravano la concreta possibilità di una clericalizzazione dello Stato, avversata anche da molti ex intellettuali fascisti, o meglio «nazionali». Ma a testimoniare che, almeno nell'immediato, non si trattava di paure infondate c'erano anche i timori di De Gasperi, che negli anni Venti aveva visto la Chiesa reprimere il cattolicesimo democratico per accordarsi nel 1929 con il fascismo, e che ora non solo temeva le preferenze della gerarchia cattolica per Gedda o un regime di tipo franchista, ma scorgeva tentazioni integraliste persino nel riformismo dossettiano. E c'era la concreta presenza del fascismo e dei quadri da esso formati all'interno dello Stato, dove proprio negli anni Cinquanta facevano carriera i funzionari e gli ufficiali entrati in servizio negli anni Trenta. Con gli ex gerarchi fascisti del MSI e le alte cariche che ancora rimpiangevano la monarchia, essi costituivano un blocco potenzialmente dominante, composto – nel giudizio di Rumor – da uomini «molto adusi alla routine d'uno Stato ormai remoto rispetto alle esigenze del mondo nuovo, molto viziati di nostalgia per un regime» che aveva dato alla burocrazia grande potere, e unito da «una concezione tendenzialmente autoritaria del Governo e dichiaratamente cattolica dello Stato» e perciò ben visto anche dal Vaticano[6].

La grande trasformazione in atto, e quei consumi che molti deridevano per il loro squallore piccolo-borghese, stavano tuttavia rapidamente disgregando le fondamenta della minaccia «clerico-fascista», che si rivelava quindi infondata su un orizzonte temporale più lungo almeno quanto era apparsa reale negli anni Cinquanta. Con essa, e con il tradizionale dualismo élite-popolo, veniva spazzata via anche la struttura portante di un autoritarismo da società tradizionale che però aleggiò come pericolo, anche «golpista», nel paese fino ai primi anni Settanta, quando naufragò in un'Italia che sceglieva il divorzio e la legalizzazione dell'aborto.

2. Una nuova via italiana alla modernità

Al miracolo microeconomico alimentato dalle attività di milioni di persone e imprese si affiancò a partire dagli anni Cinquanta un altro modello di sviluppo, a esso naturalmente intrecciato ma a suo modo indipendente e sostanzialmente diverso, legato allo Stato e a gruppi politici e intellettuali presenti trasversalmente in più partiti. Esso si nutrì della decisione di salvare l'IRI e il settore industriale costruito dal fascismo, e si rifece quindi in qualche modo a quell'aspetto del fascismo come via autoctona, e fallita, alla modernizzazione messo in luce da numerosi studiosi.

Ma se il legame con il passato fascista, le sue strutture e i suoi uomini è evidente, va sottolineato che l'idea di fare dello Stato lo strumento principale di una modernizzazione e quindi di una modernità intese di volta in volta come affermazione di potenza o di giustizia[7], ma comunque di trasformazione sociale ed economica, era un'idea che innervava la storia europea e, almeno a partire dall'esperienza giapponese, quella mondiale da più di un secolo. Essa aveva fatto un salto decisivo durante la prima guerra mondiale quando gli Stati avevano inventato «quel mix di intervento statale nel mercato che segnò l'economia del secolo: le nazionalizzazioni, il welfare, i piani e così via», poi andato in crisi alla fine del Novecento (esso aveva trovato la sua forma più pura e in qualche modo canonica nell'esperienza sovietica, che dell'economia di guerra fu l'erede diretta e che compresse la presenza del mercato al minimo possibile)[8].

Questo nuovo modello ebbe un presupposto indispensabile nello sganciamento della cartamoneta dall'oro e quindi nella possibilità per gli Stati di stampare moneta e spendere in deficit su un orizzonte temporale più ampio, e su scala maggiore, che in passato. In questa prospettiva, l'affermazione della cartamoneta dopo il 1914 è davvero uno dei grandi eventi economici dell'era moderna: essa aprì infatti agli Stati – che in Occidente, dopo la parentesi dell'economia di guerra, ne avrebbero profittato soprattutto a partire dal crollo del *gold exchange standard* nel 1931 – possibilità nuove e impensate, ponendo al tempo stesso le basi per crisi di tipo nuovo come quella che stiamo vivendo.

Queste possibilità potevano essere, e furono, sfruttate in tempi e modi molto diversi, modi che avevano ai poli opposti le già ricordate ambizioni di potenza o di realizzazione della giustizia sociale. Anche in questo caso l'URSS – che fece da apripista già dal 1925-1926, si presentò come forma più pura della seconda ipotesi e fu di fatto a lungo forse la forma più pura della prima – ne costituisce il caso più interessante. Ma naturalmente nella realtà prevalsero come sempre degli ibridi, e se nel caso del fascismo la potenza aveva fatto premio sul benessere e sulla giustizia sociale, nell'Italia, e più in generale nell'Occidente, del secondo dopoguerra furono questi ultimi a prevalere.

L'ideologia che innervò la politica economica di buona parte degli Stati occidentali – ma, almeno nelle dichiarazioni di principio, anche di molti dei nuovi Stati nati dalla decolonizzazione – si basò infatti sull'idea che fosse compito dello Stato innescare e guidare processi di modernizzazione o sviluppo economico tesi a liquidare la miseria e l'ingiustizia e a favorire la diffusione di una cittadinanza garantita anche socialmente. Malgrado questa ideologia avesse avuto nell'America del *New Deal* una delle sue fonti di ispirazione, e nelle politiche statunitensi una delle cause principali della sua affermazione, essa preferì spesso presentarsi come alternativa alla modernità americana, richiamandosi di volta in volta alle tradizioni socialiste, al laburismo inglese, all'esperienza sovietica, o a un nuovo modello sociale europeo, costruito combinando elementi cristiani e socialdemocratici.

Questa idea di una modernità giusta e razionale, da raggiungere con l'aiuto dello Stato e delle sue burocrazie, che esaltava le dighe e l'elettrificazione[9], le città di Le Corbusier come la Chandigarh voluta da Nehru e i nuovi quartieri di case popolari come Corviale, le riforme agrarie e i grandi poli industriali (e in particolare le acciaierie), fu quindi un fenomeno internazionale di grande portata. La sua forza, a lungo irresistibile, si nutriva delle sue buone intenzioni e delle sue promettenti realizzazioni (le grandi fabbriche con i buoni posti di lavoro, le scuole e le case popolari ecc.), spesso però ottenute non solo sfruttando una congiuntura economica e demografica eccezionalmente positiva, ma anche estraendo, grazie allo Stato, risorse dal «caotico» settore privato o, peggio ancora, sfruttando il futuro in nome del presente.

La nuova modernità italiana di Fanfani e Saraceno, Vanoni e La Malfa, Pastore, Tremelloni e Giolitti, fu una variante di questo fenomeno che talvolta, come vedremo, non si accorse nemmeno di essere tale, e assunse anche per questo, accanto a tratti sorprendentemente comuni a quelli di altre esperienze dello stesso tipo, tratti propri. Tra i suoi protagonisti vi fu in primo luogo la sinistra non comunista degli ex azionisti e dei socialdemocratici. Il liberalsocialismo o il repubblicanesimo dei primi avevano poco di liberale: dietro l'esaltazione dell'azione individuale, della democrazia diretta e dello Stato riformatore vi era spesso l'avanguardismo elitista del XX secolo più che il liberalismo, e anche tra i più moderati repubblicani vigeva – in continuità con Mazzini – un culto dello Stato che si rifaceva direttamente a quello della Francia rivoluzionaria. Forti erano inoltre, in entrambi i gruppi, il legame con la tradizione patriottica e il senso della nazione, un nazionalismo «buono» e nemico di quello fascista di cui, come abbiamo detto, Parri era a suo modo il simbolo. In *L'Italia contemporanea*, un intellettuale crociano e laico come Vittorio De Caprariis poteva così lamentare l'incapacità di De Gasperi di «indirizzare [il corso delle cose] verso mete sicuramente prestabilite», e la lettura delle opere di Ernesto Rossi così come quella della rivista «Il Mondo» di Pannunzio, nonché le battaglie da essi combattute, come quella a favore della nazionalizzazione dell'energia elettrica, delineano il ritratto di gruppi politici e intellettuali più radicali che liberali, pienamente partecipi della grande avventura della «buona» modernizzazione del XX secolo. Di essa furono anche simbolo socialdemocratici come Tremelloni, a lungo presidente dell'Azienda elettrica milanese e grande costruttore di dighe e centrali[10]. Dopo aver coordinato l'inchiesta parlamentare sulla disoccupazione del

1952-1953, egli divenne ministro delle Finanze nel primo governo Scelba, una carica che perse per le pressioni di chi ne temeva il rigore, e fu poi il presidente della sezione italiana del CIRIEC (Centro internazionale di ricerche e di informazione sull'economia delle imprese pubbliche e di pubblico interesse, un istituto dal nome carico di significato), che a partire dal 1956 giocò un ruolo importante nel mondo culturale della sinistra italiana[11].

Paradossalmente, almeno fino a quello stesso 1956 l'apporto diretto della cultura socialcomunista all'avventura modernizzatrice fu modesto. Certo, alcuni dirigenti socialisti, tra cui quelli confluiti nel partito dopo lo scioglimento del PdA, diedero subito dei contributi importanti e furono in seguito tra i suoi principali protagonisti; e il *Piano del Lavoro* varato dalla CGIL nel 1949, che prevedeva tra l'altro la creazione di enti nazionali per l'elettricità, l'edilizia popolare, le bonifiche, l'irrigazione e le trasformazioni fondiarie, risuonava di echi della stessa cultura[12]. Ma la forza di attrazione del modello più forte e puro di modernizzazione e trasformazione sociale, quello sovietico, spingeva molti intellettuali e dirigenti a contestare quanto succedeva in Italia, in attesa che si facesse «sul serio». Colpisce per esempio l'apparentemente inconscio riecheggiare, anche negli interventi di studiosi di grande spessore, di slogan e schemi del dibattito sovietico degli anni Venti sull'industrializzazione, con una riproposizione quasi meccanica di quelle che erano state allora le posizioni staliniane. Si postulava in particolare «l'alternativa fondamentale» tra «due possibili modelli di ricostruzione materiale dell'economia», uno – decisamente superiore – in cui i consumi erano «relativamente controllati» e le «risorse orientate soprattutto alla produzione di beni strumentali, con conseguente forte sviluppo della formazione del capitale e accrescimento della produttività agricola», e quindi più occupazione operaia, e l'altro «guidato dalle preferenze del mercato», che era purtroppo quello imposto in Italia «dalle forze dominanti»[13].

I socialisti di matrice azionista, e alcuni importanti dirigenti che lasciarono il PCI dopo i fatti di Ungheria, contribuirono in seguito a colmare questo vuoto e a mediare tra le due culture programmatrici e pianificatrici della sinistra, ma intanto furono alcuni dirigenti e intellettuali democristiani ad assumere il ruolo trainante, e a imporre alla nuova modernità italiana alcune delle sue caratteristiche principali. I protagonisti furono gli uomini del gruppo dossettiano, che aveva dato un'interpretazione egemonica del 18 aprile, vedendo nella vittoria della DC un viatico a riplasmare la società italiana con un progetto nel suo fondo integralista e radicale che suscitò, come sappiamo, l'opposizione di De Gasperi. Al congresso della DC tenutosi a Venezia nel 1949 la divaricazione tra il disegno politico di De Gasperi e l'immaginazione sociopolitica di Dossetti si manifestò con nettezza, e la vittoria del primo non impedì al secondo di ispirare le già ricordate leggi sulla riforma agraria, il piano INA-Case e gli interventi straordinari nel Mezzogiorno. Nell'aprile dell'anno successivo Dossetti fu eletto vicesegretario della DC con un programma che prevedeva il raggiungimento della piena occupazione e la costruzione di uno Stato sociale che aveva il sostegno di Fanfani, di intellettuali come Pasquale Saraceno, ma anche di personaggi come Mattei, e che stava trovando un terreno d'incontro con la tradizione nittiana, mediata dal fascismo, e con le forze laiche repubblicane e socialdemocratiche[14].

Questo incontro partorì la forma matura della nuova modernità italiana, che ebbe quindi radici più profonde nel mondo cattolico di quanto a volte non si pensi, e che ispirò quella particolare modernizzazione del paese che sarebbe stata travolta dalla crisi del 1992 insieme ai suoi strumenti principali, come l'IRI e la Cassa del Mezzogiorno.

Gli enti pubblici, e più in generale le partecipazioni statali, costituirono infatti il banco di prova e il terreno naturale di questa nuova modernità. Le sue radici nel salvataggio del nocciolo industriale delle ambizioni fasciste di potenza sono confermate dalle biografie degli uomini che, dopo aver partecipato a questo salvataggio, ne tennero per qualche tempo le redini, sovraintendendo alla trasformazione di un settore costruito intorno alla grande industria bellica in uno strumento di sviluppo. La storia del «fascistissimo ingegner Oscar Sinigaglia» è fin troppa nota: fu lui nel dopoguerra a dirigere la ristrutturazione della siderurgia italiana, ostacolata in precedenza dall'imprenditoria privata e basata su quel ciclo integrale fondato su grandi fabbriche nuove, o rimodernate, che divenne «il simbolo della nuova Italia industriale» creata dallo Stato. Come scrisse Foa nel 1997, dopo aver visitato l'impianto smantellato di Bagnoli, quest'ultima gli era sembrata un tempo destinata a essere «per almeno trecento anni il modello della nostra modernità»[15]. Ma anche uomini come Menichella, Giordani e Formentini erano stati alti dignitari del regime e lo erano stati da sinceri e accesi patrioti, e nazionalisti, convinti che la loro missione fosse quella di emancipare l'Italia dallo stato di inferiorità economica e dal suo ruolo secondario in Europa, simili in questo ad alcuni dei grandi dirigenti dell'industrializzazione sovietica, tra i quali le considerazioni di orgoglio statale e del lavoro ben fatto occuparono presto un posto decisivo accanto a quelle ideologiche[16]. Le convinzioni e gli ideali nazionalisti giocarono quindi un ruolo importante in quelli che sono stati definiti gli anni d'oro di un'industria pubblica retta da uomini con un «forte senso di missione» e favoriti dalla scelta di De Gasperi, sostenuto in questo dagli economisti liberali, di non sottometterli a forti e dirette pressioni di partito[17].

Ma per quanto vi è di vero nella leggenda degli anni d'oro, si trattava di condizioni, e di uomini, appunto straordinari, che non potevano quindi durare e non sarebbero durati. La politica e i partiti cominciarono infatti presto a riscoprire l'industria pubblica, spesso per darle missioni «alte» di progresso civile e sviluppo economico, ma senza porsi la questione dei problemi legati al suo funzionamento, problemi che pure erano – persino in URSS – da alcuni decenni al centro di accesi dibattiti. Già nel 1949, anche su impulso del socialista Pieraccini, il Parlamento discusse dell'opportunità di affidare a un organo dell'esecutivo il coordinamento delle partecipazioni pubbliche, mentre importanti ambienti democristiani pensavano alla possibilità di utilizzare le partecipazioni statali per fini di politica economica e sociale. Nel 1951 fu La Malfa a presentare una proposta di riorganizzazione fondata su un'istituzione, anche un ministero, che vigilasse sull'IRI, che era ancora l'unico grande ente economico. Il modello era insomma quello del già ricordato (cap. I, nota 17) Consiglio superiore dell'economia nazionale sovietico degli anni Venti, a sua volta incarnazione dei progetti di Hilferding e imitazione dell'economia di guerra tedesca, che vigilava, ma non dirigeva direttamente, i grandi trust dell'industria nazionalizzata, assicurando, come si disse nell'Italia dei primi anni Cinquanta, che essa concorresse all'attuazione dei programmi statali, effettuando investimenti di lungo periodo e assicurando lo sviluppo di servizi di interesse generale.

La DC però era ancora spaccata tra i difensori della stabilità monetaria, come Pella, e uomini, come l'ex socialista Vanoni, che chiedevano di «integrarla con una politica di coraggio keynesiano – allora di moda – con un intervento più incisivo dello Stato nel promuovere una sua iniziativa nei grandi settori chiave dell'economia». Proprio nel 1951 molti di essi confluirono, sotto la direzione di Fanfani, che era allora «il simbolo della volontà riformista della DC», nella corrente *Iniziativa democratica* e due anni dopo ottennero una significativa vittoria contro i nemici dell'industria pubblica riuscendo a far approvare la nascita dell'ENI di Enrico Mattei, che veniva così ad affiancarsi a quell'IRI che solo qualche anno prima si era pensato di sciogliere[18].

Mattei fu anche il primo manager di Stato che stabilì un rapporto diretto di collaborazione e sostegno con la DC, anticipando quell'intreccio tra industria pubblica e partiti politici che avrebbe costituito una delle caratteristiche della nuova modernità italiana, che presto si distinse anche per avere al suo centro non il rapporto tra partito (unico), Stato ed economia, ma quello tra partiti (al plurale), Stato ed economia. La svolta decisiva precipitò a causa di tre eventi del 1952-1953, che convinsero il prima riluttante De Gasperi a benedire la politica di Fanfani, e quest'ultimo a varare la costruzione su larga scala di un partito che, specie ma non solo nel Meridione, era affidato alle iniziative dello Stato in campo economico e alla spesa pubblica.

Il primo evento fu l'operazione Sturzo, diretta da Gedda e dal Vaticano contro De Gasperi, che convinse quest'ultimo che la DC non poteva continuare a reggersi sulla Chiesa e i Comitati civici, ma aveva bisogno di una propria struttura di partito per garantire la sua indipendenza e laicità rispetto alle pressioni di una Chiesa che preferiva ancora un modello tradizionalista e conservatore, estraneo alla cultura dei popolari.

Il secondo evento furono le elezioni del 1953, caratterizzate nel Meridione da una grande affermazione monarchica e missina che le sinistre lessero come una conferma del pericolo causato dalla minaccia clerico-fascista. Il voto, tuttavia, preoccupò ancor più il gruppo dirigente democristiano, soprattutto nel suo nucleo popolare e antifascista, che ben sapeva di aver preso nel 1948 voti da ceti molto distanti dai suoi ideali. Esso interpretò l'insuccesso come conseguenza di una riforma agraria che aveva alienato alla DC parte delle destre tradizionali, che andavano quindi indebolite, spogliandole delle loro clientele, e sostituite con nuovi ceti pronti ad appoggiare una politica diversa, che sapesse legarli a sé con gli enti di riforma agraria, la nascita di nuove iniziative economiche e la spesa pubblica, creando nuove e diverse reti clientelari.

Il terzo fu la sconfitta della «Legge Truffa» che pose fine al periodo straordinario che aveva permesso a De Gasperi di puntare solo sul governo, sottolineando ancora una volta la necessità di ristrutturare e rinvigorire il partito.

Questa politica ebbe in Fanfani il suo più lucido teorico. Il suo disegno era chiaro:

> [...] recuperare dovunque possibile ed estendere il più vastamente possibile la presenza e la capacità di egemonia del Partito in una società italiana complessa e avviata a una – allora – incipiente trasformazione. Egli aveva scelto alcuni punti d'attacco che riteneva importanti e che rappresentavano, nel metodo e nella finalità, i più idonei alla penetrazione e alla conquista degli ambienti, dei ceti, dei centri di potere emergenti negli anni Cinquanta. Al primo posto stava... il Mezzogiorno,

dopo il quale venivano i ceti medi, inclusi quelli nuovi in formazione, e soprattutto i grandi centri di potere economico orbitanti nell'area dello Stato, visti come uno strumento essenziale anche per conquistare Mezzogiorno e ceti medi. In particolare, in Fanfani «la tendenza a una accentuata funzione programmatrice dello Stato si sommava con una concezione di più deciso interventismo statale» guidato dalla politica – dove per politica si intendeva il partito piuttosto che il governo – di cui Mattei e il suo ENI erano «la punta di diamante»[19].

Queste idee erano condivise dai dirigenti confluiti in *Iniziativa democratica*. Si trattava di uomini più giovani dei vecchi popolari, altrettanto antifascisti ma dotati di una formazione e di una sensibilità diverse, in cui era per esempio minore il peso del liberalismo, così importante per Sturzo e i suoi collaboratori, e più viva era la convinzione che le riforme democratiche e lo sviluppo del paese avessero bisogno dell'«iniziativa dello Stato come nucleo promotore e regolatore dell'economia del paese». In questo Stato il partito doveva avere «un peso direttamente determinante», e anche per questo essi erano pronti a impegnarsi per trasformare la DC, fino ad allora partito prevalentemente di opinione, in un partito «fortemente e capillarmente organizzato e quindi capace di una affermazione come organismo vitale e autonomo, di un suo forte collegamento con la società», essenzialmente diverso dal vecchio partito popolare che ancora sopravviveva all'interno della Democrazia cristiana.

Anche per questo Fanfani fu poi accusato «di aver concepito il partito come un punto di riferimento politico di categorie economiche organizzate, secondando una sua originaria tendenza corporativa». Egli però non mise mai in discussione la preminenza della politica, e del partito. Piuttosto, contribuì in modo determinante a dare alla Repubblica dei partiti, e ai partiti stessi, un fondamento economico, intrecciandone la vita con quella dell'economia di Stato, e costruendo un modello che sarebbe stato presto imitato dai partiti minori e dai socialisti (i comunisti, emarginati a livello centrale, ne stavano già costruendo uno proprio a livello regionale e locale laddove costituivano la forza dominante).

La storia dell'Italia del dopoguerra diventava così anche dal punto di vista economico non solo una storia di partiti, ma anche di «partiti-Stato» capaci di convivere, sia pure conflittualmente, dentro la stessa cornice statale, e il paese abbracciava una sua peculiare versione del progetto modernista legato ai partiti-Stato. Anch'essa era fondata su ottime intenzioni e grandi speranze, ma avrebbe con il tempo dato vita, come in molti altri paesi che avevano imboccato una strada simile, a privilegi, clientele e illeciti legati allo Stato, alle sue imprese e alla sua spesa, di dimensioni più ampie rispetto a quelle, fisiologiche, determinate dalla necessaria azione dello Stato in qualunque tipo di regime politico e di sistema economico.

Abbiamo già visto perché De Gasperi, culturalmente estraneo a questo modello e fortemente sospettoso di esso (guardando ai giovani dirigenti democristiani egli vi scorgeva tracce sia dell'eredità fascista che dell'integralismo dell'Azione cattolica), decise dopo il 1952-1953 di benedirlo, e di benedire con esso il suo alfiere. La svolta formale avvenne al congresso DC di Napoli del 1954, che approvò la necessità di una politica di sviluppo e programmazione, sollevando così indirettamente anche il problema del rapporto con il PSI.

Di apertura a sinistra si era del resto cominciato a parlare subito dopo le elezioni del 1953, e ora il passaggio della DC da un «riformismo sostanzialmente agricolo a una interpretazione delle esigenze della società aggiornata ai grandi mutamenti che essa subiva», mutamenti che sociologi cattolici come Ardigò erano in prima fila a studiare, poneva la questione all'ordine del giorno. A suo favore giocavano anche le conseguenze in campo internazionale, e teorico-politico, della morte di Stalin. Simbolo delle prime era la tacita ma notevolissima distensione a essa seguita, segnalata dall'armistizio in Corea. Ma le seconde erano da un certo punto di vista anche più importanti. La morte del despota e il radicale riformismo dei suoi successori mettevano implicitamente in crisi il modello totalitario e contribuivano così a indebolire la dicotomia totalitarismo-democrazia che aveva fino ad allora dominato il quadro politico anche in Italia, sostituendovi almeno in parte quella tra riforme/sviluppo e conservazione, favorita anche dal rapidissimo progredire della decolonizzazione. Le paure di Malagodi sulla crisi del blocco antitotalitario erano quindi più che giustificate, ma avrebbero dovuto suggerire nuove iniziative politiche, piuttosto che la difesa di ciò che non era più possibile difendere[20].

Ancora una volta, uno dei più importanti terreni di incontro tra le forze politiche riformiste fu il ruolo dello Stato in economia e in particolare quello dell'industria pubblica, ai cui compiti fu aggiunto lo sviluppo del Mezzogiorno, mentre la CISL auspicava che potesse diventare la serra di nuove forme di relazioni industriali, temi ripresi al congresso DC di Napoli da Gronchi, che auspicò l'uscita dell'IRI da Confindustria. L'anno successivo il governo Segni varò il piano Romita sugli alloggi popolari, regolò il sussidio di disoccupazione per i salariati agricoli, istituì le casse mutue per artigiani e coldiretti, aumentò i fondi per la Cassa del Mezzogiorno e approvò lo *Schema di sviluppo dell'occupazione e del reddito in Italia nel 1955-1964*, più noto come piano Vanoni, che proponeva tra l'altro di creare, grazie a un più deciso intervento dello Stato nell'economia, circa quattro milioni di posti di lavoro.

L'occupazione era però già in crescita, soprattutto ma non solo (pensiamo al boom edilizio) grazie alle esportazioni, e sarebbe esplosa negli anni successivi grazie al Mercato Comune europeo, vanificando i piani di Vanoni. Ciò malgrado la svolta ideologica e politica antiliberista, che identificava il progresso con l'intervento statale, si fece ancor più netta, aprendo una stagione che sarebbe culminata, anche grazie al contributo dei socialisti, con la nazionalizzazione dell'energia elettrica, ma che fu a lungo dominata da ambienti democristiani. Furono loro a sostenere l'espansione di quel «neocapitalismo pubblico» cui Pasquale Saraceno, che ne fu uno dei più importanti esponenti e forse il massimo teorizzatore, assegnò il compito di attuare scelte (come lo sviluppo del Mezzogiorno o un tipo superiore di relazioni industriali) i cui effetti benefici sul piano generale non producevano però frutti diretti per le aziende pubbliche che le perseguivano. Queste ultime avevano quindi bisogno di dotazioni che compensassero politicamente i costi aggiuntivi generati da quelle scelte, dotazioni che sarebbero presto state usate per coprire le perdite di esercizio[21].

La prima tappa importante di questa nuova stagione fu la nascita, a fine 1956, del ministero delle Partecipazioni statali, che avrebbe dovuto diventare l'organo centrale dell'economia mista, dandole organicità di direttive e indirizzo[22]. Come ha osservato Barca, i suoi poteri erano però solo formali e si sostanziarono grazie alle nomine politiche dei dirigenti dell'industria pubblica. Poco tempo dopo, come aveva auspicato Gronchi, diventato nel frattempo presidente della Repubblica, le industrie pubbliche lasciavano la Confindustria, dando vita all'Intersind. Carli ha ricordato come la scissione fosse motivata anche dal problema dei finanziamenti ai partiti: da un lato si voleva opportunamente impedire alle imprese di Stato di far parte di organizzazioni che, come la Confindustria, favorivano questo o quel partito; dall'altro si volevano le mani libere per instaurare, seguendo l'esempio di Mattei, rapporti organici con i partiti di governo o con le loro correnti. L'Italia ebbe così due ministeri dell'Industria e tre associazioni imprenditoriali, Confindustria, Intersind (IRI e poi EFIM) e ASAP (ENI), e i partiti entrarono direttamente nella gestione dell'industria di Stato, dando vita a quel «modello spartitorio» poi descritto da uno degli autori di questo libro[23]. Anche in conseguenza di ciò, tra gli anni Cinquanta e il 1962 gli addetti di IRI ed ENI passarono da circa 200.000 a quasi 350.000, mentre sempre tra 1958 e 1962 nascevano anche l'EGAM (miniere), l'EAGAT (terme) e l'EFIM (meccanica e poi molto altro, fino a guadagnare il soprannome di ente spazzatura), spesso usati per salvataggi industriali, anche in nome della lotta per l'occupazione.

Secondo molti studiosi, finiva così, con una specie di invasione barbarica, il periodo d'oro di un'industria di Stato che diveniva sempre più politicizzata e vedeva perciò attenuarsi i suoi vincoli di economicità e moltiplicarsi i suoi scopi, con un conseguente aumento di abusi, corruzione e arbitrii. Certo, non si deve dimenticare che, sia pure a costi divenuti a lungo andare insostenibili, e a prezzi – come l'inquinamento – di cui non ci si rese subito conto, l'ENI o l'Italsider portarono in molte località del Sud un «futuro» migliore, così come avevano fatto settanta-ottant'anni prima molti prefetti con le scuole e le strade. Ma anche se i costi fossero rimasti sostenibili, la degenerazione del sistema dell'industria di Stato era un esito che non sarebbe stato difficile prevedere se si fossero tenute presenti le maggiori esperienze internazionali in questo campo e gli scritti dei loro critici, da Brutskus a Mises, a Hayek, all'Hilferding pentito degli anni Trenta. Questi ultimi avevano infatti da tempo messo in luce gli effetti negativi di uno stretto legame tra politica e gestione dell'industria, un legame che invece i teorici del neocapitalismo pubblico esaltavano, così come i teorici del corporativismo fascista, gli economisti sovietici, i pianificatori indiani o quelli messicani avevano vantato e vantavano il nesso tra decisioni del partito, regolazione dell'economia e gestione dell'industria a fini politici[24].

Naturalmente anche in Italia non mancò chi vide quel che stava succedendo e ne immaginò gli esiti. Nel 1959 Malagodi disse per esempio alla Camera che «creare un settore statizzato» nelle condizioni italiane significava creare «un settore democristianizzato» e l'anno prima Franco Rodano aveva interpretato la decisione di staccare l'industria di Stato dalla Confindustria come una scommessa sul pieno controllo politico-partitico su di essa. Il critico più aspro fu però Sturzo, che già nel 1955 in *Sinistrismo economico* aveva attaccato la nascita dell'ENI, sottolineando che esso aveva rafforzato «un capitalismo irresponsabile, poco e niente redditizio», che andava conquistando il predominio sulla vita economica del paese. Negli anni successivi egli avrebbe continuato a denunciare «i rischi dello statalismo, delle invadenze partitocratiche, la confusione dei compiti fra partito o partiti e ruolo del Parlamento», intravedendo la nascita della nuova modernità italiana e il suo legame con la Repubblica dei partiti. Ma specie dopo la fallita operazione del 1952, Sturzo era mal sopportato da molti democristiani, che lo giudicavano un residuo del vecchio e fallimentare mondo liberale e gli rimproveravano, come avrebbe poi fatto Elia, di non aver saputo cogliere le novità prodotte dalla guerra nello «spazio dell'esecutivo» e di aver liquidato «come superfetazioni burocratiche, frutto di un perverso meccanismo di rapporti fra economia, politica e amministrazione», fiorito con la complicità dei partiti (che Sturzo ormai trattava da «male bestie»), «tutte le nuove forme di intervento dello Stato che la guerra aveva prodotto»[25].

La sinistra comunista e anticapitalista, ancora sostanzialmente ferma nella sua analisi di un capitalismo in crisi irreversibile, aveva difficoltà a fare i conti con queste novità. Essa era però alla vigilia di un rinnovamento innescato prima dalla traumatica sconfitta della FIOM nelle elezioni per le rappresentanze sindacali alla FIAT nel 1955, e subito dopo dall'ancor più traumatica denuncia dello stalinismo al XX Congresso del PCUS e dalle sue spesso drammatiche conseguenze, che costrinsero molti a fare i conti con le proprie convinzioni.

Dalla sconfitta alla FIAT nacque una spinta al rinnovamento sindacale che rinnegò l'approccio centralista scelto dalla CGIL nel dopoguerra anche per il timore che gli accordi locali potessero far rivivere le collusioni riformiste e corporative del passato. Soprattutto, grazie a Di Vittorio, Foa e Trentin, il sindacato, e quindi una parte importante della sinistra, si aprì all'analisi della realtà, riconoscendo che il capitalismo era tutt'altro che in crisi e che si era piuttosto di fronte a un «neocapitalismo» le cui grandi possibilità erano confermate da un innegabile e velocissimo sviluppo economico. Il sindacato doveva quindi ripartire dalla fabbrica e dalle lotte operaie, imboccando la via della contrattazione aziendale, anche perché quella centrale ancorava i salari «al livello consentito dalle imprese marginali», favorendo l'accumulazione capitalistica e l'autofinanziamento delle imprese (e quindi il miracolo in corso), piuttosto che i lavoratori, di cui andava invece esaltata la capacità autonoma di azione (siamo qui di fronte alla nascita di quella che poi sarebbe diventata la teoria dell'autonomia operaia).

Il PCI fece fatica ad accettare queste posizioni e la stampa comunista attaccò l'articolo di Foa *Il neocapitalismo è una realtà*, pubblicato su «Mondo Operaio» dal suo nuovo direttore Raniero Panzieri, accusando di revisionismo di destra i sostenitori della teoria che il capitalismo fosse ancora capace di sviluppo. Ma questi ultimi sentivano di avere ragione e videro nel XX Congresso una conferma delle loro ipotesi, alle quali si andava aggiungendo quella secondo cui l'intervento statale era necessario non solo per ragioni sociali ma per lo stesso sviluppo del capitale. «Nasceva così la programmazione, una linea di Sinistra progressista, la linea resa esplicita dalla *Nota aggiuntiva* di Ugo La Malfa nel Ministero Fanfani del 1962 e dall'intensa attività di Antonio Giolitti e Riccardo Lombardi»[26], che cominciarono a parlare di una pianificazione dell'economia capace di redistribuire tra le classi potere oltre che reddito. Almeno un pezzo della sinistra, tra cui vi era una componente importante che aveva lasciato il PCI dopo i fatti di Ungheria, e si ritrovava ora con i socialisti di provenienza azionista, recuperava così, e velocemente, il ritardo sui programmatori democristiani.

Con la programmazione arrivò anche una più ampia, anche se

ancora minoritaria, accettazione del progetto europeo che fino ad allora, fatti salvi i circoli federalisti, la sinistra aveva avversato, benché fosse ormai chiaro che a esso si doveva – grazie a un mercato sostenuto da esportazioni ed emigrazione – buona parte della crescita economica di cui il paese stava godendo. Ancora una volta un ruolo chiave fu giocato dagli ex azionisti e dai dirigenti che avevano lasciato il PCI nel 1956, gli stessi che avevano spinto la sinistra verso l'incontro con l'interventismo statale e industriale della Democrazia cristiana. Decisivo fu, in questo passaggio, il ruolo di Giolitti, fautore della programmazione prima in Italia e poi a Bruxelles, dove come commissario lavorò tra l'altro a preparare quella regionalizzazione dei fondi europei, poi attuata da Delors, che avrebbe avuto un impatto fortissimo tanto in Europa che nel nostro paese. Grazie a uomini come lui, l'Italia riuscì allora in parte a superare l'*impasse* che la voleva determinante nelle grandi scelte, su cui si formava un fronte italo-tedesco capace di superare le difficoltà, e quasi assente nelle politiche di gestione, pur così importanti anche dal punto di vista economico, e che invece i dirigenti democristiani, ma anche molti di quelli degli altri partiti di centro e centrosinistra, sottovalutavano. Una parte importante della sinistra abbracciò così la nuova modernità italiana, senza accorgersi che stava contribuendo a imboccare una strada che dopo trent'anni si sarebbe rivelata senza vie d'uscita.

A conferma della sostanziale convergenza su questa scelta, cui i comunisti si accodarono in virtù della loro dichiarata e pregiudiziale preferenza per l'industria pubblica, negli anni successivi quasi tutti i provvedimenti a favore dell'industria di Stato furono presi dal Parlamento all'unanimità. La stessa cosa vale per quelli a favore del Meridione, attorno al quale fu costruito, per realizzare tanto il programma politico fanfaniano quanto i sogni modernisti di Saraceno o quelli sindacali della CISL (per quanto queste cose possano essere separate), un articolato sistema di *affirmative action*. Nel 1957 le amministrazioni dello Stato furono obbligate a riservare almeno il 30% delle commesse a ditte meridionali e l'IRI a localizzare almeno il 40% dei suoi investimenti nel Mezzogiorno, mentre si accelerava la crescita dei trasferimenti finanziari a suo favore. Il Sud divenne così un banco di prova decisivo delle nuove politiche, e tale sarebbe rimasto negli anni successivi con il cambiamento e l'allargamento «industrialista» della Cassa del Mezzogiorno, le battaglie di Colombo e Pastore per il polo siderurgico di Taranto, quelle di Compagna per Castel Volturno e quelle di Mancini per Gioia Tauro.

Lo spazio politico acquistato da questi uomini, cui si aggiunse quello dei «mediatori» cui fu affidata la costruzione della rete dello Stato sociale nel Meridione (spesso si trattava naturalmente delle medesime persone), fu enorme[27]. Essi acquistarono grande influenza anche all'interno dell'élite politica del paese e nel governo e godettero, nella loro opera di trasformazione del Mezzogiorno, anche del sostegno statunitense, un sostegno fattosi più forte con l'amministrazione Kennedy e la sua scelta di contrapporre il binomio arretratezza-modernità a quello capitalismo-socialismo, ma che risaliva ai tempi in cui lo *Psychological warfare branch* sosteneva che in Italia, e più in generale nell'Europa del Sud, la mediazione sociale e una soluzione più equa dei problemi sociali erano la strada maestra per combattere il pericolo comunista[28].

Anche la sinistra appoggiò la svolta operata dalla Cassa del Mezzogiorno nel 1959 in favore di investimenti industriali spesso affidati all'industria di Stato. Nel 1961, per esempio, i sindacati decisero di appoggiare il piano della Finmeccanica (poi Alfasud) «perché è meglio avere una fabbrica sbagliata piuttosto che nessuna fabbrica», e perché ogni nuova fabbrica era un potenziale centro di forza politico-sindacale oltre che occupazionale[29]. Certo, essa vide pure, e denunciò, lo sperpero legato al nuovo interventismo, che produceva nuovi tessuti clientelari, ma l'ideologia dello Stato come principale agente di modernizzazione e trasformazione era ormai diventata patrimonio comune di buona parte delle classi dirigenti del paese, tanto al governo quanto all'opposizione.

Sembra quindi possibile sostenere che a partire dalla metà degli anni Cinquanta il sistema capitalistico italiano prese a convivere con un altro sistema economico e industriale, cui presto si sarebbe intrecciato alla ricerca di convenienze spesso trovate nel bilancio dello Stato, producendo forti effetti distorsivi, particolarmente vistosi nel caso delle conseguenze della nazionalizzazione dell'energia elettrica o del sistema che si instaurò nel Meridione.

Il primato della politica, incarnato e garantito in questo caso da possibilità di spesa alimentate dal miracolo e giustificate dal keynesismo «volgare» trionfante, mutò così i rapporti tra imprenditori e Stato, accrescendo la sensibilità dei primi nei confronti dei voleri del secondo, come avrebbero dimostrato negli anni successivi i mutamenti ai vertici di Confindustria.

3. Il centrosinistra e il suo programma

Il centrosinistra non nacque quindi solo, e neppure principalmente, per rimediare all'erosione del blocco elettorale moderato che aveva sostenuto i governi centristi, e non fu solo una soluzione in qualche modo obbligata. Esso fu anche una scelta, radicata in una convergenza reale e fondata su un riformismo dagli obiettivi e dagli strumenti abbastanza ben definiti. E se è vero che il PCI lo criticò come un'operazione neocapitalistica (grazie a Trentin e a un convegno organizzato nel 1962 dall'Istituto Gramsci il termine, e con esso la realtà e gli effetti del miracolo erano stati ormai interiorizzati) tesa a dividere la sinistra e ad emarginare i comunisti, il centrosinistra aprì in realtà al PCI stesso spazi inattesi.

La promozione ufficiale delle politiche statali sia di spesa sia di intervento diretto come strumento per trasformare e rendere più giusta la società italiana, e l'implicito riconoscimento della sua ingiustizia che esse supponevano, garantirono infatti al PCI una straordinaria rendita di posizione, tanto morale e intellettuale quanto ideologica e politica, che lo avrebbe portato nel giro di quindici anni a toccare il culmine delle sue fortune elettorali. Se infatti l'obiettivo dello Stato era l'eliminazione dell'ingiustizia, «dare» e non «togliere», ogni provvedimento del governo che andava in questa direzione poteva essere criticato come insufficiente o contraddittorio, perché piegato agli interessi dominanti, da chi aveva posto sin dalla sua nascita l'azione rivoluzionaria dello Stato al centro del suo programma. Questa rendita di posizione, di cui Togliatti intuì la portata quando auspicò nel 1962 un'azione comunista capace di stringere più da vicino coloro che dicevano di voler fare opera di rinnovamento, pose fine alla debolezza e alla paralisi determinate dalla precedente insistenza su un capitalismo in crisi e incapace di futuro, mettendo tra l'altro i socialisti in una posizione molto difficile per la concorrenza a sinistra nei loro confronti che il PCI era ora in grado di fare.

La tante volte citata esclusione del PCI[30] fu quindi parziale, e non solo per gli spazi che esso si era saputo conquistare a livello locale: ancora più importanti furono quelli intellettuali e morali che il parlamentarismo del regime costituzionale italiano, il lavoro nelle commissioni e gli emendamenti permettevano di portare all'incasso. E i «costi decisionali» dell'esclusione del PCI non dipesero quindi solo, o tanto, da questa esclusione, quanto dal riconoscimento della bontà di molte delle idee e delle proposte dei comunisti implicito nella scelta riformista. Ciò a sua volta contribuì per lungo tempo a rafforzare, nei vasti settori della società e del mondo intellettuale italiano che nel PCI si riconoscevano, la convinzione che l'alterità perseguita dal partito fosse la scelta giusta.

La dinamica della nascita del centrosinistra è nota: la forte ripresa elettorale del 1958, frutto anche delle politiche fanfaniane, permise alla DC di guardare a un accordo con i socialisti (che a inizio 1959 avevano approvato a maggioranza la scelta di Nenni in questa direzione) negoziato da una posizione di forza. Il disegno di Fanfani fu però ostacolato da Gronchi, eletto presidente contro il suo volere, che nel 1959 affidò l'incarico di formare il governo a Segni invece che al dimissionario Fanfani. Subito dopo, alla *Domus Mariae*, spaccando *Iniziativa democratica*, nascevano i dorotei, che costrinsero Fanfani a dimettersi anche da segretario del partito, provocando una battuta d'arresto dell'«apertura a sinistra» cui la Chiesa era profondamente contraria malgrado a fine 1958 fosse stato eletto papa Giovanni XXIII. Il nuovo segretario, Aldo Moro, riprese però la stessa politica e aprì a fine 1959 il VII Congresso del partito insistendo sulla «responsabilità dello Stato nel processo di sviluppo» e aggiungendo che «è per l'accettazione di queste responsabilità che una posizione democratica si distingue nettamente, sul terreno economico, da una posizione conservatrice», parole che mettevano di fatto gli alleati del PLI tra i nemici del nuovo corso[31].

Segni, che nel discorso di accettazione aveva fatto alle destre una sola concessione, parlando della «nostra cara Patria» (un termine allora di forte carica simbolica), aveva intanto rinunciato all'incarico, aprendo le porte al primo tentativo di Tambroni, un esponente della sinistra democristiana. La sua cauta apertura alle destre, peraltro accompagnata da forti elementi sociali, provocò tuttavia le immediate dimissioni di tre ministri democristiani (Pastore, Bo e Sullo), appoggiati da dirigenti come Rumor, Colombo, Taviani, Segni e Zaccagnini. L'incarico quindi tornò a Fanfani, che dichiarò di voler aprire ai socialisti e fu per questo sabotato dalla parte della DC più sensibile alle pressioni della Chiesa. Gronchi richiamò quindi Tambroni, il cui nuovo tentativo, sostenuto dal MSI, naufragò anche a causa di forti manifestazioni antifasciste che aprirono la strada a un governo Fanfani che godeva della benevola astensione del PSI. Questo governo, nato da una crisi, fu presto benedetto dall'elezione di Kennedy alla Casa Bianca e soprattutto dalle iniziative del nuovo papa, che rivoluzionò le posizioni della Chiesa rendendo possibile la nuova politica.

Che al di là dei dissidi personali il programma socioeconomico di Fanfani fosse largamente condiviso è dimostrato dal discorso tenuto da Gronchi, un suo avversario, alle Camere riunite il 25 marzo 1961, in occasione delle celebrazioni del centenario dell'Unità d'Italia, un discorso che ne fornisce un riassunto essenziale e lascia intravedere le linee fondamentali del nuovo patto che lo Stato voleva stringere con i cittadini, sulla base delle vertigini da successo causate dal miracolo. Ne citiamo, per questo, ampi stralci (i corsivi sono nostri):

> Sono un'esigenza interiore, se la pressione di interessi ciechi ed egocentrici non la distorce, una legge morale oltre che un'oculata concezione politica di progresso, che *domandano di associare alla libertà la giustizia*, nel campo internazionale, come nell'interno delle singole nazioni; e *la giustizia si realizza attraverso una più equa distribuzione della ricchezza*, alla cui formazione tutti concorrono, di ogni ceto e di ogni grado di capacità. Si affermò che a questo problema di distribuzione è anteriore il problema della produzione: e giustamente. È vero infatti che non è possibile un reale progresso

sociale senza che vi sia, attraverso un adeguato sviluppo economico, una maggiore disponibilità di beni; *ma è anche vero che, quando diviene possibile tale maggiore disponibilità di beni, occorre far sì che essa venga utilizzata in modo da farne beneficiare sostanzialmente le zone economiche e umane che soffrono di un più basso tenore di vita e sono legate a un più duro lavoro.*

Ora, proprio alla luce di queste considerazioni e per una visione integrale del nostro sistema economico, occorre agire nella consapevolezza che oggi le maggiori risorse disponibili, lo straordinario progresso tecnico conseguito in tutti i campi, i moderni strumenti di programmazione e di intervento offrono possibilità nuove e aprono prospettive di più sostanziale e diffuso benessere, solo che alla comune ansia si accompagnino – ai vari livelli – una volontà ferma e una azione concreta. *E per questa azione non si può non invocare l'iniziativa dello Stato. Nessuno mi opponga che un tale intervento insidia la libertà di iniziativa individuale. Questa obbedisce inevitabilmente alla legge del profitto individuale, e non è sempre condotta a tenere nel dovuto conto l'interesse generale.*

Quanto accade nel Mezzogiorno insegna [...] Vi sono riforme di struttura, in particolare nei servizi essenziali, che senza l'intervento dello Stato non potranno mai realizzarsi. Non è sovrapposizione, questa, né surrogazione: ma l'integrazione e coordinamento a un fine superiore comune. Del resto, ogni libertà porta in sé stessa un concetto di limite, che è imposto dal rispetto della libertà altrui. E non può dirsi libero chi è ancora schiavo della miseria, o del salario insufficiente o della incertezza del lavoro, e dell'ignoranza che si accompagna, triste appannaggio, a ogni condizione di inferiorità [...].

All'inizio degli «anni '60» del secolo scorso, si presentò il problema dell'unione politica, e a tale problema i migliori italiani si dedicarono con successo. Nell'anno '61 del secolo nostro, si prospetta urgente il problema sociale, che poi strettamente condiziona l'effettivo compimento della unione politica. Ormai esso ha il primo posto anche nel campo internazionale: è la nuova frontiera della civiltà. Spetta alla generazione in cui anche noi, non più giovani, viviamo, prepararne tempestivamente le soluzioni. *Per quanto ci riguarda, vorrei aggiungere che il popolo italiano lo merita, perché, con la sua operosità geniale e tenace e la sua virtù di sacrificio, se lo è guadagnato* [...][32].

Il legame tra le nuove politiche del «dare», attraverso lo Stato, e il miracolo economico era quindi posto esplicitamente e con chiarezza, come con chiarezza emergeva una possibile, nuova interpretazione della Costituzione, soprattutto in relazione a diritti sociali, per cui sembrava ci fossero finalmente le risorse necessarie.

A conferma della presa del modello illustrato da Gronchi sul gruppo dirigente democristiano, nel 1962, in una lettera scritta ai vescovi veneti, Moro usò lo stesso schema per spiegare che il centrosinistra era necessario: occorreva infatti rimediare alla «accentuata insofferenza per gli squilibri e i disagi che lo sviluppo economico non ha eliminato, ma anzi ha in taluni casi aggravato», e la cosa rendeva «sempre più necessario e urgente un intervento risoluto dello Stato, volto ad attenuare le più stridenti sperequazioni e a rendere possibile a strati sempre più larghi del popolo italiano una effettiva partecipazione ai vantaggi del progresso»[33].

Erano parole che cadevano su un terreno fertile. La Chiesa si stava infatti preparando a sposare, a livello universale, politiche nuove. Lo fece ufficialmente nell'aprile 1963 con la *Pacem in Terris*, che adottava il linguaggio dei diritti, esaltando l'impulso dell'«ascesa economico-sociale delle classi lavoratrici», «l'ingresso della donna nella vita pubblica» e l'estendersi delle «comunità politiche indipendenti», vale a dire la decolonizzazione, che rendevano impellente il riconoscimento dei diritti della persona. Quattro anni dopo la *Populorum progressio* ne avrebbe messo ancor meglio in evidenza il legame con la questione sociale, di cui sottolineò la portata mondiale, e con lo sviluppo, definito «il nuovo nome della pace»[34].

Intanto la veloce crescita della spesa pubblica tra il 1961 e il 1965 dimostrava che i dirigenti democristiani, e i loro nuovi alleati, avevano intenzione di tener fede alle loro promesse: l'aumento fu infatti di quasi cinque punti percentuali su un PIL a sua volta in velocissima espansione, un risultato superato solo nel 1970-1975 (quando, a causa degli eventi del 1968-1969, crebbe di 7,5 punti) e poi nel 1979-1985, quando crebbe di quasi 10, per effetto però anche della subitanea crescita dei tassi di interesse reali sul debito pubblico.

Queste nuove politiche incontravano naturalmente il favore e godevano del sostegno attivo di vasti settori della popolazione – dalle amministrazioni locali ai sindacati, a questo o a quel gruppo o categoria sociale o professionale – e non solo dell'elettorato governativo. Moro e Fanfani, che a inizio 1962 ottennero il sostegno dell'80% dei delegati al congresso del partito, ne furono i principali artefici. Subito dopo il congresso il secondo poté varare un governo fondato sulla convergenza con il PSI, che ne restò fuori ma lo votò: il programma riprendeva infatti stralci del piano di politica economica elaborato da una commissione del PSI guidata da Lombardi, e comprendeva tra l'altro l'attuazione dell'ordinamento regionale, la riforma urbanistica, quella della scuola media e la nazionalizzazione dell'energia elettrica (agli ultimi due punti i socialisti avevano legato il loro voto favorevole).

L'introduzione nel dicembre 1962 dell'obbligo per la scuola media era forse la misura che più rivoluzionava la vecchia e ingiusta Italia del dualismo élite-popolo. Come abbiamo visto, ancora nel dopoguerra il confine di classe e status principale tra italiani «moderni» e popolo era quello che divideva il 20% dei giovani che continuavano gli studi dopo i 10 anni dall'80% che li abbandonava o passava all'istruzione professionale destinandosi così, come ha spiegato De Mauro, al semianalfabetismo, quando non a un analfabetismo di ritorno frequente nelle persone con solo 3-5 anni di scolarizzazione[35]. La scuola media obbligatoria rendeva quindi per la prima volta stabilmente alfabetizzata la grande maggioranza della popolazione italiana, intaccando le gerarchie sociali ma anche dando un serio colpo alla vera o presunta alterità della cultura popolare, allora riscoperta ed esaltata da una parte significativa degli intellettuali progressisti, riducendo l'area dialettale e contribuendo alla penetrazione della cultura alta, sia pure in forme spesso peculiari, tra strati sempre più vasti della popolazione.

Si trattava di un fattore decisivo in quella progressiva «scomparsa» del popolo di cui abbiamo già parlato, cui contribuivano anche le migrazioni, l'urbanizzazione e la televisione. Va però ricordato che il fenomeno riguardava solo i nati dopo il 1953. Per lungo tempo la popolazione italiana delle classi di età antecedenti a quella data avrebbe portato il marchio del paese di *ancien régime* in cui si era formata, un marchio spesso poco notato anche perché nascosto da chi ne era segnato, e che, anche in virtù del progressivo allungamento dell'aspettativa di vita, tocca ancora oggi milioni di italiani. La rottura modernizzatrice fu insomma importante, ma non deve far perdere di vista l'enorme bolla di ultraquarantenni degli anni Ottanta e Novanta, e oggi di anziani, formatisi culturalmente in un paese premoderno che in loro e grazie a loro continuava almeno parzialmente a vivere, anche attraverso figli che avrebbero finalmente cominciato ad accedere all'istruzione superiore, e universitaria, ma che erano cresciuti in famiglie da sempre prive di cultura. Come sarebbe presto diventato evidente, molti di questi figli avrebbero perciò mostrato, anche in età matura, i tratti tipici, intellettuali e psicologici, di individui trovatisi, non per loro colpa, in mezzo al guado del processo di civilizzazione: semplicismo, dogmatismo, arroganza intellettuale basata su conoscenze superficiali, durezza, illusione di sapere ciò di cui in realtà si aveva solo una prima infarinatura[36].

Le scuole elementari, non toccate dalla riforma, tennero, ma la vecchia scuola media inferiore, contenitore costruito per una élite (basti pensare al ruolo del latino), fu travolta dall'arrivo di milioni di ragazzi spesso dialettofoni. Chi già vi insegnava, inoltre, spesso non amò la riforma e quindi non collaborò con essa, perché deteriorava il suo status, rendeva più difficile il suo lavoro e lo circondava di centinaia di migliaia di nuovi assunti che spesso anche per legge (pensiamo agli insegnanti di lingue straniere) non erano tenuti ad avere le competenze necessarie, tanto grande era il bisogno di nuovi docenti. La riforma, opportuna e necessaria, divenne quindi a suo modo un simbolo dell'inevitabile degrado per ampliamento che deve sopportare un paese costretto a fare in ritardo, e di colpo, ciò che avrebbe dovuto fare per tempo e che aveva invece a lungo rimandato per non toccare vecchi equilibri e gerarchie sociali ingiuste.

Fenomeni simili, anche se di scala ancora limitata, cominciavano a toccare le scuole superiori e l'università. Già nel 1961 Fanfani aveva aperto le porte di alcune facoltà ai diplomati degli istituti tecnici, mentre il maggior benessere diffuso dal miracolo, le esigenze e le opportunità della modernizzazione, il rapido aumento delle diplomate che si iscrivevano all'università e le prime spinte locali all'apertura di nuovi atenei stavano provocando il veloce incremento degli studenti universitari. Il fenomeno era naturale, e necessario. Così come nel caso della scuola media inferiore (in quella superiore i licei classici e scientifici riuscirono a resistere, ma sarebbe stato opportuno riformare anche loro visto che erano stati disegnati per una società diversa da quella che si andava formando), non ci si pose però il problema di coniugare queste esigenze e queste spinte con la necessità di preservare, e se possibile potenziare, anche studi universitari di élite, fondati in prospettiva sul merito invece che sul privilegio sociale. In nome della trasformazione progressiva, anche in questo settore, di quello che fino ad allora era stato appunto un privilegio in un diritto di tutti, si ponevano così le basi di quel degrado relativo del sistema universitario italiano, certo disomogeneo e più forte nelle facoltà umanistiche, che sarebbe emerso con sempre più chiarezza nei decenni successivi, indebolendo la presenza del paese nei settori scientifici più avanzati e la qualità delle sue classi dirigenti[37].

La nazionalizzazione dell'energia elettrica, già proposta da Nitti a inizio secolo e su cui Lombardi e i liberalsocialisti insistevano da circa un decennio, rappresentava per il PSI al tempo stesso il frutto più importante dell'accesso al governo e il simbolo della serietà delle sue intenzioni riformiste. Essa si presentava come una nuova, grande incarnazione di quel progetto «modernista» già esaltato dal Lenin del socialismo come unione di Soviet ed elettrificazione e dai dirigenti della TVA rooseveltiana, che avevano pensato di portare con l'elettricità la luce della civiltà nelle zone arretrate.

In effetti, l'idea di usare una nuova grande azienda di Stato per elettrificare il Meridione – che di elettricità era ancora largamente privo e dove l'elettricità fu poi davvero portata – era alla base del sostegno offerto al progetto da uomini come La Malfa. Lombardi invece, allora a capo della sinistra socialista, vi vedeva piuttosto uno degli strumenti principali per costruire quella «pianificazione collettiva controllata e diretta dai pubblici poteri» che, come dichiarò al congresso del partito nel 1961, rappresentava «l'unico modo di opporsi alla pianificazione del neocapitalismo». Il suo riformismo poteva così vantarsi di essere essenzialmente diverso da quello propugnato da Saragat, che chiedeva «semplicemente» più «case, scuole, ospedali»: l'obiettivo era un mutamento strutturale della società italiana impostato su base ideologica, come rivelava anche la scelta di non battere la via tradizionale della irizzazione, puntando invece direttamente alla nazionalizzazione e quindi toccando il diritto di proprietà[38].

I socialisti intendevano così anche provare la loro determinazione ai comunisti e più in generale all'opinione pubblica di sinistra, mostrando che era possibile ottenere mutamenti profondi anche usando lo Stato, e non solo con la rivoluzione. Con il senno di poi, la vicenda solleva il quesito del ruolo dell'ideologia, e quindi della limitatezza degli orizzonti culturali anche della parte più moderna della sinistra italiana, nel determinare la strada imboccata allora dal paese, una strada che avrebbe a sua volta condotto a utilizzare peggio di quanto sarebbe stato possibile il miracolo e a creare nuovi nodi problematici, cui sono riconducibili almeno alcune delle difficoltà odierne.

La nazionalizzazione, varata nel novembre 1962, era in effetti un provvedimento radicale, tanto sul piano reale quanto su quello simbolico. L'industria elettrica era uno dei perni del grande capitalismo italiano, che la sua nazionalizzazione avrebbe perciò fortemente indebolito, stravolgendone al contempo la fisionomia. Alla trattativa, che si svolse nella primavera-estate 1962, oltre ai segretari di partito parteciparono anche Saraceno, Lombardi e Carli, che riuscì a ottenere che i rimborsi andassero alle società e non agli azionisti, come chiedeva la sinistra ma come avevano anche chiesto liberalsocialisti quali Rossi o Scalfari, che volevano così indebolire i «baroni elettrici». Carli stesso avrebbe poi scritto nelle sue memorie che egli sperava così di rafforzare il capitalismo privato dando agli ex dirigenti dell'industria elettrica i mezzi «per aprire una nuova stagione per l'industria italiana», controbilanciando l'accresciuto potere dell'industria pubblica[39]. Ma se quest'ultima si rafforzò davvero, e rafforzò subito i suoi legami con i partiti, le speranze di Carli per l'industria privata non si materializzarono affatto.

Fedele alle indicazioni del governo, l'industria pubblica usò i soldi incassati per lo sviluppo del Mezzogiorno: l'IRI utilizzò per esempio i 200 miliardi ricavati dalla sua partecipazione nella Società meridionale di elettricità per completare l'Italsider di Taranto, uno dei più grandi complessi siderurgici del mondo che, sotto una lunga e irresponsabile gestione statale, avrebbe prodotto una delle più grandi catastrofi ecologiche d'Europa, non dissimile da quelle di tipo sovietico.

L'industria privata li dilapidò invece, «con poche eccezioni, per avviare progetti industriali avventati e privi di respiro strategico». Nel 1977 lo stesso Carli avrebbe dichiarato che questo «fallimento» era stato «uno dei più gravi nella storia della classe imprenditoriale italiana. Ne sopportiamo tuttora le conseguenze e le sopporteremo per lungo tempo»[40]. C'è però da chiedersi se sarebbe stato possibile un esito diverso. La disponibilità di mezzi non garantisce il successo in campi in cui non si ha esperienza ed è anzi spesso il viatico al fallimento (riconvertirsi a nuove specializzazioni è quanto di più difficile si possa immaginare) e non si capisce perché dirigenti competenti e capaci nel campo dell'industria elettrica avrebbero potuto fare cose egregie in campi nuovi, come la chimica, di cui sapevano poco. Quando nel 1965, Giorgio Valerio, il presidente della Edison, decise di usare gli indennizzi per fondersi con la Montecatini, egli non stava contribuendo a far nascere il nuovo, grande polo privato in cui speravano Cuccia e Carli, che gli fornirono l'appoggio necessario. Stava piuttosto dando vita alla tragica storia della grande chimica italiana, culminata con il suicidio di Gardini e Cagliari, che ha indebolito il paese in un settore cruciale dove per fortuna sono però con il tempo emerse anche realtà vitali.

La scomparsa delle società elettriche, che si sarebbero piuttosto potute integrare con una nuova società diretta dallo Stato e dedicata all'elettrificazione del Mezzogiorno, fu un colpo durissimo anche per la Borsa, e c'è da chiedersi quanto l'indebolimento complessivo del grande capitalismo italiano, pur con tutti i suoi difetti, provocato dalla nazionalizzazione di uno dei suoi settori più importanti, abbia contribuito all'incapacità, rilevata per esempio da Michele Salvati, di quello stesso grande capitalismo di approfittare dell'ultimo scampolo dell'età dell'oro italiana (1964-1969) per fare un salto di qualità.

Al contrario, la nascita dell'ENEL aprì una nuova fase espansiva per l'industria di Stato. La sua gestione e il suo uso a fini politici diventarono subito occasione di incontro, e scontro, tra i partiti al governo: ai vertici dell'ENEL furono per esempio nominati un presidente democristiano e un vicepresidente socialista e presto cominciarono – a imitazione del modello Mattei, già esteso dal ministero delle Partecipazioni statali – i versamenti a sostegno dei partiti e delle loro correnti, oltre che l'uso degli investimenti e della loro localizzazione per favorire questa o quella corrente politica, spesso peraltro bene intenzionata, a scapito delle considerazioni economiche. Veniva così a maturazione il già ricordato modello spartitorio su cui avrebbe riposato il «regime» interno alla Repubblica dei partiti, un termine, quest'ultimo, che – stabilendo un parallelismo implicito con il fascismo – prima i radicali e poi anche pensatori politici come Miglio presero a usare per definirne, erroneamente, l'essenza (si trattava piuttosto di una struttura portante, visto che l'essenza era piuttosto costituita dall'intenzione di soddisfare il più possibile, e naturalmente nella maniera più favorevole possibile a questa o a quella forza politica, i bisogni e le aspettative della popolazione).

Il riformismo radicale del primo centrosinistra – simboleggiato intellettualmente dalla programmazione di Giolitti e Ruffolo[41] – fu arrestato dalla «crisi» (alla luce delle vere crisi degli ultimi vent'anni, le virgolette appaiono indispensabili) del 1963-1964, provocata dal primo, timido intervento restrittivo dopo quelli einaudiani del 1947-1948, ma anche dalla reazione delle imprese italiane a quel riformismo. Salvati ha per esempio parlato per gli anni dal 1964 al 1969 di prima occasione mancata dal paese (la seconda è rappresentata per lui dagli anni Ottanta): malgrado una bassissima inflazione, il grande sviluppo internazionale e quindi circostanze esterne favorevolissime, e la veloce ripresa della crescita interna (dall'autunno del 1964 il PIL tornò ad aumentare del 5% all'anno), l'industria italiana investì allora poco e non vi furono incisive riforme economiche. Ma proprio le incisive riforme precedenti, come la nazionalizzazione e l'imposta sugli utili delle attività finanziarie (la cedolare), impaurirono la vecchia borghesia italiana, spingendola ad alimentare una fuga di capitali che contribuì al calo degli investimenti. Almeno una parte della nuova borghesia creata dal miracolo era inoltre cresciuta troppo in fretta e aveva basi culturali troppo fragili per fare il salto di qualità auspicato da Salvati, e lo stesso si potrebbe dire a proposito del livello di qualificazione di buona parte della forza-lavoro.

In altre parole, proprio il peso del passato e la velocità della crescita recente ostacolavano la qualità di quella futura, innescando meccanismi simili a quelli che abbiamo visto operare nel campo della scuola e dell'università. Lo indica anche l'esempio dello scempio edilizio, quello delle città così come quello delle coste: come nel caso di Roma, esso fu anche il prodotto, oltre che della speculazione, di una fortissima iniziativa e domanda dal basso da parte di famiglie che avevano raggiunto livelli di reddito, e quindi possibilità economiche, fino a poco prima impensabili, senza avere avuto il tempo di costruirsi una cultura, e che quindi spendevano e costruivano così come era loro possibile e naturale, rispondendo a bisogni più che umani e comprensibili.

La crisi del 1963-1964 è stata talvolta presentata come un punto di svolta nella storia dell'Italia repubblicana e l'apertura di una fase che si spinge fino ai nostri giorni, ma questa fase sembra piuttosto avere le sue radici negli anni Cinquanta, nella nascita della nuova modernità italiana e nel ruolo in essa assegnato allo Stato in campo economico e sociale, nell'improvvisa disponibilità di mezzi finanziari, garantita dal miracolo, che convinse la classe dirigente del paese che fosse ormai possibile, oltre che giusto e necessario, fare di più per la popolazione, e nella nuova interpretazione della garantibilità dei diritti sociali che ne discese.

La crisi ebbe anche un'importante dimensione politica, rappresentata dal caso SIFAR e dai piani del generale De Lorenzo, incarnazione fisica, oltre che politica (ufficiale in Russia e partigiano monarchico, egli fece carriera anche grazie al sostegno delle sinistre e fu deputato monarchico e poi missino) della continuità di quell'Italia tradizionale e maschile che il miracolo stava scardinando. Il «piano Solo» sarebbe poi diventato uno dei capisaldi di un'interpretazione della storia italiana basata sulla teoria di un «doppio Stato»[42] che ha caricato di intenzionalità, organicità e razionalità pulsioni che furono proprie di ampi settori di ceti privilegiati sull'orlo della scomparsa, culturale oltre che anagrafica, e le cui reazioni si fecero tanto più intense quanto più ebbero oscuramente sentore del loro irrimediabile declino, provocato dallo sviluppo di quello stesso capitalismo di cui la teoria del doppio Stato li voleva figli e difensori. Torniamo qui a quanto detto a proposito del clerico-fascismo, che apparve particolarmente minaccioso in prossimità del suo tramonto e che era almeno in parte sostanziato dalla stessa cultura e dalle stesse reti – amicali, combattentistiche, fasciste, monarchiche, tradizionalistiche – spesso rigeneratesi in virtù della guerra fredda, le quali innervarono le tentazioni golpiste che caratterizzarono l'Italia nei dieci anni che vanno dal piano Solo alla metà degli anni Settanta.

Al di là di quanto l'Italia riuscisse a profittare dei suoi ultimi anni economicamente felici, resta il fatto che il paese della seconda metà degli anni Sessanta era un paese vivo, con una grande scienza all'altezza delle sfide mondiali nella fisica come nella genetica, anche grazie a istituzioni quali il CNEN (scosso però da una prima crisi già nel 1963), l'Istituto nazionale di fisica e il Laboratorio internazionale di genetica e biofisica (LIGB), fondato a Napoli da Adriano Buzzati-Traverso nel 1962[43], e un'industria ancora capace di competere, con l'Olivetti, in alcuni settori di punta.

Accanto a questo paese che si andava aprendo al mondo, e vi conquistava, grazie alle sue energie e al suo talento, posizioni di punta anche in campo culturale (basti pensare al suo cinema o alla sua letteratura), ne esisteva però uno segnato da una arretratezza di fondo, di cui faceva fatica a liberarsi e che anzi minacciava di rafforzarsi, assumendo forme nuove, come lasciavano presagire le scelte, e le non scelte, che stavano indebolendo il sistema universitario rispetto a quelli di altri paesi avanzati.

L'incarnazione più diffusa e profonda di questa arretratezza era l'Italia analfabeta, semianalfabeta e «semicotta» di cui abbiamo parlato, ma essa si manifestava anche nella cultura alta, e specie in quella umanistica. Il veleno della autoreferenzialità nazionale, sparso a piene mani dall'autarchia (certo per fortuna mai completa) e dall'antisemitismo fascisti, era stato solo in parte bilanciato dalle aperture del dopoguerra, quando l'antiamericanismo dei comunisti, legatisi a una modernità altra e fallimentare, e la certo ben più universale, ma autocentrata, cultura dei cattolici e della Chiesa avevano contribuito ad approfondire il provincialismo di un paese sempre più omogeneo. Come mai nella sua storia, l'Italia degli anni Cinquanta e Sessanta era una nazione in cui quasi tutti parlavano la stessa lingua e dicevano di praticare la medesima religione, una situazione davvero eccezionale che trovava il suo forse unico parallelo nel Giappone. Anche per questo, il ritardo maturato nei confronti della nuova grande cultura internazionale affermatasi dopo il 1945, quella a base anglosassone, era impressionante: nei circoli liceali del 1968, gli studenti «impegnati» leggevano per esempio le stesse opere che avevano letto i loro coetanei nell'Impero russo di inizio secolo e credevano di confrontarsi e capire con esse un mondo moderno rispetto al quale avevano in realtà quasi un secolo di ritardo[44].

Soprattutto, l'Italia della seconda metà degli anni Sessanta era un paese dove tutti o quasi coltivavano grandi aspettative e in cui si era cominciata a manifestare la rapida evoluzione di quel peculiare rapporto tra realtà, ideologia e illusioni che ha caratterizzato la mentalità di buona parte della sua popolazione fino a poco tempo fa, e che ancora oggi segna quella di molti dei nati prima degli anni Sessanta. Queste illusioni erano figlie della combinazione tra un passato ingiusto e ormai dichiarato anche ufficialmente tale, la velocissima e irripetibile, ma considerata normale, crescita innescatasi alla fine degli anni Quaranta, e le straordinariamente felici, ma eccezionali, rendite derivanti dal predominio dell'Occidente, dalla posizione strategica del paese al suo interno e dalla composizione demografica della sua popolazione. In vent'anni il reddito *pro capite* reale di quest'ultima era raddoppiato e c'era la diffusa coscienza che fosse possibile ottenere di più, anche perché esso era cresciuto meno di quanto non fossero cresciuti il PIL o i profitti; il debito pubblico si aggirava ancora sul 35% del PIL, e la crescita economica faceva ritenere che ogni suo aumento sarebbe stato prima o poi riassorbito, visto che cresceva anche il prodotto lordo con cui lo si confrontava; e non erano ancora all'opera leggi che automaticamente gonfiassero quel debito, che sembrava perciò non costituire un problema.

Anche per questo si fece poco caso al suo aumento di cinque punti percentuali in pochi anni, che segnalava tuttavia «l'inizio della vicenda storica degli squilibri della finanza pubblica italiana», un inizio che è possibile quindi far risalire alla metà degli anni Sessanta, quando il saldo primario (vale a dire il saldo del settore pubblico senza considerare la spesa per interessi) divenne passivo per oltre tre punti percentuali di PIL dopo un decennio di sostanziale pareggio, in cui la velocità della crescita aveva assorbito l'aumento della spesa pubblica causato dalla svolta di metà anni Cinquanta. Come dimostrano le linee guida della prima versione della riforma previdenziale, quella abortita nel 1967, si cercava comunque ancora di difendere il «principio dell'equilibrio nelle politiche di bilancio e del controllo creditizio», un principio che la versione definitiva della riforma avrebbe invece fatto di lì a poco saltare[45].

Molti italiani volevano quindi «tutto» anche perché avevano avuto in passato assai poco, avevano appena ricevuto molto, molto di più gli era stato appena promesso e sembrava ci fossero tutte le condizioni perché quelle promesse, e altre ancora, fossero mantenute. Le prime significative conquiste rafforzarono questi sentimenti, che presero a loro volta forme particolari in virtù della storia recente del paese. Vi era per esempio in Italia una evidente propensione al culto del leader e a una configurazione mitologica della realtà, probabilmente rafforzata dal passato fascista e dal modo in cui era stato esorcizzato il trauma della sconfitta e dalle grandi aspettative che si andavano prospettando. I funerali di Togliatti nel 1964 ne fornirono una dimostrazione palmare, che anticipava i ricorrenti e intensi fenomeni carismatici degli anni seguenti.

Un forte peso nel determinare la strada imboccata alla fine degli anni Sessanta l'ebbe infine la già ricordata affermazione di una nuova interpretazione di quanto stabiliva la Costituzione in materia di diritti sociali positivi. Come sappiamo, negli anni precedenti la coscienza delle difficoltà economiche e della povertà del paese aveva fatto accettare l'idea che la loro definizione come diritti non ne comportasse tuttavia l'esigibilità. Ora però le nuove risorse a disposizione, i ritmi di sviluppo cui ci si era abituati, il keynesismo «volgare» che predicava l'inutilità, quando non il danno, provocato dall'ossessione per il pareggio di bilancio, le illusioni e le aspettative generate dal miracolo fecero emergere la contraddizione fino ad allora celata dalla convinzione che «non si poteva»: l'idea che se di diritti si trattava, essi andavano in qualche modo garantiti, cominciò a penetrare sia tra le forze di governo sia tra quelle all'opposizione, e soprattutto in ampi strati della popolazione. Questi ultimi non riuscivano a capire perché dei diritti costituzionalmente sanciti non venissero riconosciuti, e quindi ad avanzare richieste per cui non sarebbe stato comunque facile trovare la necessaria copertura anche se la si fosse cercata, cosa che – come vedremo – non fu fatta.

note

[1] Il fenomeno, generale, è stato di recente particolarmente visibile nella Russia postsovietica degli anni Novanta. Cfr. A. Åslund, *How Russia Became a Market Economy*, Washington, Brookings Institution, 1995; Id., *The Myth of Output Collapse after Communism*, Carnegie Endowment for International Peace, Working Paper 18 (1991).

[2] È utile tener conto di alcuni dati comparativi: in Unione Sovietica si spostarono definitivamente dalle campagne alle città, negli anni del primo piano quinquennale (1928-1932), circa 4-5 milioni di persone, e il fenomeno fu a lungo presentato dagli studiosi come il più grande e veloce trasferimento da «modernizzazione» (le virgolette sono nel caso sovietico indispensabili) della storia. L'Italia degli anni Cinquanta e Sessanta, che aveva circa un terzo della popolazione sovietica, quindi non sfigura, anzi. Si calcola però che in Cina si siano trasferiti dalle campagne alle città negli anni Novanta circa 300 milioni di individui, e cifre di decine di milioni non sono infrequenti in altri paesi dell'ex «Terzo mondo», il che dà un'idea della novità e della differenza dei fenomeni degli ultimi vent'anni.

[3] T. De Mauro, *Storia linguistica dell'Italia unita* (1963), Roma-Bari, Laterza, 2011.

[4] M. Rumor, *Memorie (1943-1970)*, Vicenza, Editrice Veneta, 2007, p. 128.

[5] S. Lanaro, *Storia dell'Italia repubblicana*, Venezia, Marsilio, 1992, pp. 212, 244.

[6] Rumor, *Memorie*, cit., p. 141.

[7] Il richiamo è allo Schmitt dello Stato totale qualitativo e quantitativo,

discusso in A. Graziosi, *Guerra e rivoluzione in Europa, 1905-1956*, Bologna, Il Mulino, 2001, pp. 54-55.

[8] V. Foa, *Passaggi*, Torino, Einaudi, 2000, p. 23.

[9] L'identificazione tra elettrificazione, progresso, anche sociale, e piano ricevette una grande spinta dalla famosa dichiarazione con cui Lenin, all'indomani della vittoria nella guerra civile, identificò il socialismo con il potere sovietico più, appunto, l'elettrificazione. L'URSS degli anni Venti ebbe già nelle grandi dighe, come quella di Dnipropetrovsk, i suoi templi, templi cantati poi dal *New Deal* della *Tennessee Valley Authority*, dall'India di Nehru o dall'Egitto di Nasser ad Assuan. Una prima, acuta, critica di questa ideologia è nel film *Wild River* di E. Kazan (1960), che da giovane aveva partecipato all'esaltazione della TVA. Nel 1959 Rossellini cantava invece ancora *Hirakud, la diga sul fiume Mahadi* in India.

[10] M. Granata, *Roberto Tremelloni. Riformismo e sviluppo economico*, Soveria Mannelli, Rubbettino, 2010. Come primo ministro socialista alla Difesa Tremelloni fu poi chiamato ad affrontare la questione del SIFAR. Sul riformismo degli anni Cinquanta e Sessanta, cfr. anche C. Pinto, *Il riformismo possibile. La grande stagione delle riforme: utopie, speranze, realtà (1945-1964)*, Soveria Mannelli, Rubbettino, 2008, secondo il quale la composita e frammentata galassia riformatrice che andava da Pastore, Saraceno e Vanoni a Tremelloni, Giolitti e Lombardi finì per occupare in Italia lo spazio culturale che in altri paesi era quello proprio delle socialdemocrazie, senza poterne rivendicare l'iniziativa e la funzione politica, accentuando così l'anomalia italiana.

[11] Il CIRIEC, già *Centre International de Recherches et d'Information sur l'Economie Collective*, fu creato nel 1947 da E. Milhaud, un economista francese professore a Ginevra. Strettamente legato al movimento socialista, egli aveva in precedenza fondato nel 1908 «Les Annales de l'économie collective».

[12] F. Vianello (a cura di), *Il Piano del lavoro della CGIL, 1949-1950*, Milano, Feltrinelli, 1978; S. Berti (a cura di), *Crisi, rinascita, ricostruzione. Giuseppe Di Vittorio e il Piano del lavoro (1949-1950)*, Roma, Donzelli, 2012.

[13] A. Pizzorno, *I ceti medi nei meccanismi del consenso*, in F.L. Cavazza e S.R. Graubard, *Il caso italiano*, Milano, Garzanti, 1974, pp. 315-338. Negli anni Novanta Ingrao e Foa discutevano ancora animatamente sul ruolo dell'automobile nello sviluppo del paese e nella qualità della vita dei suoi abitanti, con il primo che ancora denunciava l'acquisto delle auto e la costruzione delle strade come frutto di un complotto del capitale, e il secondo che era invece arrivato a vedervi uno strumento di liberazione dell'individuo. Si può ricordare che l'URSS riabilitò le auto private, ponendo fine al culto del solo trasporto collettivo, solo con il grande accordo di Togliattigrad con la FIAT del 1966.

[14] Non a caso F. Barca (a cura di), *Storia del capitalismo italiano* (1997), Roma, Donzelli, 2010, nota che già nel 1949-1950 ci fu una cesura rispetto al primo, «più accentuato liberismo».

[15] Foa, *Passaggi*, cit., pp. 147-148.

[16] Il romanzo più bello, e più vero, sui grandi industrializzatori staliniani è A. Bek, *La nuova nomina*, Milano, Garzanti, 1973. Il loro prototipo era stato *G.L. Pjatakov (1890-1937), uno specchio della storia sovietica*, in A. Graziosi, *Stato e industria in Unione Sovietica (1917-1953)*, Napoli, ESI, 1993, pp. 73-

144. Agostino Rocca, già a capo dell'industria bellica fascista e poi emigrato in Argentina, dove fondò la Techind, ha un profilo in parte simile.

[17] F. Barca e S. Trento, *La parabola delle partecipazioni statali: una missione tradita*, in Barca (a cura di), *Storia del capitalismo italiano*, cit., p. 186.

[18] G. Amato, *Il ruolo dell'esecutivo nel governo delle partecipazioni statali*, in G. Mazzocchi (a cura di), *Il governo democratico dell'economia*, Bari, De Donato, 1976; Rumor, *Memorie*, cit., p. 94; A. Magliulo, *Ezio Vanoni. La giustizia sociale nell'economia di mercato*, Roma, Studium, 1991; V. Capperucci, *Il partito dei cattolici. Dall'Italia degasperiana alle correnti democristiane*, Soveria Mannelli, Rubbettino, 2010.

[19] Rumor, *Memorie*, cit., pp. 149, 215, anche per il virgolettato seguente riferito alla DC.

[20] G. Orsina, *L'alternativa liberale. Malagodi e l'opposizione al centrosinistra*, Venezia, Marsilio, 2010.

[21] Saraceno ne diede la teorizzazione più compiuta prima in *Lo Stato e l'economia* (1963), Roma, Edizioni 5 Lune, 1965, e poi soprattutto in *Il sistema delle imprese a partecipazione statale nell'esperienza italiana*, Milano, Giuffrè, 1975. Egli usava un'espressione simile a quella di G.L. Pjatakov, che cinquant'anni prima di lui aveva creato il «primo sistema di industria statale della storia», quello sovietico, eppure ne ignorava l'esperienza. Nel suo libro, pur destinato a una serie «europea», non comparivano i termini URSS, Unione Sovietica, sovietico, Stalin, Lenin, socialismo, comunismo, e nemmeno *New Deal*, TVA, Roosevelt, Mises, Brutskus o Hilferding. Anche «fascismo» era usato una sola volta. Persino i più intelligenti tra i costruttori del «sistema italiano» non sentirono quindi il bisogno di confrontarsi con le grandi esperienze internazionali, pratiche e teoriche, di economia pubblica, confermando l'impressione di una loro forte autoreferenzialità culturale.

[22] G. Amato (a cura di), *Il governo dell'industria in Italia*, Bologna, Il Mulino, 1972.

[23] G. Amato, *Economia, politica e istituzioni in Italia*, Bologna, Il Mulino, 1976. Come hanno sottolineato M. Ferrera, V. Fargion e M. Jessoula, *Alle radici del welfare: origini e futuro di un modello sociale squilibrato*, Padova, Marsilio, 2012, anche la nascita, e le distorsioni, dello Stato sociale italiano sono figlie della stessa temperie culturale e politica.

[24] Barca (a cura di), *Storia del capitalismo italiano*, cit. Già nel titolo del loro saggio, dove si parla di «missione tradita», Barca e Trento (*La parabola delle partecipazioni statali*, cit.) commettono un errore di prospettiva, ignorando il fatto che di regola gli uomini non sono angeli e che quindi in mancanza di freni oggettivi continui il «tradimento» è la norma, e quindi non è tale. Anche M. Salvati, in *Occasioni mancate. Economia e politica in Italia dagli anni '60 a oggi*, Roma-Bari, Laterza, 2000, p. 29, ritiene che negli anni Sessanta fosse «impossibile» prevedere le future difficoltà dell'industria pubblica, non vedendo l'inevitabilità del «processo degenerativo inarrestabile» in cui essa sarebbe entrata. Eppure ciò era stato previsto con chiarezza da B.D. Brutskus (Bruckus), *Economic Planning in Soviet Russia*, London, Routledge, 1935, ma il testo originario, più chiaro e completo, è *Socialističeskoe chozjajstvo: Teoretičeskie mysli po povodu russkogo opyta, 1920-1921* (L'economia sociali-

sta. Riflessioni teoriche sull'esperienza russa), Berlino, Tritemis, 1923; L. von Mises, *Socialismo. Analisi economica e sociologica* (1922), Milano, Rusconi, 1990; F.A. von Hayek, *Pianificazione economica collettivistica. Studi critici sulla possibilità del socialismo* (1935), Torino, Einaudi, 1946; R. Hilferding, *Gosudarstvennyj kapitalizm ili totalitarnoe chozjajstvo* (Capitalismo di Stato o economia totalitaria), in «Socialističeskij vestnik» (l'organo dei menscevichi in esilio), 1940.

[25] Orsina, *L'alternativa liberale*, cit., pp. 179-180; P. Scoppola, *La repubblica dei partiti. Evoluzione e crisi di un sistema politico, 1945-1996*, Bologna, Il Mulino, 1991, pp. 352 ss.

[26] G. Amato (a cura di), *Antonio Giolitti. Una riflessione storica*, Roma, Viella, 2012; A. Graziosi, *Vittorio Foa e la sinistra italiana, 1933-2008*, in «Il mestiere di storico», 1 (2012), pp. 18-21.

[27] G. Gribaudi, *Mediatori: antropologia del potere democristiano nel Mezzogiorno*, Torino, Rosenberg & Sellier, 1980; C. Trigilia, *Sviluppo senza autonomia: effetti perversi delle politiche nel Mezzogiorno*, Bologna, Il Mulino, 1992; P. Macry, *Unità a Mezzogiorno*, Bologna, Il Mulino, 2012, p. 118.

[28] Barca e Trento, *La parabola delle partecipazioni statali*, cit.; W.W. Rostow, *Gli stadi dello sviluppo economico* (1961), Torino, Einaudi, 1962, fu in un certo senso il manifesto kennediano dello sviluppo come antidoto al socialismo. Significativamente, l'edizione einaudiana ne ignorò il sottotitolo, *A non-communist manifesto.*

[29] A. Andreoni e E. Pugliese (a cura di), *Vittorio Foa e le trasformazioni della società italiana*, Roma, Ediesse, 2011, pp. 156-158.

[30] G. Galli, *Il bipartitismo imperfetto*, Bologna, Il Mulino, 1966; Salvati, *Occasioni mancate*, cit., pp. 30 ss.

[31] Per Orsina (*L'alternativa liberale*, cit., p. 174), il segretario del PLI Malagodi capì che la convergenza tra democristiani e socialisti non era solo tesa a escludere i comunisti, bensì avveniva «non soltanto senza, ma contro i liberali e la tradizione statual-nazionale che essi rappresentavano». Essa avrebbe quindi «amplificato la tendenza già ben presente nella DC di epoca fanfaniana verso la costruzione di un sistema di potere, e avrebbe di conseguenza portato all'aggravarsi dei processi di privatizzazione partigiana, e in definitiva di degenerazione, dell'apparato pubblico».

[32] Camera dei deputati, *1861-2011. Le Celebrazioni dell'Unità d'Italia*, Segreteria generale – Ufficio pubblicazioni e relazioni con il pubblico, Roma, 2011, *Discorso del Presidente della Repubblica*, Giovanni Gronchi, 25 marzo 1961, pp. 69-80.

[33] G. De Rosa, *Introduzione* a Rumor, *Memorie*, cit., p. 19.

[34] D. Menozzi, *Chiesa e diritti umani. Legge naturale e modernità politica dalla Rivoluzione francese ai nostri giorni*, Bologna, Il Mulino, 2012.

[35] De Mauro, *Storia linguistica dell'Italia unita*, cit.

[36] Sono tratti che accomunano, per un periodo, tutti i giovani, ma che in loro sono appunto temperati dalla gioventù. Cfr. a proposito le osservazioni di Moshe Lewin sul ruolo di queste *half-baked persons* nell'affermazione del regime staliniano in *Storia sociale dello stalinismo*, Torino, Einaudi, 1988, pp. 295-370.

[37] A. Graziosi, *L'università per tutti. Riforme e crisi del sistema universitario italiano*, Bologna, Il Mulino, 2010, pp. 42 ss.

[38] Una parte importante del PSI era quindi rimasta fedele a un riformismo distinto dal massimalismo e dal comunismo, ma non dai loro obiettivi. Esso voleva cioè le stesse cose dei rivoluzionari, ma in maniera diversa. Il centro-sinistra fu il momento in cui, con molto ritardo rispetto ad altre esperienze europee, il riformismo socialista cominciò a differenziarsi «essenzialmente» dalla politica rivoluzionaria: non più metodi diversi per perseguire gli stessi fini, ma anche obiettivi diversi. Perché l'evoluzione arrivasse a compimento ci vollero però ancora numerosi anni, e la segreteria di Craxi (cfr. *infra*).

[39] F. Barca, *Il capitalismo italiano. Storia di un compromesso senza riforme*, Roma, Donzelli, 1999, pp. 97 ss.; G. Carli, *Cinquant'anni di vita italiana*, Roma-Bari, Laterza, 1993.

[40] F. Amatori (a cura di), *Storia del capitalismo italiano dal dopoguerra a oggi*, Roma, Donzelli, 1997; Barca e Trento, *La parabola delle partecipazioni statali*, cit.; E. Scalfari e G. Turani, *Razza padrona: storia della borghesia di stato*, Milano, Feltrinelli, 1974.

[41] L. Cafagna (a cura di), *Riformismo italiano: saggi per Giorgio Ruffolo*, Roma, Donzelli, 2007.

[42] Il primo a formularla fu F. De Felice, *Doppia lealtà e doppio Stato*, in «Studi Storici», XXX, 3 (1989), pp. 493-563. Ma essa circolava anche se in forma intellettualmente incompiuta nella nuova sinistra sin dai tempi di *La strage di Stato: controinchiesta*, Roma, Samonà e Savelli, 1970.

[43] B. Curli, *Il progetto nucleare italiano, 1952-1964: conversazioni con Felice Ippolito*, Soveria Mannelli, Rubbettino, 2000. Francesco Cassata sta lavorando, grazie al sostegno della Fondazione Adriano Buzzati-Traverso, alla biografia di Buzzati, e in particolare alla sua attività come creatore e direttore del LIGB negli anni Sessanta.

[44] L'elenco delle opere lette dai circoli della sinistra «studenti medi» napoletana nel 1968 era, incredibilmente, quasi identico a quello che uno degli autori ha ritrovato negli archivi della polizia politica zarista sulla gioventù rivoluzionaria dei licei di Kiev dopo il 1905.

[45] G. Acquaviva (a cura di), *La politica economica italiana negli anni ottanta*, Venezia, Marsilio, 2005, p. 13, e in particolare il saggio di A. Pedone, *La politica di bilancio tra i vincoli monetari ed esigenze di sviluppo produttivo*, p. 30.

3. Illusioni e convulsioni, 1968-1978

1. L'implosione dell'energia

Il «vogliamo tutto» del 1968-1969 era quindi uno slogan che sembrava a suo modo realistico. Come mostrano i filmati dell'epoca, esso fu gridato da masse di operai e studenti che riflettevano l'immagine di un universo pubblico ancora dominato dai giovani e in particolare dai giovani maschi, anche se, specie nei cortei studenteschi, le donne comparivano numerose. Le loro grandi speranze si fondavano come sappiamo su condizioni eccezionali ma che sembrava logico ritenere normali: il PIL *pro capite* italiano stava per superare il 60% di quello americano, di cui era stato appena il 36% nel 1950, e tutto l'Occidente sembrava un pianeta abitato da giovani e destinato a rimanere tale per sempre.

Le rivendicazioni lanciate nelle strade trovavano inoltre una classe dirigente che riteneva giusto accoglierle, anche perché aveva coscienza dei nuovi mezzi del paese ed era pervasa dal senso di colpa per ingiustizie che la crescita economica stava tuttavia già e notevolmente riducendo[1]. Questo dato sfuggiva però a una classe dirigente formatasi in anni in cui quelle ingiustizie sembravano ineliminabili, e che leggeva la realtà attraverso lenti distorcenti. Come scrisse Rumor, che da lì a poco avrebbe presieduto il governo, «l'Italia del "miracolo economico" si era prodigiosamente sviluppata, in una congiuntura internazionale, favorevole anche sul piano valutario, ma l'incremento della ricchezza nazionale era stato mal distribuito e il mondo operaio e, in genere, i ceti dipendenti non ne avevano tratto equo beneficio». Inoltre la trasmigrazione dei contadini dal Mezzogiorno al Nord e la sprovvedutezza delle amministrazioni dei grandi centri industriali messi dinanzi a un fenomeno di tali dimensioni avevano reso incandescente il clima politico del paese: «L'autunno caldo – continuava quindi Rumor – [nasceva] da tutto ciò e considerarlo solo rivendicazione sindacale, esasperata dal clima sessantottesco, sarebbe una interpretazione parziale e ingiusta»[2].

Molte delle domande del 1968-1969 furono quindi soddisfatte, ma lo furono senza preoccuparsi di aumentare nella misura necessaria – come pure almeno in parte sarebbe stato possibile – le entrate dello Stato e proprio nel momento in cui si esaurivano i fattori oggettivi che avevano alimentato la straordinaria crescita precedente. Per soddisfarle si fece così ricorso alla spesa in deficit e quindi all'aumento del debito pubblico, un aumento di cui gli anni Settanta portano quindi la responsabilità anche se quel debito fu dapprima e a lungo mascherato e compensato dall'inflazione.

Gli anni Settanta non furono però solo il decennio in cui si avviò la formazione del debito che pesa ancora sul paese. Da essi, e dalle loro convulsioni, nacque anche quel nuovo popolo italiano auspicato dai costituenti nel secondo dopoguerra, un popolo dotato di una nuova coscienza di sé e dei suoi diritti, ma incapace di coglierne le differenze, che superava molte delle vecchie ingiustizie e abbatteva buona parte delle barriere che ne avevano rigidamente segmentato la composizione. Come ha notato Pietro Marcenaro, quegli anni possono quindi anche essere visti come «una vera e propria nuova fase costituente» in cui si portò a compimento «il cammino iniziato con la vittoria sul fascismo, la fine della guerra e l'approvazione della Costituzione»[3].

Ancora una volta, l'esempio della riforma delle pensioni – che rappresentano forse la più importante cartina di tornasole della storia italiana degli ultimi quarant'anni – è forse la migliore illustrazione di quanto stava per avvenire. Nel febbraio 1968 il governo Moro aveva avanzato una proposta generosa rispetto sia alla situazione del paese sia alle legislazioni degli altri paesi europei. Essa prevedeva di bilanciare una pensione non inferiore al 65% della paga degli ultimi tre anni con l'elevamento a 60 anni dell'anzianità richiesta alle donne, e introduceva il divieto di cumulare pensione e salario. I sindacati, che all'inizio si erano dichiarati d'accordo, furono sommersi dalle proteste e tra l'estate di quell'anno e il febbraio del 1969 il paese fu scosso da grandi scioperi generali proclamati unitariamente dalle tre maggiori confederazioni sindacali, che aprirono le porte all'autunno caldo.

Le elezioni del maggio 1968 segnavano intanto un notevole successo della DC, che arrivò quasi al 40% dei voti sull'onda dell'impegno riformista vantato dai suoi dirigenti. Anche il PCI guadagnò consensi (+1,6%), mentre il Partito socialista unificato, nonostante le grandi speranze, prese meno voti di quanti non ne avessero guadagnati insieme PSI e PSDI. L'insuccesso socialista causò le dimissioni di Moro, cui a novembre successe Rumor che, ricevuto l'incarico da Saragat, si mise a «buttar giù una bozza di programma [...] [in cui] spiccavano i problemi delle pensioni e dell'assetto strutturale della Previdenza sociale, della riforma universitaria, dello statuto dei lavoratori, del referendum, della istituzione delle Regioni [...]». Egli sollevò anche «il problema della "pensione sociale"», che da tempo considerava «un atto di solidarietà e giustizia. Si trattava di garantire un minimo vitale alle persone anziane (65 anni) che avevano svolto un'attività non garantita da contributi previdenziali: casalinghe, lavoratori domestici e altre categorie»[4].

Il nuovo governo fu quindi uno dei più riformisti mai avuti dal paese, e come tale firmò nell'aprile del 1969 una nuova riforma delle pensioni, concepita da Brodolini e sostenuta anche dai sindacati, che prevedeva: l'abbandono del criterio contributivo e il passaggio a quello retributivo, con riferimento al periodo finale della vita lavorativa; meccanismi di salvaguardia del potere d'acquisto dei trattamenti pensionistici; una presenza maggioritaria dei rappresentanti dei sindacati nel consiglio d'amministrazione dell'INPS; la nuova pensione sociale per tutti i cittadini ultrasessantacinquenni sprovvisti di reddito. Nonostante quest'ultimo provvedimento, si trattava di un modello che collocava ancora al centro i lavoratori occupati dei settori forti e rappresentati dai sindacati, che avrebbero percepito trattamenti pari a un'elevata percentuale (circa il 75-80%) della retribuzione, calcolata sulla base dell'ultimo periodo lavorativo. L'età pensionabile delle donne rimaneva inoltre ferma a 55 anni e la possibilità di cumulare pensioni e stipendi veniva solo limitata.

A parte un provvedimento estemporaneo legato all'aumento delle tasse sulla benzina, il nuovo sistema a ripartizione era finanziato dalla solidarietà intergenerazionale, in base al presupposto che la crescita avrebbe continuato a veleggiare intorno al 5%, il tasso di natalità sarebbe restato di poco inferiore al 3% e l'aumento dell'attesa di vita si fosse ormai stabilizzato sui 65 anni[5]. Questa prima conquista operaia, dunque, non solo aveva i piedi d'argilla, rappresentati da un'evoluzione demografica che era allora difficile percepire con nettezza (essa sarebbe tuttavia piombata come un macigno addosso al paese in meno di dieci anni), ma scaricava automaticamente i suoi eventuali costi sulle generazioni future. Lo faceva pagando le pensioni con i salari degli occupati e non con i contributi dei pensionati e lo avrebbe presto fatto alimentando la crescita del debito pubblico. Come avrebbe scritto Carli, era infatti un sistema che creava «disavanzi per forza inerziale»[6], visto che, prima che la mutata situazione costringesse a una lenta revisione di quella irrealistica conquista, i «diritti acquisiti» da essa rappresentati furono difesi imponendo, finché fu possibile farlo, di coprire in deficit i loro costi.

Fu quella del governo, e in genere del centrosinistra, «una politica cedevole sia nei confronti del sindacato, sia nei confronti degli interessi che premevano per un ampliamento della spesa pubblica»? È possibile sostenere che un governo privo di strategia affrontò l'autunno caldo con una politica restrittiva modellata sulle scelte del 1963? E furono davvero quelli tra il 1968 e il 1975 anni di «cadaverica governabilità»?[7]

La riforma delle pensioni, il rafforzamento dell'indicizzazione dei salari, lo Statuto dei lavoratori, l'introduzione del divorzio e quella dei referendum (ancorché motivata dalla volontà di assecondare l'opposizione della Chiesa al divorzio), la definizione del cammino per arrivare all'istituzione delle regioni, l'impostazione del pacchetto per il Sud Tirolo-Alto Adige che pose le premesse per la fine delle tensioni più acute e le tante altre riforme di quegli anni, nonché l'analisi dei loro discorsi e documenti ci mostrano piuttosto dirigenti democristiani e socialisti convinti della necessità, come dichiarò Moro al Consiglio nazionale della DC alla fine del 1968, di impegnarsi per essere «all'unisono con l'anima del mondo che cambia», chiedendo – come aveva appena fatto Paolo VI – non solo efficienza ma anche giustizia e dignità[8].

A differenza del generale De Gaulle in Francia, buona parte del ceto politico italiano affrontò quindi il 1968-1969 simpatizzando con le sue richieste e i suoi ideali e sforzandosi di rispondergli con una politica riformatrice, ancorché economicamente irrealistica. «In Italia – avrebbe scritto Rumor – la spinta [sociale] era più accentuata, perché i punti di partenza erano più lontani. Ma anche perché le avanguardie studentesche e operaie *erano legittimamente insofferenti* [corsivo nostro] di arretratezze che si erano cristallizzate nel dopoguerra» come «l'assetto baronale istituzionalizzato nelle università» che provocava «la ribellione del mondo degli studenti, cui si associavano, quando non ne prendevano la guida, docenti e intellettuali più sensibili alle storture del sistema. I lavoratori partivano da una legittima rivendicazione [...]» e i partiti erano invece in ritardo di fronte a movimenti sostenuti «negli ambienti più avveduti e più sensibili della società».

Su queste basi, malgrado la crisi provocata nell'estate del 1969 dalle convulsioni socialiste seguite alla sconfitta elettorale del PSU, il governo continuò ad adottare provvedimenti riformistici e filo-operai: a novembre, poche settimane prima delle bombe di Milano, anche sotto la spinta di Donat Cattin, esso convocò per esempio riservatamente l'Intersind (l'associazione delle imprese pubbliche) e le impose di raggiungere un accordo per un aumento salariale medio del 16%, una decisione cui la Confindustria fu poi costretta ad adeguarsi, e questo mentre al Senato si discuteva dello Statuto dei lavoratori.

Invece dell'immobilismo o di aver seguito politiche restrittive, sarebbe stato (ed è) quindi ragionevole imputare ai governi che affrontarono il 1968-1969 l'avvio di importanti programmi di spesa senza adottare corrispondenti provvedimenti di aumento della pressione fiscale, senza tener conto delle tendenze demografiche presenti nel paese e senza la sensibilità politica necessaria a intravedere il prossimo degrado della posizione relativa dell'Occidente (ma questo, nell'anno della conquista della Luna e del trionfo della categoria del neocolonialismo, era davvero difficile). È inoltre ragionevole imputar loro la scelta di caricare quelle spese su un indebitamento spesso indiretto, per esempio attraverso le obbligazioni CREDIOP o l'imposizione alla Banca d'Italia di acquistare automaticamente i titoli di Stato[9]. Quei governi contribuirono quindi in modo decisivo a innescare i meccanismi che avrebbero permesso l'esplosione del debito pubblico, che è quindi lecito far risalire anche alle loro decisioni, e contribuirono altresì a radicare quella irrealistica ideologia dei diritti di cui abbiamo già parlato.

Sarebbe possibile anche imputare loro, come intuì nel 1969 Arturo Carlo Jemolo, l'avvio di quella «marcia a ritroso» rispetto a quella verso l'affermazione della (vera o presunta) razionalità incarnata dallo Stato che «i nostalgici della restaurazione, esaltatori del diritto consuetudinario contro i codici, delle società intermedie contro lo Stato centralizzato, non erano riusciti ad arrestare»[10]. Ciò fu fatto con i provvedimenti tesi a istituire le regioni (fin lì osteggiate anche per non consegnare parti del paese al PCI), ma anche con il riconoscimento e il rafforzamento di autonomie locali e corporative, anche di magistrature e università, e di legislazioni speciali che aprirono le porte al rapido disgregarsi verso il basso della «sovranità nazionale».

Certo, questa apertura, che era stata auspicata dalla Costituzione e avveniva in contemporanea con quella verso l'alto causata dall'integrazione europea, non era sempre e solo negativa, anzi. Ma è vero che l'indebolimento progressivo dei controlli centrali (che sarebbe stato necessario riformare e all'occorrenza sostituire, introducendone per esempio di europei, ma non rilassare) è un altro dei grandi fattori della rottura della solidarietà nazionale che ha caratterizzato gli ultimi decenni.

La progressiva affermazione dei localismi da cui questa rottura è stata accompagnata ha a sua volta aggravato quella tendenza alla stagnazione da chiusura già operante a livello nazionale a causa delle limitate dimensioni del bacino italiano e delle barriere costruitegli intorno dal monolinguismo e dalla monoreligiosità della popolazione della penisola (che, come sappiamo, stavano allora raggiungendo il loro culmine, mentre si indebolivano, specie a livello popolare, le spinte all'internazionalizzazione innescatesi nel dopoguerra).

Questi fenomeni andarono di pari passo con un mutamento radicale del paradigma progressista, che nella sua versione forte (giacobina e poi bolscevica) aveva fino ad allora esaltato lo Stato e la ragione centralizzatrice come suoi strumenti principe, e stava invece allora passando a esaltare minoranze, differenze, alterità. Il mutamento, nutrito anche dalla tradizione che a destra come a sinistra aveva da sempre elogiato le comunità locali, fu sorprendente soprattutto nel campo della «questione nazionale». Decisiva fu l'influenza della decolonizzazione e della guerra in Vietnam, che spinsero la sinistra, e in particolare l'estrema sinistra, a riscoprire i popoli e con loro i piccoli popoli e le minoranze di ogni tipo, sostenendo la cultura e la lotta di irlandesi e occitani, palestinesi e baschi, con una confusione ideologica notevole rispetto alle più nette demarcazioni del passato, di cui si sarebbero nutrite alcune delle radici del leghismo[11].

Ai gruppi dirigenti, al governo, e al doppio Stato che si immaginava agisse al loro interno, fu invece rinfacciato di aver risposto alle «lotte operaie e studentesche» preparando la «strage di Stato» del dicembre 1969. Quest'ultima avrebbe a sua volta favorito la degenerazione verso la lotta armata di alcune delle componenti dei movimenti di quegli anni, corrompendone l'innocenza. Che pezzi dello Stato e della vecchia Italia prossimi alla scomparsa ma ancora vigorosi per via dell'eredità del fascismo, dei legami con vecchi e nuovi regimi autoritari e tradizionalisti del Mediterraneo (la Spagna, il Portogallo, la Grecia), e dell'ambiguità cui la guerra fredda condannava l'Occidente progressista, cercassero di reagire anche con le bombe a quanto andava avvenendo, vale a dire all'evoluzione dello Stato e della società, è indubbio. Come è indubbio che pezzi di quei movimenti stessero già e indipendentemente virando verso la lotta armata spinti dalle sollecitazioni provenienti da Cuba, dalla Cina e dai movimenti di liberazione nazionale. Ma il 12 dicembre Aldo Moro, il ministro degli Esteri, era a Parigi a perorare la causa dell'espulsione della Grecia dei colonnelli dal Consiglio d'Europa[12]; Restivo, il supposto «ministro della strage», non riusciva nemmeno a capire cosa fosse successo; Rumor, malato a Vicenza, era in preda alle stesse incertezze, e la stessa cosa si poteva dire dell'intero gruppo dirigente del centrosinistra.

L'enormità, verrebbe da dire l'assurdità, di quella imputazione rispetto alla realtà delle politiche e della vita di tanti dirigenti democristiani, socialdemocratici, repubblicani o socialisti, testimoniava piuttosto della fragilità intellettuale di buona parte dei movimenti giovanili, e in particolare di quelli studenteschi, e degli ambienti che li sostenevano. Essa indicava altresì una fragilità psicologica – probabilmente legata alle tensioni e alla radicalità dei cambiamenti del tempo – confermata anche da una disponibilità a credere a teorie del complotto che sarebbe rimasta vivissima negli anni successivi. Il grande successo di un'interpretazione del mondo e della storia come prodotti di una lotta di classe in cui nemici spietati si affrontavano cospirando l'uno contro l'altro, e in cui ogni crisi era il prodotto di macchinazioni del nemico, ne fu solo uno dei tanti aspetti.

L'incapacità di vedere la realtà e di confrontarsi con essa, e la tendenza a sostituirle le proprie proiezioni e i propri desideri, non sono forse estranee all'esiguità del lascito culturale dei movimenti del 1968-1969 a fronte dell'enorme quantità di energia da essi assorbita. Il riferimento è alle opere italiane capaci di parlare al mondo, il cui numero e il cui valore, già elevati, si restrinsero progressivamente proprio a partire dagli anni Settanta nel cinema come nella letteratura, diminuendo il peso della nostra cultura in quella internazionale. In termini di mutamenti culturali e comportamentali di massa, invece, l'eredità di quel biennio è in parte positiva, anche se esso non riuscì a sostituire con principi più giusti la legalità e l'ordine, criticabili, che aveva mandato in frantumi. Il disordine da esso generato contribuì così all'acutizzarsi di fenomeni e atteggiamenti sgradevoli che avrebbero non poco contribuito alle difficoltà degli anni seguenti, contagiando tra l'altro – secondo Salvatore Lupo – anche la cultura della criminalità organizzata[13].

Tra i motivi della relativa povertà del lascito del 1968 vi era però anche il già ricordato, parziale isolamento di parte della cultura italiana, che affondava le sue radici nella chiusura nazionalistica del fascismo ed era stato rafforzato dopo la guerra dal prevalere di grandi culture ostili alla modernità dominante, come quella comunista, o da essa comunque distinte, come nel caso cattolico. Ed essa si esprimeva anche nell'esaltazione dell'azione diretta e della violenza, che fu subito presente in larghe frange dei movimenti, nella semplicistica adozione di slogan appartenenti a mondi, culture e tragedie di cui nulla si sapeva (come nel caso della rivoluzione culturale cinese), e nei culti di leader grandi e piccoli che fiorirono un po' ovunque, a ulteriore conferma della diffusa fragilità psicologica di cui si è detto.

Tra l'altro la scelta marxista e antiamericana compiuta allora da larga parte della gioventù italiana, e spesso non la peggiore, avrebbe a sua volta rilanciato i meccanismi messisi in opera nel dopoguerra, rafforzando e prolungando l'isolamento di parte della cultura italiana dalle grandi correnti del mondo moderno. L'effetto si sarebbe manifestato con particolare nettezza dopo la sconfitta delle ipotesi di modernità «altra» negli anni Ottanta, una sconfitta che fu assai più pesante in un paese dove ancora alla fine del decennio precedente Umberto Eco aveva potuto vantare sul «Corriere della Sera» che «la visione marxista della società si sta imponendo come un valore acquisito» e Berlinguer aveva potuto esaltare «la ricca lezione leniniana», aggiungendo che solo «nel mondo capitalistico c'era crisi, nel mondo socialista no» ed era anzi «universalmente riconosciuto che (in esso) esisteva un clima morale superiore»[14].

Anche l'analisi della crisi capitalistica rivelava un'incapacità di pensare alla realtà come a un oggetto in evoluzione libera, aperta e imprevedibile, e anche per questo non sempre gradevole. Buona parte dei teorici legati ai movimenti, ma capaci di influenzare anche ampi settori della cultura ufficiale, immaginavano per esempio il futuro come acutizzazione delle contraddizioni del presente. Proprio mentre il Terzo mondo prendeva, sia pure in modo contraddittorio e diseguale, lo slancio che lo avrebbe portato nel giro di pochi decenni a minacciare il predominio dell'Occidente (ma anche a sostenerne i consumi), essi prevedevano un mondo sviluppato sempre più ricco a spese di periferie sempre più povere, trasferendo su scala planetaria l'originario schema marxista dell'immiserimento crescente del proletariato e derivandone la necessità dell'azione rivoluzionaria. In Italia teorie simili contribuirono alla nascita di un nuovo meridionalismo radicale, che insisteva sul carattere dualistico dello sviluppo italiano proprio mentre il Mezzogiorno andava crescendo e differenziandosi, come avrebbero fatto di lì a poco notare alcuni dei suoi migliori studiosi.

La crisi intellettuale del paese, segnalata e accelerata dal 1968, si manifestò anche con la crisi del mondo culturale italiano formatosi nel XIX secolo attorno all'unificazione e maturato nella prima parte del XX. La sua continuità, fatta di scuole, cattedre e istituzioni, che era sopravvissuta alla sconfitta dello Stato che l'aveva nutrito, faceva ora a suo modo – con qualche decennio di ritardo (un ritardo come sappiamo normale nei fenomeni culturali) – i conti con le conseguenze della seconda guerra mondiale. Come ha notato Giarrizzo, esplose allora – almeno in campo umanistico, visto che in campo scientifico gli effetti furono attutiti dal cosmopolitismo – una tradizione che si era tramandata per tre-quattro generazioni di studiosi. Gli allievi dei Volpe e degli Chabod, a loro volta allievi dei maestri che avevano fatto rinascere l'università italiana dopo l'Unità, si ritrovavano spiazzati da eventi che non capivano e non controllavano, anche perché simboleggiavano la fine del loro mondo[15].

Per Gregory cominciò allora ad aprirsi una voragine nel sistema culturale italiano. Ma se i contestatori del 1968 non erano innocenti – Franco Venturi ne paragonò alcuni comportamenti a quelli degli squadristi – la crisi aveva altre e più profonde radici, che affondavano nella sconfitta dello Stato italiano nel 1943 e quindi nella perdita complessiva di status delle sue élite, e soprattutto nei mutamenti radicali che avevano posto fine, nei vent'anni precedenti, alla società di cui l'alta cultura umanistica italiana era stata espressione.

Questi mutamenti avevano tra l'altro minato il paradigma dell'intellettuale militante (di uno Stato, di un partito, di una scuola) che faceva politica parlando al popolo, un popolo che proprio allora Pasolini dichiarava scomparso come quelle lucciole che per fortuna continuano a rischiarare le notti delle campagne italiane. Per questo paradigma, ancora valido per gli intellettuali nati negli anni Venti, il 1968 segnò l'origine di un processo che avrebbe portato – e paradossalmente visti i suoi slogan – alla separazione tra politica e intellettuali. Essa si sarebbe consumata vent'anni dopo con la crisi dei partiti politici, che di quegli intellettuali erano stati lo strumento principale, uno strumento che trovava il suo culmine nel partito-Stato. Naturalmente questa crisi, che era la crisi della presa degli intellettuali sulla società, era anche un sintomo della transizione da una società elitaria a una democratica, nel bene e nel male, così come bene e male erano esistiti anche nel paradigma che stava andando in frantumi.

La stessa transizione stava investendo l'università, sulla cui riforma si discusse in base a un progetto di legge, quello Gui, che pose molte delle questioni cui nei decenni successivi non fu data risposta. Esso prevedeva infatti l'organizzazione della didattica e della ricerca su base dipartimentale, la differenziazione dei titoli di studio (diploma, laurea e dottorato) rilasciati dalle università, l'introduzione di un moderato regime di tempo pieno e di alcune incompatibilità per i professori e faceva appello all'innovazione didattica per aumentare la frequenza e ridurre i fuori corso. Ma in Parlamento il testo fu attaccato tanto dai conservatori che dal PCI, e fu poi travolto dalla contestazione, come avvenne a quello, ancor più avanzato, di Ferrari Aggradi.

La riforma fu così rinviata di più di un decennio. In sua attesa, nel 1969 ai diplomati dei professionali fu concessa la possibilità di iscriversi all'università, che aprì così le sue porte a rappresentanti di strati sociali che non vi avevano mai avuto accesso. I nuovi arrivati, la cui istruzione era in genere di livello più basso di quello dei diplomati dei tecnici, contribuirono, soprattutto ma non solo nelle facoltà percepite come più facili e quindi più affollate, tra le quali vi era buona parte di quelle di scienze umane e sociali, a diluire ulteriormente quel che restava dell'università di élite. L'essenza del provvedimento stava però nella possibilità concessa ai diplomati di qualunque tipo di iscriversi a qualunque facoltà, determinando presto richieste come quella di svolgere i corsi di greco e latino su testi in italiano rappresentative del disagio vissuto da chi entrava, pieno di speranze, in facoltà che non era preparato ad affrontare e da cui si sentì presto emarginato.

La situazione fu aggravata nel 1971 dalla bocciatura del progetto di riforma presentato da Codignola, che aprì la strada alla gestione di una situazione straordinaria attraverso il ricorso a «provvedimenti urgenti». Questi ultimi, che inclusero la ragionevole eliminazione dei filtri esistenti per l'accesso alla docenza senza però sostituirvene di nuovi, si trasformarono spesso a loro volta in nuovi fattori di crisi, aggravando le difficoltà del sistema universitario, che entrò in una fase di incertezza e di declino relativo da cui non è ancora uscito.

Si ponevano così tra l'altro le basi, sociali e numeriche, del grande *ope legis* del 1980, che inquadrò in ruolo decine di migliaia di nuovi docenti e ricercatori, ma soprattutto si spezzava il sistema, certo vecchio, ingiusto e quindi da riformare, che aveva assicurato in passato la riproduzione delle élite sociali e culturali del paese. Questo mentre l'emergere dei nuovi Stati del Terzo mondo lasciava intravedere un futuro in cui non sarebbe più stato possibile dare per acquisita la preminenza, anche culturale, dell'Europa, rendendo indispensabile per la sopravvivenza dei suoi paesi, come paesi avanzati, la presenza di grandi e competitive istituzioni scientifiche e universitarie, le stesse che venivano invece travolte da agitazioni che colpivano alcune delle loro parti migliori. La grande scienza italiana fu per esempio ferita per la seconda volta in pochi anni, e perse con il declassamento del LIGB la sua posizione di punta in uno dei settori chiave per il futuro della ricerca.

La disgregazione del sistema di istruzione costruito per la vecchia Italia, avviata con la scuola media obbligatoria, e l'incapacità di sostituire a esso un sistema nuovo, stavano inoltre minando il funzionamento di quello che era stato, per più di un secolo, forse il principale meccanismo di promozione sociale. Benché rispettasse e riproducesse le vecchie gerarchie sociali, la scuola permetteva, a chi riusciva a frequentarla, di accedere a posizioni migliori di quelle della sua famiglia (un ragioniere o un geometra, per non parlare di un laureato, godevano di redditi di molto superiori a quelli della massa degli analfabeti o dei semianalfabeti). Essa affermava così con chiarezza una logica che legava studio, impegno e risultati anche in termini di convenienza personale, che sarebbe stato possibile preservare nella sua nettezza solo creando all'interno dell'indispensabile scuola e dell'università di massa percorsi differenziati legati il più possibile al merito. Questa logica andò invece in larga parte persa e il suo posto fu preso da una diffusa convinzione che slegava l'impegno dai risultati e che era tra l'altro almeno in parte infondata visto che i titoli di studio continuavano a garantire redditi migliori e minore disoccupazione.

I primi anni Settanta segnarono anche il culmine delle lotte operaie e dell'operaismo italiano, accompagnati da tensioni sociali di grande intensità. Andò allora in frantumi quella continuità di autoritarismo e potere padronale in fabbrica che era stata velocemente ripristinata nel dopoguerra, e si posero le basi del lunghissimo 1968 italiano, caratterizzato per circa un decennio da una fortissima conflittualità in fabbrica. Come ha ricordato uno dei suoi protagonisti, «quando si muoveva la Fiat, o l'Alfa Romeo, o Porto Marghera, l'impatto politico generale era immediato; per molto tempo le vertenze in questi e altri grandi gruppi ebbero un peso diretto sulla vicenda nazionale [...] e il comportamento delle grandi fabbriche pesò sulla sorte dei governi». Queste agitazioni operaie, di cui come abbiamo visto anche il governo «comprendeva» i motivi, provocarono in un primo momento una veloce «redistribuzione di reddito e del potere nei luoghi di lavoro a favore del lavoro dipendente». Gli accordi di Bretton Woods, ancora in vigore, costringevano infatti ai cambi fissi, frenando inflazione e svalutazione: la crescita dei salari e la riduzione della produttività determinarono quindi sul breve periodo la «più drastica compressione dei margini di profitto mai sperimentata dall'industria italiana»[16].

Sono tempi che oggi è difficile anche solo immaginare: dopo anni di veloce industrializzazione e di crescita del peso delle classi lavoratrici industriali nella popolazione attiva, sembrava che il mondo si stesse in effetti sempre più dividendo tra Capitale e Lavoro, giustificando così tra l'altro le scelte dei costituenti che, come sappiamo, proprio al lavoro e ai lavoratori avevano legato il loro paradigma dei diritti. E sembrava che questo mondo dualistico, e conflittuale, non fosse soggetto a vincoli naturali. In altre parole, il ruolo delle due parti non era oggettivamente predeterminato, ma dipendeva dalla loro capacità di agire. Il salario diventava così una variabile indipendente persino per un dirigente sindacale responsabile come Lama, e le classi erano chiamate a decidere il proprio futuro con la loro azione. Su questo antideterminismo si fondò l'idea dell'«autonomia operaia», a sua volta strettamente legata a quella di una centralità della classe operaia confermata da vent'anni di sviluppo industriale e dall'idea che in una società dove il lavoro operaio acquistava una posizione via via sempre più importante, la sua liberazione avrebbe permesso quella dell'intera società[17].

Erano posizioni che avevano, sul breve periodo, elementi di verità, come indicavano la redistribuzione in corso tra profitti e salari o la carica, effettivamente liberatoria, di movimenti che spezzavano gerarchie di comando proprie di società arcaiche. Ma come avrebbe capito lo stesso Lama, il salario non poteva restare a lungo una variabile indipendente, pena l'indebolimento strutturale del sistema industriale italiano, che stava toccando allora il suo apice. Il numero dei lavoratori industriali sul totale della popolazione attiva avrebbe infatti presto cominciato a declinare, ed elementi di lungo periodo come le variazioni della struttura demografica, l'impatto del completamento dell'urbanizzazione e le conseguenze della decolonizzazione stavano per rivelarsi fattori ben più importanti nel determinare l'evoluzione relativa dei rapporti sociali e del benessere dei singoli paesi di quanto non lo fossero le azioni, ancorché importanti a livello micro, di singoli gruppi sociali.

Anche per questo posizioni prima progressiste avrebbero presto, e paradossalmente, cominciato ad assumere un contenuto conservatore (il termine è qui usato senza alcuna connotazione valutativa). L'affermazione del salario, e quindi del lavoro operaio, come variabile indipendente portava per esempio i sindacati a sostenere la statizzazione delle imprese in crisi. Come ha ricordato Barucci, il fenomeno era già cominciato negli anni Sessanta, a seguito della vittoria ideologica dello statismo industriale e di un antimonetarismo innervato di keynesismo:

> Allora in campo economico «riformista» era uno che aspirava a un progressivo passaggio da proprietà privata a proprietà pubblica. Ricordo di aver assistito con i miei occhi a decine di sfilate di fronte all'IRI con lavoratori che protestavano per le aziende in crisi lì accanto al Ministero dell'Industria. Ricordo che questi cortei avevano in testa un parroco, il sindaco e un sindacalista. Venivano, stambureggiavano

tre giorni dopo che, quando poi il Ministero dell'Industria aveva detto «Questa impresa passa all'IRI», si levava un urlo di gioia come si leva quando segna il cannoniere della squadra amata[18].

Gli addetti delle partecipazioni statali passarono così dai 460.000 del 1971 ai 574.000 del 1975, fino a toccare i 600.000 del 1980 (dieci anni dopo sarebbero stati ancora 551.000), contribuendo al calo della produttività della grande industria italiana che segnò gli anni Settanta. E dal 1974 al 1988 l'IRI e le altre conglomerate pubbliche, con la parziale eccezione dell'ENI, furono sempre in perdita – anche ma non solo per gli impegni sociali, come gli investimenti nel Mezzogiorno, cui erano tenute –, assorbendo fondi di dotazione sempre più consistenti e iniezioni straordinarie di credito che finanziavano a spese dell'intera società un settore obiettivamente privilegiato.

La richiesta sindacale di vincolare crediti e finanziamenti alla salvaguardia dell'impiego era inoltre «l'esatto opposto del proclamato sostegno al progresso tecnico», mentre il ricorso alla spesa in deficit in cui quella richiesta di regola si traduceva mostrava il «serio vuoto culturale [...] del sindacato sul bilancio» che favoriva sul breve termine la crescita dell'inflazione (finché fu possibile si fece infatti fronte al disavanzo stampando moneta) e sul lungo quella del debito pubblico[19].

Se insomma la difesa dei posti di lavoro di fronte alle variazioni del mercato e del progresso tecnologico e la richiesta di lavori socialmente utili e di più spesa pubblica avevano da sempre connotato le posizioni dei sindacati, fino a quel momento il loro ruolo, e la loro essenza, erano stati determinati dalle richieste di mutamento sociale. Ora, invece, la difesa delle conquiste precedenti acquistava via via più importanza, mentre proprio le conquiste in campo salariale e contrattuale dei settori forti gonfiavano il mondo del lavoro nero o marginale. Si rafforzava così la segmentazione del mercato del lavoro, con un settore protetto e rappresentato, e uno più debole e meno garantito, una segmentazione che lo Statuto dei lavoratori del 1970 aveva solidificato anche legalmente (esso valeva infatti solo nelle imprese con più di 15 dipendenti), anticipando quel sistema dei diritti differenziati che avrebbe trionfato – questa volta su base anagrafica – con le riforme delle pensioni degli anni Novanta (ma un diritto differenziato non è tale, e questa differenziazione rappresentava di fatto l'accettazione della realtà che non di diritti si trattava, anche se non si poteva dirlo)[20].

Come e più che con gli aumenti salariali, la redistribuzione del reddito a favore delle classi popolari, che contribuì in modo decisivo al loro ingresso nella vita dello Stato, fu effettuata attraverso l'aumento della spesa pubblica. Come sappiamo, essa guadagnò nel 1970-1975 altri 7,5 punti percentuali del PIL, il secondo impulso per importanza nella storia della Repubblica, innescando una crescita trainata ora dalla domanda interna. Nei vent'anni tra il 1951 e il 1971 la spesa per le pensioni e la sanità si era già moltiplicata, in termini reali, per circa 10 volte. A quel punto l'Italia, oltre a mantenere una industria di Stato in crescita e a trasferire reddito alle sue regioni più povere, si avviava a completare la costruzione del suo peculiare Stato del benessere, avvicinandosi rapidamente alla media europea della percentuale di spesa pubblica sul PIL, che gravitava allora attorno al 40%.

Vi era però una differenza sostanziale rispetto agli altri paesi dell'Europa occidentale. Qui la crescita della spesa era stata accompagnata dall'aumento del prelievo fiscale. In Italia, vuoi per la scelta del governo di non intaccare il suo consenso in un momento di forti tensioni sociali, vuoi per la paura di irritare ulteriormente movimenti che stavano facendo del «non si paga» una delle loro bandiere (*Non si paga, non si paga!* fu il titolo, significativo, di uno spettacolo di Dario Fo del 1974), proprio nel 1970-1973 il prelievo fiscale si bloccò, causando una veloce crescita del disavanzo primario del bilancio dello Stato, che nel 1972 raggiunse il 9%. L'importante riforma fiscale del 1973-1974 non migliorò la situazione (nell'intero decennio la pressione fiscale passò dal 20 al 25% del PIL, e l'aumento è concentrato nella parte finale del decennio), sia per la sua cattiva gestione (in parte frutto anch'essa della volontà politica di non urtare i ceti che sostenevano governi già in forte difficoltà), sia, e forse soprattutto, per la crisi del sistema di Bretton Woods, che favorì come vedremo la veloce crescita di un'inflazione che permise allo Stato di reggere sul breve periodo la maggior spesa senza troppi problemi.

Il *fiscal drag*[21] assicurava infatti comunque un certo aumento delle entrate. Soprattutto, i crescenti tassi di inflazione permettevano allo Stato di indebitarsi a costi reali decrescenti e talvolta negativi: l'inflazione giocava quindi a suo modo, anno dopo anno, il ruolo di una patrimoniale su risparmi monetari che non potevano ancora essere legalmente collocati all'estero, una patrimoniale che i cittadini sopportavano perché ingannati dagli apparentemente alti rendimenti dei loro patrimoni. Sul breve periodo quindi la situazione appariva tutto sommato gestibile, ma si ponevano le basi per problemi di medio e lungo periodo che sarebbe stato difficilissimo affrontare. Questi problemi erano rappresentati in primo luogo dalla crescita di un debito pubblico che una riduzione dell'inflazione poteva rendere da un giorno all'altro pesantissimo, ma anche dallo spostamento – effettuato dalla riforma tributaria – del carico fiscale sul lavoro dipendente, che legava le entrate al ciclo economico, e soprattutto dalle caratteristiche delle principali riforme di quegli anni.

Queste ultime furono infatti concepite ponendo al centro i diritti dei cittadini a ricevere prestazioni che diventavano così indipendenti dal ciclo economico e soprattutto imprevedibili, dato che era molto difficile stimare il bacino di coloro che ne avrebbero fatto richiesta, sia a fronte di mutamenti nella struttura demografica sia della scoperta di nuove patologie, oppure cambiando opportunisticamente – com'era logico che facessero – i loro comportamenti (pensiamo per esempio alle pensioni sociali, a quelle di invalidità e poi alle indennità di accompagnamento, o ai tanti diritti minori inseriti nei contratti, specie del pubblico impiego). Anche laddove le previsioni erano almeno parzialmente possibili, come nel caso dei mutamenti demografici (che avrebbero presto gonfiato la spesa per pensioni e per la sanità, riducendo relativamente, ma solo di poco, quella per l'istruzione), non sembra sia stato fatto lo sforzo culturale necessario per tenerne conto.

Come avrebbe presto notato Carli, l'art. 81 della Costituzione – che vietava di approvare leggi in disavanzo, e quindi in qualche modo teneva sotto controllo il deficit, ponendo un limite alla esigibilità dei diritti sociali – veniva così svuotato mentre la spesa sociale, e quella per salari e stipendi, acquistavano una loro forza inerziale, dalle conseguenze spesso incalcolabili, che rendeva solo formali le previsioni fatte al momento del varo dei singoli provvedimenti. Negli anni seguenti i governi si sarebbero quindi di continuo trovati ad affrontare situazioni di emergenza, cercando di volta in volta di colmare in qualche modo le nuove falle che si aprivano nel bilancio, e i loro interventi, spesso denunciati come tagli, sarebbero piuttosto stati tesi a limitare l'aumento incontrollato di spese insito nella legislazione in vigore[22].

Anche grazie a queste scelte, la modernizzazione tumultuosa che aveva preso le mosse alla fine degli anni Quaranta continuò per buona parte degli anni Settanta, che furono comunque anni vitali, anche se la loro vitalità assunse spesso forme tese quanto dissipatrici, quando non autodistruttive, in ampie fasce giovanili. Anche la crescita economica continuò e così quella del reddito reale *pro capite*, che aumentò di un altro 50%, passando dal doppio al triplo di quello del 1951. A differenza di quella degli anni Cinquanta e Sessanta, questa crescita andrebbe però depurata da quella del debito pubblico, che dal 1971 al 1980 passò, malgrado l'inflazione, dal 36,6 a circa il 57% del PIL. Si trattava quindi di una crescita a spese del futuro, e quindi insostenibile sul lungo periodo, che aggravava potenzialmente le segmentazioni e l'ingiustizia – su linee generazionali – di una società che sembrava invece muovere, e nel tempo presente lo faceva, verso un maggior egualitarismo.

La disgregazione del vecchio ordine sociale dunque continuò e sembrò affermarsi un nuovo modello sociale, fondato sulla classe operaia e sulla grande industria, che tendeva verso il pieno impiego e posti di lavoro abbastanza, se non completamente, stabili, in linea con le aspirazioni di un paese in cui la stragrande maggioranza della popolazione veniva da un passato con pochissime garanzie, e che aveva comprensibilmente sognato il posto fisso, le garanzie e i privilegi dell'impiego statale e parastatale. La famiglia monoreddito, basata su ruoli di genere ben definiti, era ancora largamente diffusa ed esisteva ancora un percorso abbastanza chiaro per diventare adulti, attraverso la scuola, il lavoro, il matrimonio, l'acquisto di una casa e i figli.

Il '68 ne stava però mettendo in dubbio la legittimità e correnti più profonde – in primo luogo l'urbanizzazione e la nuova posizione e mentalità delle donne – ne avevano già minato le fondamenta, come dimostrava anche il caso della religione. La presa di quest'ultima era infatti ancora forte, ma in calo: pur prendendo le mosse da una base di partenza altissima, simile a quella polacca o irlandese, la percentuale dei praticanti regolari era in declino dagli anni Sessanta, con vistose differenze tra città e campagna e tra Nord e Sud. I matrimoni civili, in calo fino al 1970, presero proprio allora a crescere a ritmi veloci, che sarebbero diminuiti nel decennio successivo ma avrebbero comunque portato a una decuplicazione del loro numero tra il 1970 e il 1990.

Intanto, grazie allo sviluppo economico, la borghesia italiana mutava rapidamente il suo volto e raddoppiava di dimensioni. Le centinaia di migliaia di piccole aziende nate con il boom si ingrandivano e si solidificavano, e altre ne nascevano, dotandosi della partita IVA introdotta dalla Comunità economica europea nel 1967 per sostituire la vecchia tassazione indiretta. In linea con il profilo e la storia del paese, ma anche con quel che era, e sarebbe, successo in tutti i paesi in via di veloce industrializzazione a partire da una forte base rurale, molti dei nuovi imprenditori erano ex contadini piccoli proprietari, e quindi dotati di capacità e senso imprenditoriale, spesso passati per le fabbriche e che avevano poi tentato di mettersi in proprio. Specie nell'Italia centro-settentrionale la sua geografia, che era quella delle partite IVA, coincideva non a caso in larga parte con quella della piccola proprietà agraria e della mezzadria del passato, e si faceva meno fitta nelle zone dove anche nel Nord aveva predominato la grande proprietà, come le risaie del Pavese[23]. Si trattava quindi inevitabilmente di un capitalismo di grande energia e poca cultura, spesso diffidente nei confronti di uno Stato con cui aveva tradizionalmente avuto rapporti difficili, ma al quale il paese doveva gran parte del suo nuovo benessere.

Silvio Berlusconi, un imprenditore che aveva partecipato al miracolo economico nel ruolo, esemplare, di costruttore edile, si stava avviando a diventare una figura di riferimento, ancora solo economica, per buona parte di questa nuova borghesia, tra cui naturalmente non mancavano persone con percorsi simili al suo, vale a dire laureati di prima generazione (prodotti cioè di quella espansione del sistema universitario di cui abbiamo già parlato) di estrazione piccolo-borghese, che erano stati capaci di cogliere le occasioni offerte dal boom. Proprio nel 1970, però, Berlusconi cominciava a distinguersi e lo faceva con Milano 2 (1970-1979), un nuovo, grande e ambizioso progetto edilizio e urbanistico, dagli standard molto elevati, che ne fece presto, anche in virtù della sua carica energetica, una delle figure dominanti nel mondo delle imprese di costruzione.

Milano 2 era anche dotata, dal 1974, di una propria televisione via cavo, *Telemilanocavo*, fondata da Giacomo Properzi (poi segretario del PRI milanese, presidente dell'AEM e dell'ATM, nonché sindaco di Segrate e presidente della provincia di Milano, colpito da Mani pulite nel 1992) pochi mesi dopo una sentenza della Corte costituzionale che aveva autorizzato i privati a gestire questo tipo di televisioni. Berlusconi la rilevò nel 1976 – ribattezzandola *Telemilano* e ingaggiando poco tempo dopo Mike Bongiorno, uno dei personaggi televisivi più popolari del paese – e nel 1980 la consorziò con altre TV locali dando vita a *Canale 5*. Queste televisioni locali, di cui Berlusconi intuì allora le potenzialità, erano in grado di aiutare i nuovi piccoli e medi imprenditori, specie ma non solo del Nord, che non avevano accesso alla televisione di Stato e a *Carosello* (una vetrina di grandi imprese nazionali, chiusa nel gennaio 1977), a conquistare nuove e significative fette di mercato grazie a una pubblicità di tipo nuovo, più in linea con la loro cultura e con quella dei loro potenziali acquirenti. Molte nuove imprese riuscirono così a consolidarsi e a ingrandirsi e si creò un primo, forte vincolo economico, e di gratitudine economica, tra questi nuovi ceti e l'uomo che stava loro offrendo non solo nuove opportunità commerciali, ma talvolta anche un'inattesa notorietà, ancorché locale.

Fenomeni in parte simili alimentavano anche le confuse e contraddittorie radici del leghismo, tra cui vi era il già ricordato capovolgimento del paradigma ideologico, anche di sinistra, a favore del piccolo, del locale, dei popoli e delle loro identità. Un ruolo forse ancora più importante lo giocava la veloce modernizzazione di regioni bianche come il Veneto o alcune zone lombarde, che andava disgregando l'influenza della Chiesa e della DC. I nuovi piccoli imprenditori veneti, molto spesso ex contadini protagonisti di un miracolo in ritardo rispetto a quello del resto del paese forse anche a causa dell'arretratezza delle condizioni di partenza, e i vasti ceti che di quel miracolo stavano beneficiando avevano continuato a votare democristiano anche per adesione ai valori cattolici, oltre che per la spesa pubblica che la DC era riuscita a lungo a garantire. La stessa DC, rappresentandoli, ne aveva stemperato la potenziale carica antistatale, mentre la Chiesa li aveva in qualche modo costretti a non seguire solo i propri interessi immediati. La velocissima trasformazione che fece in pochi decenni del Veneto una delle regioni più secolarizzate del paese, l'indebolimento dell'autorità della gerarchia ecclesiastica e l'emergere di una richiesta di efficienza legata alla nuova dimensione industriale che la DC non era in grado di soddisfare intaccarono già alla fine del decennio quello che era stato uno dei più importanti bacini elettorali democristiani, liberando voti che, come sarebbe poi successo in alcune zone bianche del Piemonte (ancora nel 1992 Bra, di lì a poco cuore del Piemonte leghista, eleggeva al Senato lo storico democristiano Gabriele De Rosa), cominciarono a dirigersi verso i movimenti autonomisti[24].

Anche per le caratteristiche dei loro gruppi dirigenti, spesso di estrazione popolare e almeno in Veneto fortemente anticomunisti, come anticomunista era stato qui il voto bianco, questi movimenti erano infatti meglio attrezzati a rappresentare un mondo, anch'esso di estrazione popolare e spesso di recente acculturazione, spinto dai suoi stessi successi a esaltare la società locale e un suo passato più o meno mitizzato; pronto a difendere un benessere duramente, e quasi miracolosamente, acquisito; e chiuso di fronte a ogni novità che sembrasse metterlo in pericolo, anche quando si trattava delle novità inevitabilmente prodotte da quello stesso benessere e a esso necessarie, immigrazione inclusa.

2. Esaurimento politico e accelerazione riformistica

La nuova Italia che emerse tra gli anni Sessanta e Settanta quindi costruì – ma senza accorgersene – la sua psicologia, i suoi convincimenti e le sue mentalità su un terreno instabile. La casa comune italiana, fondata sul benessere e sui diritti, era infatti figlia di anni straordinari, segnati dal predominio dell'Occidente, dall'urbanizzazione di massa e da un'eccellente struttura demografica. In altre parole essa era il prodotto dell'Italia dell'energia e del suo far parte della minoranza privilegiata del mondo, ma proprio negli anni Settanta questi elementi andarono in crisi, mentre mostravano segni di esaurimento anche le grandi ideologie, e quindi le grandi forze politiche, che avevano guidato – ancorché in conflitto tra loro – il paese al successo.

La prima a manifestarsi fu la crisi del vecchio ordine internazionale nato dalla seconda guerra mondiale e dalla riaffermazione del potere di un Occidente guidato dagli Stati Uniti. Il primo segnale arrivò proprio da Washington, dove nell'agosto 1971 Nixon sganciò il dollaro dall'oro, ponendo fine al sistema delineato a Bretton Woods e ai cambi fissi, e aprendo così ufficialmente le porte all'inflazione. L'Europa rispose l'anno successivo con il serpente monetario europeo, il primo passo verso l'euro, ma si trattava di una risposta debole, né poteva essere altrimenti. La lira si allineò di fatto con il dollaro, piuttosto che con il marco, e quindi con le politiche inflattive. Nel 1973 la crisi del sistema costruito nel 1945 si manifestò con quella petrolifera seguita alla guerra del Kippur, che fu anche a suo modo la prima, aperta contestazione del predominio dell'Occidente. Esso cominciava così anche formalmente a disgregarsi come conseguenza, ineluttabile, di una decolonizzazione che molti avevano sottovalutato perché credevano sostituita da un neocolonialismo capace di riaffermare la sostanza di quel predominio in forme diverse[25].

Nel 1974 crollò l'ultimo impero coloniale europeo, quello portoghese, che era stato anche il primo ad affermarsi, e Nixon fu costretto alle dimissioni per lo scandalo *Watergate*, in un mondo che sembrava dominato dalla crisi americana, simboleggiata l'anno successivo dalla sconfitta in Indocina e dalla fuga da Saigon. In quello stesso 1975, mentre a Mosca si vantava la vittoria sovietica nella guerra fredda, l'Occidente rispose alla crisi formando il gruppo dei sei – Stati Uniti, Regno Unito, Germania, Giappone, Francia, Italia – di lì a poco ribattezzato G7 con l'ingresso del Canada. I sette paesi controllavano ancora il 40-50% del PIL mondiale (a seconda che lo si calcolasse a parità di potere d'acquisto o in termini nominali), un dato certo impressionante ma in deciso calo rispetto agli anni Cinquanta, quando gli Stati Uniti da soli ne producevano quasi la stessa percentuale.

In particolare, se gli Stati Uniti – malgrado scandali e sconfitte – mantenevano ancora gran parte della loro vitalità economica, scientifica e demografica, l'Europa appariva in maggiore difficoltà: essa aveva ormai concluso il passaggio dalla società rurale a quella urbana, accettava di malavoglia un'immigrazione che, sola, poteva prolungarne gli effetti benefici, ed era – benché non ve ne fosse ancora coscienza, tranne che in Francia – alle soglie di un declino demografico che non era più solo relativo rispetto alle altre parti del mondo (l'Europa aveva toccato il picco della sua quota sulla popolazione mondiale all'inizio del Novecento), e del veloce invecchiamento che ne era l'inevitabile conseguenza. Un semplice sguardo al numero di premi Nobel (spesso ricevuti per ricerche svolte decenni addietro) che ancora insegnavano nelle sue università mostrava inoltre che la sua grande scienza non si era ripresa dai danni che i regimi totalitari le avevano inflitto dopo la prima guerra mondiale e quelle stesse università – a eccezione di quelle inglesi – stavano rapidamente perdendo posizioni. Il miracolo postbellico, che era parso indicare la capacità del vecchio continente di riprendersi dopo la catastrofe del 1914-1945, mettendosi di nuovo sulla strada della crescita e del progresso, stava insomma cominciando a mostrarsi un'ingannevole estate di San Martino.

In Italia però di tutto questo non si aveva coscienza, se non in forma molto indiretta, e talvolta fuorviante, nei documenti del gruppo di Roma. Il paese era anzi preso dal desiderio di consolidare ed estendere il più possibile le conquiste dei decenni precedenti, e non era quindi disposto anche solo a percepire le difficoltà che stavano montando. Come del resto buona parte dell'Occidente, era piuttosto incline a cercare nell'indebitamento (soprattutto pubblico nel caso italiano) lo strumento per superare quelli che sembravano ostacoli temporanei e secondari in quel miglioramento continuo delle proprie condizioni di vita che gli anni Cinquanta e Sessanta erano sembrati garantire a tutti per sempre.

Le difficoltà però erano vistose. Nel 1972-1973 la lira si era svalutata più del 20%, dando il via a un'inflazione che, anche a causa del brusco aumento dei prezzi del petrolio con cui il Terzo mondo faceva sentire la sua voce, superò nel 1974-1975 il 25% all'anno. La negazione della realtà che questi dati segnalavano, irrazionale ma comprensibile alla luce dei successi e delle promesse precedenti, si manifestò nella prepotente spinta operaia e sindacale tesa a garantire che gli occupati delle grandi fabbriche non subissero danni. Il simbolo di questa politica fu l'accordo sulla scala mobile firmato da Gianni Agnelli (dal 1974 presidente di Confindustria) con i tre maggiori sindacati italiani nel 1975. Il nuovo scatto di contingenza, unificato per operai, impiegati e dirigenti (e che quindi in presenza di una forte inflazione spingeva salari e stipendi verso l'eguaglianza), era calcolato in modo tale da permettere ai salari, e quindi alle pensioni e alle liquidazioni, che vi erano agganciate, di crescere come e più dell'inflazione.

Specie tenuto conto delle circostanze e soprattutto delle prospettive, si trattava di una grande vittoria della forza operaia e dei sindacati che la rappresentavano, ma le speranze e le illusioni su ciò che fosse possibile ottenere erano tali che importanti minoranze, spesso quelle di avanguardia, ritennero che l'inflazione stesse sconfiggendo le lotte degli anni precedenti. La conflittualità perciò non si ridusse e soprattutto non si notò che quella vittoria era stata ottenuta a spese degli occupati di «secondo rango», privi del nuovo meccanismo di difesa, e dei giovani che avrebbero pagato le conseguenze del ricorso al debito pubblico. In altre parole, malgrado la retorica dei diritti, la già ricordata spaccatura tra forti e deboli si accentuava anche nel presente e, soprattutto, il nuovo popolo italiano, che pure sembrava unirsi e si stava in effetti per certi versi unendo, rafforzava le condizioni per una sua nuova spaccatura nel futuro.

L'accordo sulla contingenza era stato reso possibile anche dal favore del governo. Come ha osservato Michele Salvati, quel che sorprende di quel periodo non è infatti tanto la «domanda di inflazione» (vale a dire le pressioni salariali o a favore del pubblico impiego, di più spesa sociale o di maggiori trasferimenti), quanto la sua offerta da parte della politica. Quest'offerta era certo motivata dalla volontà di mantenere consenso in un periodo così teso, o meno nobilmente dal desiderio – fisiologico però alla democrazia – dei politici, specie ma non solo locali, di favorire le zone e i gruppi dei cui interessi erano portatori. Essa aveva però due altre importanti ragioni: la prima era il prestigio allora goduto da un keynesismo semplicistico, sicuro che lo Stato avesse pieno controllo, nel presente come nel futuro, sulla moneta, e quindi sull'economia reale[26]. La seconda era il già ricordato, e decisivo, contributo che l'inflazione dava alle entrate dello Stato e alla gestione del crescente debito pubblico. Grazie a essa allo Stato indebitarsi costava poco e addirittura a volte conveniva e, per evitare un atto che sarebbe stato «sedizioso» come disse Carli nel 1975, la Banca d'Italia rendeva il tutto possibile dando priorità al settore pubblico rispetto a quello privato nella ripartizione del credito, cosa a sua volta permessa dalle ancora forti restrizioni sui movimenti di capitale, che rendevano i risparmiatori italiani ostaggi dello Stato[27]. Grazie a questi meccanismi il debito pubblico cresceva, ma era ancora pagato in qualche modo da una parte delle generazioni che ne profittavano. Presto però due dei loro ingranaggi essenziali – il controllo nazionale sui capitali e gli alti tassi di inflazione – sarebbero venuti meno.

Se la rottura degli equilibri su cui si era basato il potere dell'Occidente costituiva la svolta più importante dal punto di vista internazionale (e l'inflazione, che pure aveva importanti fattori nazionali, ne era a suo modo una manifestazione), dal punto di vista della società italiana la discontinuità più forte, e dalle conseguenze più drammatiche, fu quella demografica. Anche in questo caso si trattava di fenomeni internazionali e di lungo periodo: l'urbanizzazione provocava ovunque e da tempo un calo della natalità, che il *baby boom* del secondo dopoguerra aveva solo parzialmente e temporaneamente contrastato. Nell'Italia dei primi anni Settanta, come sarebbe poi avvenuto in Spagna e in altri paesi dalla forte tradizione cattolica, si assistette però a un drammatico, inusuale e velocissimo crollo della natalità, probabilmente legato al precedente, e altrettanto veloce, miracolo.

Il tasso di natalità, a inizio decennio ancora superiore a quello necessario alla riproduzione della popolazione (2,2 figli per donna fertile), si dimezzò in meno di dieci anni, spazzando via la vecchia Italia dell'energia e mettendo il paese sulla strada di un rapido invecchiamento sul breve-medio periodo e a rischio di deperimento sul lungo.

In questo crollo della natalità, accompagnato da un brusco calo nel numero dei matrimoni, fu cruciale il ruolo delle donne e delle loro scelte, ma sullo sfondo agiva la contraddizione, discussa nell'introduzione, tra la convenienza individuale (davvero scarsa se non negativa, almeno in età adulta) e quella sociale (sempre positiva) a fare figli che caratterizza le società urbane rispetto a quelle rurali, dove le due convenienze coincidono anche sul breve periodo. È inoltre probabile che in Italia il fenomeno fosse reso più acuto dalla velocità con cui era stato miracolosamente conquistato un benessere che proprio per questo sembrava a rischio e non si voleva perdere, garantendolo al contempo a figli che non potevano perciò essere numerosi.

Anche se sarebbe stato dovere delle élite politiche tenerne conto, e spiegarne l'importanza alla popolazione, il danno causato dal crollo della natalità non era immediatamente visibile. Almeno fino ai primi anni Novanta i ventenni (nati appunto vent'anni prima), non mancarono. Inoltre, grazie al Servizio sanitario nazionale e all'aumento della scolarizzazione, la qualità del capitale umano del paese, non ancora invecchiato, andava rapidamente migliorando: come ha notato Livi Bacci, per esempio, per i giovani i giorni di malattia all'anno stavano passando da 15-20 a 2-3.

Più evidenti, ma poco notate, furono invece le conseguenze del rapido invecchiamento della popolazione, dovuto al secondo balzo in avanti nell'attesa di vita cominciato negli anni Settanta (dopo la sua apparente stabilizzazione intorno ai 65 anni del decennio precedente), sulla sua mentalità e i suoi comportamenti. Mentre, paradossalmente, nel discorso pubblico cominciavano a moltiplicarsi le lamentele sulla perdita della «memoria storica» – che esprimevano in realtà il disagio nei confronti della progressiva perdita di presa delle ideologie che avevano segnato la prima parte del secolo – il paese stava cominciando ad accumulare, anche *fisicamente*, più memoria di quanta mai ne avesse avuta quando le generazioni si succedevano rapidamente. Cresceva così il peso di un passato – incarnato da generazioni e da élite che si adagiavano sulle loro posizioni e presto avrebbero cominciato a nutrire l'illusione dell'immortalità – sul presente, a scapito della tensione di quest'ultimo verso il futuro e le sue novità.

A metà degli anni Settanta furono quindi poste le condizioni per l'esplosione della miscela irrazionale – ma razionale dal punto di vista delle rivendicazioni, delle illusioni e degli interessi tanto delle élite politiche quanto della popolazione che le esprimeva – tra riforme tese a garantire diritti, espansione della spesa pubblica e della presenza dello Stato nell'economia, deficit pubblico crescente, bassa imposizione fiscale, alta inflazione, rapidi mutamenti demografici e rottura degli equilibri internazionali.

La difficoltà dei gruppi dirigenti dei partiti politici ad affrontare questa situazione discendeva non solo dalla sua novità, ma anche dalla crisi ideale e ideologica di quegli stessi partiti, e in particolare di quelli di massa a radicamento sociale diffuso. Essi erano in qualche modo sopravvissuti ai loro progetti, cavalcando una modernizzazione che li aveva portati in territori sconosciuti, che si andavano popolando di un associazionismo culturale, religioso, economico ecc. a loro estraneo. La loro impotenza intellettuale, che sarebbe stata presto accompagnata e sottolineata dall'emarginazione o dalla scomparsa dei dirigenti più significativi della stagione precedente (da Longo a Fanfani, da Leone a De Martino o a Mancini), era segnalata anche dalla loro coazione a ripetere – nelle nuove condizioni – i discorsi e le ricette dei decenni precedenti, varando riforme ispirate dagli ideali elaborati in una, e per una, Italia che non c'era più.

Berlinguer e Rumor ne sono due buoni esempi: entrambi si sentivano in qualche modo a disagio in una società che non era più la loro, ma nemmeno quella che avevano immaginato ne avrebbe preso il posto; in altre parole, il presente aveva a suo modo tradito il futuro che avevano desiderato, e si rivelava ogni giorno di più un pianeta alieno e in buona parte ostile.

Berlinguer, che ancora difendeva pubblicamente il «vero» leninismo, aveva lanciato nel 1976 un eurocomunismo privo di contenuti intellettuali ma capace di mettere il partito sulla strada del pieno riconoscimento della democrazia, potenziandone il ruolo e la visibilità internazionali e salvaguardandone al contempo la diversità in funzione antisocialista. Egli si era anche fatto portatore di un messaggio che presentava l'austerità come un'occasione per trasformare l'Italia seguendo una strada diversa da quella capitalista, facendo appello a valori morali che trovavano larga eco in parte della popolazione, inclusi vasti ceti borghesi e piccolo-borghesi, anche conservatori[28]. Il successo di queste iniziative alimentò un culto del segretario comunista di cui Scalfari si accorse, criticandolo, già nel 1977 (l'articolo, famoso, portava il titolo *Berlinguer non è la Madonna*): oltre che dalla personalità dell'uomo, esso traeva la sua origine dalle conquiste della prima parte del decennio, di cui il PCI rivendicava il merito, ed era a sua volta legato alla già ricordata propensione di ampi strati del paese a credere, appena confermata dal leaderismo del 1968 e che sarebbe stata presto ribadita dal più piccolo, ma importante, culto di Craxi.

Malgrado le sue difficoltà, grazie anche al carisma di Berlinguer il PCI riuscì a rimandare i problemi e a far comunque ancora presa sulla società. Alla metà degli anni Settanta, alla DC questo invece riusciva molto meno, come dimostrarono le elezioni amministrative del 1975, quando il PCI parve sul punto di superarla. A molti leader democristiani fu per esempio chiaro che il referendum del 1974 sul divorzio e quelle stesse elezioni del 1975 segnavano una sconfitta epocale per una DC il cui posto e il cui peso nello schieramento politico italiano stavano mutando irreversibilmente[29]. Non era insomma solo questione di una battaglia che sarebbe stato meglio non fare o di una campagna politica alle amministrative condotta proiettando l'immagine sbagliata di una DC chiusa, integrista e arrogante. Queste, scrisse Rumor, non erano «le cause, ma i risultati d'una protratta incapacità di capire in che misura e in che modo era mutata la società italiana e il suo rapporto con i partiti e con la DC».

Questa crisi era anche la crisi del vecchio centrosinistra, di quello che Giovagnoli ha definito il periodo dell'anticomunismo creativo e del ruolo centrale dei cattolici riformatori, che vent'anni prima avevano cercato di rifondare la Repubblica lasciandosi alle spalle la stagione degasperiana. Essa era aggravata dall'assenza di un nuovo gruppo dirigente democristiano capace di vedere la nuova società italiana e di misurarsi con essa[30]. Se nel secondo dopoguerra era stato possibile sostituire i vecchi dirigenti popolari con i giovani di *Iniziativa democratica*, ora erano quei giovani a mancare, anche perché, come ha notato Paolo Pombeni, la parte più viva dei giovani intellettuali cattolici era stata spinta dal Concilio Vaticano II a guardare al mondo, alle sue trasformazioni e alla sua palingenesi, facendole sembrare gretta la scelta governativa italiana e sottraendo così alla DC le energie potenzialmente migliori.

Da un altro punto di vista, la crisi dei partiti di massa e dei loro gruppi dirigenti rispecchiava la scomparsa, o meglio la radicale trasformazione, del popolo prodotta dalla modernizzazione. Da quel popolo e dalla sua promozione quei partiti avevano tratto la loro legittimazione, e ora – un po' come gli intellettuali di cui abbiamo parlato – si ritrovavano di colpo privi del loro naturale interlocutore.

La crisi della politica era dimostrata dalla coazione a ripetere con cui essa affrontava – e non solo in Italia – le difficoltà economiche, applicando a una realtà nuova le misure dei decenni precedenti. Malgrado già vi fosse chi faceva notare che nuove forze impedivano il ritorno alla precedente età dell'oro, la colpa della recessione del 1975 fu data a una politica eccessivamente restrittiva. Bisognava perciò ricorrere a misure espansive, sulla scorta di quanto Carter avrebbe di lì a poco fatto in America. E così, malgrado l'inflazione galoppante, furono prese anche in Italia «misure volte a rianimare l'attività economica» che provocarono un'immediata caduta delle quotazioni della lira – che il governo dovette sospendere all'inizio del 1976 – denunciata, come spesso accade in questi casi, come un attacco della speculazione piuttosto che come una reazione razionale alle scelte fatte. Queste ultime, che rimasero invariate negli anni successivi e che si traducevano tra l'altro in una generosa politica di sostegno alla grande impresa pubblica e privata, permisero all'occupazione nella grande industria di resistere. Esse godettero perciò anche del favore dei sindacati, ma contribuirono indirettamente all'allargamento del divario tra i vari segmenti del mercato del lavoro, accelerato dalle risposte all'inflazione[31].

La vera novità fu la risposta politica che Moro e Zaccagnini, succeduto a Fanfani alla segreteria del partito, diedero alla crisi del centrosinistra, aprendo quella «strategia del confronto» con il PCI che schiuse le porte alla solidarietà nazionale. Nel 1973, reagendo al *golpe* contro Allende in Cile, Berlinguer aveva concluso che la sinistra non avrebbe potuto governare nemmeno in caso di una vittoria elettorale di stretta misura, e aveva perciò proposto un patto, basato di fatto sui valori della Costituzione, con la DC, presentata – e non irragionevolmente – come l'altra grande forza popolare emersa nel dopoguerra. Come ha notato Scoppola, ora Moro andava incontro a quella proposta, condividendone alcuni degli elementi portanti come «la sensibilità al degrado morale del paese», vale a dire la delusione rispetto agli inattesi frutti di una modernizzazione per cui entrambi i partiti avevano immaginato ben altri esiti. Confermando questa visione, e il comune richiamo all'interpretazione estensiva dei diritti formulata nella Costituzione, al XIII Congresso della DC del 1976, Moro avrebbe dichiarato che il paese non si sarebbe salvato e che «la grande stagione dei diritti» (che, in coerenza con la *Pacem in Terris*, si legava ai movimenti di liberazione del lavoro, delle donne e dei giovani) sarebbe risultata «effimera» se non fosse nato «in Italia un nuovo senso del dovere». Si trattava quindi di allargare le basi sociali dello Stato e di farlo in nome di un richiamo al rigore che trovava una sponda immediata nell'austerità proposta da Berlinguer. In questa prospettiva l'accordo con il PCI – il partito in grado di far entrare nello Stato gli ampi strati sociali che ne erano rimasti in qualche modo esclusi, portando a compimento il processo di «nazionalizzazione delle masse» – diventava lo sbocco naturale delle difficoltà del paese.

Le elezioni del 1976, segnate da un recupero della DC e dalla polarizzazione dell'elettorato tra i due maggiori partiti, resero possibile l'attuazione della politica di solidarietà nazionale. La sinistra radicale le visse come una sconfitta: la crisi, che era parsa irreversibile, della DC sembrava arrestata e l'auspicato governo delle sinistre diventava invece impossibile. Come avrebbe scritto Foa, ci si convinse di essere di fronte «alla rivincita provvisoria del capitale», con un linguaggio la cui radicalità copriva l'incapacità di comprendere quanto andava accadendo, non solo nel mondo ma anche in Italia[32].

Qui era infatti piuttosto accaduto il contrario: con l'alleanza tra DC e PCI, la stagione dei diritti raggiungeva il culmine del suo prestigio e della sua influenza. Se è infatti vero che, alla luce di quanto abbiamo detto sull'esaurimento della vitalità ideale e ideologica di entrambi i suoi protagonisti, il compromesso storico può essere visto come l'abbraccio di due pugili stremati che si sorreggono l'un altro per non cadere, esso fu anche l'ultimo tentativo dei partiti tradizionali (di fatto riallineati su un nuovo asse) di rilanciare il modello di Italia delineato dopo la guerra.

Furono quindi varate riforme importanti, peraltro preparate negli anni precedenti e già annunciate nel 1975 dal riconoscimento di più ampi poteri alle regioni e dalla riforma del diritto di famiglia, seguita nel 1978 dalla nuova legislazione sull'interruzione volontaria della gravidanza. In quello stesso anno la nascita del Servizio sanitario nazionale (SSN), il primo a essere creato nell'Europa continentale non socialista, completò il *welfare* italiano, segnando la vittoria della sua visione come strumento al tempo stesso di costruzione nazionale e di ampliamento della cittadinanza. Quest'ultima poteva ora essere giudicata quasi completata dal riconoscimento, finalmente reale, di almeno alcuni dei più importanti diritti sociali, che venivano ad aggiungersi a quelli politici e a quelli civili, che stavano a loro volta conoscendo un'altrettanto rapida, ma apparentemente non costosa, espansione.

L'aggancio alla nuova interpretazione delle scelte costituzionali era chiaro, ma vi erano alcune importanti novità. Come e più di quanto era accaduto con le pensioni sociali, il SSN rompeva lo schema, affermatosi nel 1947, che faceva discendere la condizione di cittadino, e quindi il godimento dei diritti, da quella di lavoratore. Esso annunciava così la crisi della «centralità operaia» affermatasi negli anni precedenti, ma era a suo modo anche una critica implicita alla Repubblica «fondata sul lavoro», in cui quest'ultimo era un tutto cui si contrapponeva il vuoto, negativo, del non lavoro.

L'idea di un *welfare* universalistico era certamente più razionale e nobile della precedente, ma era anch'essa attraversata da contraddizioni e si sarebbe presto scontrata con i limiti imposti dalle possibilità del paese, specie dopo i mutamenti avviatisi nei primi anni Settanta. La contraddizione principale era con il modo in cui era stato costruito il *welfare* italiano. Quest'ultimo era cresciuto come accumulo irrazionale di privilegi conquistati da questa o quella categoria, poi estesi – ma sempre in modo particolaristico – ad altri gruppi capaci di mobilitazione. Vi era qui una certa continuità con quanto era accaduto già sotto il fascismo, quando lo Stato aveva distribuito favori a gruppi, anche di estrazione piccolo-borghese, dotandoli di protezione. Nel dopoguerra strati via via più ampi di estrazione popolare erano stati coinvolti in un meccanismo simile, che minava l'idea dello Stato come garante per tutti «delle condizioni fondamentali della democrazia» e poneva le basi per un *welfare* fondato sul privilegio di alcuni e l'esclusione di altri.

Il processo si era accelerato dopo la riforma delle pensioni del 1969, basata appunto sul riconoscimento del diverso trattamento di specifiche categorie di lavoratori, e aveva trovato conferma nello Statuto dei lavoratori. Almeno fino alla seconda metà degli anni Settanta fu però possibile presentare questi privilegi come conquiste strappate da questo o quel gruppo ma destinate a diventare prima o poi diritti di tutti, come sembrava provare la loro effettiva e progressiva estensione[33].

Anche il carattere delle nuove misure non era privo di conseguenze negative. Il *welfare* universalistico esaltava infatti il senso di appartenenza e quindi anche e inevitabilmente lo spirito di chiusura di un popolo chiamato a godere di diritti da cui chi non ne faceva parte era escluso. L'apparente esaurimento dei processi migratori celava per il momento le conseguenze cui ciò avrebbe potuto dar luogo, ma le sgradevoli reazioni al loro veloce e sorprendente riprendere – questa volta in direzione dell'Italia –

avrebbero mostrato che la scelta di puntare all'allargamento verso il basso e al rafforzamento del senso di comunità della «famiglia» italiana (sempre definita in base a criteri di fatto etno-linguistici) rafforzava anche, per contrappasso, la tendenza del paese a concentrarsi su se stesso, e quindi il suo provincialismo, e poteva alimentare sentimenti di ostilità verso il nuovo, il diverso e chi poteva essere percepito come una minaccia che metteva in pericolo le conquiste ottenute.

Questa tendenza alla chiusura e a un immobilismo che si presentava come difesa di un esistente ottenuto a caro prezzo avrebbe presto trovato nuovo alimento nelle conseguenze impreviste di un'altra importante riforma della solidarietà nazionale, quella dell'equo canone. La crisi degli affitti da essa innescata accelerò infatti la spinta – già presente – all'acquisto delle abitazioni, un vecchio e comprensibile sogno la cui realizzazione rientrava ora nelle possibilità di vasti strati, anche popolari. Gli investimenti immobiliari e la percentuale di proprietari presero a crescere più velocemente che in passato (nei decenni successivi l'Italia e la Spagna avrebbero conquistato le prime posizioni nella classifica dei paesi ordinati per percentuale di proprietari di abitazioni), rinsaldando il localismo e riducendo ulteriormente, o rendendo ancor più costosa, la mobilità della popolazione.

Al di là di queste contraddizioni, vi era soprattutto una questione di risorse, che illuminava i limiti intellettuali del progetto politico-costituzionale e lo avrebbe fatto con forza crescente negli anni successivi, e tanto più rapidamente a causa delle appena ricordate storture insite nel *welfare* italiano. Le riforme culminate nel SSN più che compensarono, attraverso l'aumento dei trasferimenti dello Stato e quello della spesa pubblica, l'attenuazione della spinta redistributiva a favore del lavoro dipendente verificatasi dopo il 1973. Per alcuni anni, e non solo in Italia, parve possibile credere a un mondo in cui la popolazione dei grandi paesi occidentali potesse godere di un livello minimo ma decente di esistenza (casa, salute, istruzione, salario e pensione) garantito indipendentemente dal lavoro, lavoro che sarebbe quindi divenuto possibile scegliere sulla base delle esigenze di ciascuno[34]. Era una specie di comunismo minimo, di cui godette una parte consistente della popolazione europea e che in Italia assunse anche le sembianze deformi delle pensioni *baby*, dopo pochi anni di servizio, o di quelle di invalidità.

Ma il sostanziamento e la generalizzazione come diritti sociali di quelli che erano stati fino ad allora i privilegi di alcune categorie, e il fatto che ciò avvenisse proprio mentre i paesi che imboccavano quella strada lasciavano al contempo la stagione del miracolo, mostrarono presto il problema costituito dal definire come diritti «a richiesta» quelli che in inglese si sarebbero piuttosto definiti come *entitlements* perché dotati di costo, e quindi per definizione limitati. In un primo momento questa confusione aveva aiutato a rendere il paese meno ingiusto, potenziando e nobilitando le richieste di esclusi che avevano potuto avanzare rivendicazioni in nome della Costituzione. Ora però essa cominciava a mostrare i suoi limiti e i suoi costi politici e culturali, visto che rallentava la presa d'atto di ciò che sarebbe stato necessario fare a fronte dei profondi cambiamenti nella composizione sociale e demografica del paese e nella posizione dell'Occidente nel mondo[35].

A riprova di questi limiti oggettivi, la costruzione del *welfare* e l'allargamento dei diritti sociali sarebbero durati in tutto solo vent'anni, dalla riforma delle pensioni del 1969 ai primi tagli, cominciati agli inizi degli anni Novanta. Per di più, in gran parte di questo periodo entrambi i processi furono finanziati in deficit, mostrando la fragilità delle fondamenta della nuova cittadinanza sociale e garantendo i diritti presenti a spese delle generazioni future. Questa fragilità fu acuita dalla già ricordata decisione di non aumentare subito e decisamente la pressione fiscale, come fu poi fatto alla fine del decennio successivo. La nuova ricchezza del paese avrebbe infatti permesso la costruzione e il mantenimento di un più piccolo e razionale, ma solido, Stato del benessere, cui gli elementi di crisi strutturale connessi al declino demografico e politico dell'Europa avrebbero certo imposto dei riaggiustamenti, ma non drammatici. Si volle però di più, in maniera distorta (dando cioè molto ad alcune categorie e meno ad altre)[36], e senza farne pagare il conto, perfezionando il meccanismo che avrebbe portato negli anni seguenti all'esplosione del debito, in virtù della combinazione tra disavanzo primario nel bilancio dello Stato, insufficiente pressione fiscale, calo dell'inflazione, aumento degli interessi reali e mutamento della struttura demografica della popolazione.

Si innescò allora anche un modello di comportamento che si sarebbe ripetuto nei decenni successivi, in particolare nel caso delle pensioni, dando luogo a crisi ricorrenti. Esso consisteva nel rinviare finché possibile decisioni costose per la popolazione, come l'aumento delle tasse o la riduzione di certi benefici, salvo poi trovarsi nel giro di pochi anni a dover sostenere costi, e imporre sacrifici, maggiori di quelli che sarebbero stati sufficienti se fatti a tempo debito.

I problemi erano resi più acuti dalle già ricordate caratteristiche della nuova legislazione sociale e di una contrattazione che definiva come una specie di diritto, e rendeva quasi automatica, anche la progressione di carriera. Qualcosa di simile accadde anche per la riforma regionale. Agli inizi degli anni Sessanta i suoi avversari, e non solo loro, avevano sostenuto che per fare regioni munite di poteri effettivi senza costi addizionali sarebbe stato necessario tagliare di circa un terzo le spese dei ministeri. Nuovi studi e nuove commissioni avevano però in seguito sottostimato i costi del provvedimento, aprendo la strada alla sua adozione, che in pochi anni si sarebbe rivelata ben più costosa delle previsioni più pessimistiche, come dimostrò il brusco aumento della loro dotazione finanziaria.

Un caso a parte è quello del Servizio sanitario nazionale, istituito come abbiamo visto nel 1978. Esso fu un grande successo e il suo buon funzionamento, in larghe parti del paese, ritardò sul breve periodo gli effetti della crisi demografica, diminuendo l'incidenza delle malattie e aumentando l'efficienza generale della popolazione. Su un orizzonte temporale più lungo, tuttavia, i suoi effetti benefici dal punto di vista umano e sociale aggravarono quella crisi e ne aumentarono sensibilmente i costi economici: la creazione del SSN accelerò infatti il progresso in Italia di quella seconda rivoluzione sanitaria (maggiore prevenzione, migliore assistenza e controllo delle malattie cardiovascolari e dei tumori, anche grazie a nuovi stili di vita, piuttosto che vaccini e antibiotici) che in tutto l'Occidente stava di nuovo spingendo verso l'alto l'attesa di vita della popolazione. La percentuale degli ultrasessantacinquenni, e poi via via degli ultrasettantenni e ottantenni prese quindi a crescere velocemente, e con essa ripresero a crescere le malattie, in particolare quelle croniche e costose della vecchiaia (negli Stati Uniti si è calcolato che circa la metà dei costi della salute relativi a un singolo individuo è ormai legata al suo ultimo anno di vita, ed è cioè spesso sopportata per prolungarne di qualche mese l'agonia).

Naturalmente, ma questo ne fu un aspetto minore, ancorché appariscente, il SSN fu anche l'occasione per un'ulteriore estensione del potere dei partiti e della loro invasione della sfera pubblica, determinata comunque da un aumento – da loro voluto – dei servizi alla popolazione, e quindi non priva di una sua popolarità. Le quasi settecento nuove unità sanitarie locali, sui cui bilanci non furono a lungo esercitati seri controlli, vennero date in gestione a migliaia di ex dirigenti o di giovani funzionari di partito che riuscirono a costruirsi una propria base di consenso, che spesso degenerava in nuove reti clientelari.

Il contemporaneo e notevole aumento dei trasferimenti al Mezzogiorno stava provocando effetti simili. Sul breve periodo, esso determinò nella seconda metà degli anni Settanta una notevole riduzione della forbice tra i redditi e i consumi del Nord e quelli del Sud, sorretti anche dalle rimesse degli emigrati, dall'aumento dell'istruzione e dall'indubbio sviluppo economico di almeno certe aree del Meridione. Ma il fallimento di quello che Salvati ha chiamato il grande disegno industrialista della seconda Cassa del Mezzogiorno spingeva la massa dei trasferimenti verso il sostegno ai consumi, alimentando la formazione di macchine politico-clientelari ben più vaste e pervasive di quelle che si andavano formando un po' ovunque intorno alle USL. Entrambi i fenomeni – la crescita e il modo in cui essa avvenne – sarebbero stati alla base delle importanti esperienze riformistiche degli anni successivi nel Meridione e avrebbero contribuito al loro frequente fallimento.

La situazione in larghe regioni del Mezzogiorno stava inoltre degenerando per un fattore esogeno di grande rilevanza. Il rafforzamento fisiologico della tradizionale criminalità organizzata, dovuto all'inurbamento e al grande boom edilizio da un lato, e al maggior flusso di spesa pubblica dall'altro, era infatti potenziato, in maniera patologica, da una serie di circostanze (legami con le Americhe, posizione strategica della Sicilia, debolezza della concorrenza internazionale ecc.) che permisero alla criminalità organizzata italiana, e soprattutto a Cosa nostra, di controllare per qualche anno buona parte del commercio mondiale dell'eroina. Ciò ne moltiplicò le forze, anche militari, e il controllo sul territorio scatenò vere e proprie guerre per la spartizione del nuovo, ingente bottino, e ne mutò la cultura e le pratiche, trasformando così la mafia tradizionale che aveva trovato spazio e accoglienza all'interno di una parte della DC siciliana e fatto di alcuni suoi dirigenti a livello locale e nazionale i suoi rappresentanti (rappresentanti che si trovarono quindi a fare i conti con una creatura nuova e imprevista).

Un fenomeno simile, all'inizio di dimensioni più limitate, coinvolse anche la 'ndrangheta calabrese, che aveva i suoi punti di forza nei rapporti con il Canada e soprattutto con l'Australia, dove pare abbia persino contribuito alla svolta verso il multiculturalismo delle politiche nei confronti dell'immigrazione del paese, che aveva per anni vietato concentrazioni abitative di tipo etnico, sparpagliando gli immigrati contro la loro volontà[37]. La criminalità organizzata in genere, e in particolare la camorra napoletana, subirono inoltre almeno in parte l'influenza della retorica, delle forme e dei metodi di organizzazione della sinistra extraparlamentare, come per esempio nel caso della Nuova camorra organizzata, poi nutrita dall'enorme flusso di denaro legato alla ricostruzione del terremoto del 1980 attorno al quale si combatté un'altra piccola guerra.

Nel maggio 1978 le Brigate Rosse assassinarono Aldo Moro, uccidendo con lui anche la solidarietà nazionale[38]. È possibile che il destino di quest'ultima fosse comunque segnato dalla fragilità del suo progetto politico e dall'esaurimento delle principali forze che la sostenevano. Non vi è tuttavia dubbio che con quell'atto la lotta armata italiana mutava il corso della storia politica del paese, ponendo di fronte ai suoi studiosi il problema del ruolo e del peso di quella lotta in essa, un ruolo e un peso moltiplicati dalla capacità di attrazione esercitata dal terrorismo tanto sui media quanto sugli storici.

A leggere la quantità di titoli a esso dedicati si potrebbe concludere che il terrorismo fu allora il perno di anni definiti appunto di piombo. Ma basta una semplice riflessione su quali siano i grandi eventi, nazionali e internazionali, degli anni Settanta che ancor oggi concorrono a determinare la situazione del paese, e quella del mondo, per rimettere le cose nella loro giusta prospettiva. A fronte del SSN, cui di solito vengono dedicate poche righe, di riforme spesso trattate con sarcasmo, della nascita di una nuova mentalità e di una nuova coscienza basate sul concetto dei diritti, dell'irreversibile degenerazione dei sistemi socialisti o delle nuove politiche di Deng Xiaoping, il terrorismo italiano – tanto quello di destra che quello di sinistra – riacquista le sue dimensioni di residuo violento e intellettualmente primitivo e arcaicizzante di un'epoca già esauritasi nel momento del suo nascere, ma temporaneamente rivitalizzata dal 1968.

Non vi è dubbio però che nell'immediato il terrorismo ebbe conseguenze importanti e tutte di segno negativo, aumentando i poteri di magistratura e polizia, accentuando il distacco tra una politica costretta a blindarsi e la società, e soprattutto offuscando con la nebbia generata dalla sua violenza la capacità di vedere tanto delle élite quanto della popolazione, che invece di quella capacità avrebbe avuto grande bisogno. In altre parole il terrorismo, e in specie quello di sinistra – che pure, nelle parole di Foa, non fu «mai un soggetto politico distinto e contrapposto allo Stato» ma «solo un pezzo, un pezzettino di una Sinistra in grave declino, un pezzo che ha tentato un'estrema difesa di un mondo che fa[ceva] acqua da tutte le parti» – diede un contributo decisivo a sviare per lunghi anni l'attenzione dai crescenti e reali problemi di fondo del paese, costringendo quest'ultimo a occuparsi quasi ossessivamente di quello che era, sul piano storico, un fenomeno marginale.

La morte di Moro fu però, come abbiamo detto, una svolta importante, che aprì le porte alla scommessa politica di Craxi e dettò quindi il tono del decennio successivo, segnato anche da un conflitto a sinistra cui contribuirono le diverse reazioni a quell'assassinio. Essa mise in evidenza anche la morte – già avvenuta – del mondo politico italiano e dei progetti nati all'incrocio tra opposizione al fascismo, sconfitta nella guerra e Resistenza. In un certo qual modo con Moro e la solidarietà nazionale moriva quindi il modello di patria rinata e ripensata nel 1945, senza che si riuscisse – e forse nemmeno si provasse – a sostituire il suo antico, e un tempo vivissimo, senso con un senso nuovo. Anche le forze apparentemente più energiche degli anni successivi, come appunto il PSI, furono infatti incapaci di elaborare una nuova visione della situazione e delle prospettive del paese e di farne discendere una politica alta, restando in un certo senso in mezzo al guado tra il vecchio e il nuovo mondo.

Questo esaurirsi della politica, che era prima di tutto declino o piuttosto inadeguatezza dei suoi precedenti grandi progetti, avrebbe aperto spazi nuovi ai media e spinto la popolazione a disprezzare partiti, e in primo luogo quelli di governo, che sembravano tramutarsi in parassiti di «palazzi» nazionali e/o locali. Il PCI, ma anche il MSI, furono meno toccati anche per le minori opportunità di cui avevano goduto e godevano, anche se queste minori opportunità erano state sfruttate razionalmente: il primo per esempio aveva cercato di rimpiazzare con lo sfruttamento di stipendi e pensioni di rappresentanti nazionali e regionali il venir meno del sostegno sovietico al mantenimento del suo apparato.

A partire dalla seconda metà del decennio successivo, questi sentimenti «antipolitici» sarebbero stati alimentati della crescente scarsità delle risorse che questi partiti erano in grado di distribuire, ma essi erano nell'immediato rafforzati anche da quella emersione dell'individuo – a sua volta legata al 1968 e alla ideologia dei diritti – che svuotava dall'interno i partiti politici tradizionali rendendo sempre più irrilevanti le loro prescrizioni collettivistiche e solidaristiche.

Le testimonianze di questa morte intellettuale e politica della «prima Repubblica»[39], che anticipò di circa un decennio il suo tramonto, sono numerose, dal Pasolini e dallo Sciascia dei processi al palazzo, al Calvino di *Una pietra sopra*. Ma il suo svuotamento era appunto il frutto indiretto della grande trasformazione degli anni Cinquanta e Sessanta e del drammatico mutamento degli assetti mondiali determinato dalla decolonizzazione. Dopo il centrosinistra i grandi partiti erano diventati progressivamente ciechi di fronte alla realtà da loro stessi creata. In particolare, nel caso del PCI sembra possibile sostenere che il suo coma intellettuale fosse legato al rifiuto del gruppo dirigente di affrontare in maniera rigorosa le conseguenze per l'impianto ideale del partito delle rivelazioni del XX Congresso, nascondendole sotto un tappeto intessuto dal progresso sociale e civile del paese e dai successi dei movimenti di liberazione nazionale[40].

La morte di Moro ebbe, a suo modo, un peso anche maggiore e di portata internazionale. Come ha notato Alberto Melloni, a quella morte si aggiunse infatti poco tempo dopo, quella di Paolo VI, la settima vittima di via Fani. Con la loro scomparsa, e la fine del loro lunghissimo sodalizio, tramontava anche lo stretto rapporto tra Chiesa e cattolicesimo democratico italiano che proprio in Montini, e in Maritain, aveva trovato negli anni Trenta una nuova e più moderna risposta alla crisi del liberalismo e all'affermazione del culto totalitario dello Stato. Poco dopo, l'ascesa al soglio di Giovanni Paolo II e la gestione della Chiesa italiana da parte di Ruini avrebbero dimostrato la portata di un cambiamento che equivaleva al dischiudersi di un nuovo mondo non solo nella concezione politica della Chiesa, ma anche nei rapporti tra essa e la politica italiana.

L'affievolirsi dello sviluppo innescatosi nel dopoguerra e della carica ideale della prima Repubblica e dei suoi partiti cominciò allora a combinarsi con un senso di nostalgia per i luminosi anni appena trascorsi. Questo sentimento, insieme all'orgoglio e alla soddisfazione per le grandi conquiste appena ottenute, rafforzò a sua volta un atteggiamento teso a guardare più al presente e al passato che non al futuro, che diventava tanto più forte quanto più quel passato si tingeva di rosa rispetto a un presente difficile e a un futuro che sembrava poter mettere in discussione i risultati raggiunti.

Una parte della società italiana, incluse alcune delle sue componenti progressiste, si accingeva così a diventare oggettivamente conservatrice. In particolare, il sindacato fece allora un nuovo passo avanti su questa via: nel 1977 a chi proponeva di non occuparsi solo del pezzo centrale della classe operaia, ma di aprirsi ai movimenti giovanile e femminile con l'obiettivo di organizzare anche il secondo mercato del lavoro, quello degli esclusi, risposero gli scontri alla Sapienza. Certo, anche per la loro provenienza sociale, gli studenti ideologizzati che in nome di una nuova concezione dell'autonomia operaia assaltarono allora il comizio di Lama non rappresentavano il mondo dei marginali. Tuttavia, lo scontro assunse le sembianze di un conflitto tra chi era dentro e chi era fuori dalla nuova società dei diritti che si era appena configurata e generò forte risentimento in un gruppo dirigente sindacale che si spinse anche per questo ancora più avanti nella strada della difesa dell'esistente, come provò l'anno successivo la svolta dell'EUR, dove la CGIL abbracciò una politica negoziata dei redditi di fatto tesa a difendere i lavoratori occupati dei settori forti dell'industria e del pubblico impiego.

Alla svolta sindacale corrispose la crisi verticale della nuova sinistra e del suo operaismo, che generò un'ondata di disillusione e cinismo e testimoniò per così dire *a posteriori* della pochezza della sua elaborazione intellettuale a fronte della realtà moderna e della sua evoluzione. Anche in questo caso l'attenzione si è spesso concentrata sul ruolo del terrorismo – o meglio della lotta armata – nel determinare questa crisi, che sarebbe stata prima di tutto morale. Senza voler con questo sminuire l'importanza di questa dimensione, che certo vi fu, è necessario tuttavia ricordare che la crisi era in primo luogo intellettuale, e che proprio grazie a questa crisi si aprirono le porte a considerazioni morali che in passato – quando sembrava certo che il fine avrebbe giustificato i mezzi – non avevano trovato spazio. Più del terrorismo e di fattori esterni come il thatcherismo e il reaganismo, che sarebbero presto diventati i capri espiatori di chi rifiutava di fare i conti con le proprie debolezze, contarono piuttosto i nuovi movimenti del 1977 che segnarono «la sconfitta dell'operaismo vincente nel 1969»[41] e soprattutto il femminismo che recise le radici teoriche dell'ipotesi che aveva affidato l'intelligenza della realtà, nonché le prospettive della liberazione collettiva, all'evoluzione del rapporto capitale-lavoro. La «classe operaia» cessava di essere classe portatrice di interessi generali, e quindi capace di liberare tutti.

Il tramonto dell'operaismo e dell'autonomia operaia era a sua volta e a suo modo anche un indizio del fatto che non era più possibile pensare che l'Italia potesse andare avanti da sola, indipendentemente da quanto succedeva negli altri paesi. Essi infatti avevano avuto tra i loro presupposti l'idea che le gerarchie internazionali fossero immutabili e che i paesi fino ad allora privilegiati lo sarebbero stati per sempre, indipendentemente dalla loro capacità di adeguarsi al mutamento della realtà. Ma proprio nel 1978 Deng annunciava in Cina le sue quattro modernizzazioni, lanciando il paese in una corsa che continua ancora (anche se la politica del figlio unico potrebbe presto rallentarla) e che avrebbe presto mutato radicalmente la divisione internazionale del lavoro e delle opportunità, e con essa la fisionomia e l'ordine del pianeta. Egli si rivelava così come il vero eroe eponimo di un nuovo mondo che in Occidente sembrava invece avere in Reagan e nella Thatcher i suoi alfieri[42].

Con il senno di poi sembra piuttosto possibile sostenere che, sia pure in forme e con intensità molto diverse, l'Occidente tutto, Stati Uniti inclusi, si rifiutò a lungo di prendere atto del suo declino relativo e scelse la strada – resa possibile dalla sua ricchezza – di ignorarlo compensandone gli effetti con il vivere a credito. I cosiddetti debiti sovrani presero così a crescere velocemente, proprio come era successo in Europa orientale dieci anni prima.

Per ragioni che già conosciamo, l'Italia fu presto all'avanguardia di questo fenomeno: essa era non solo il paese con il più accentuato calo, in realtà si dovrebbe dire crollo, delle nascite e con la più diffusa ideologia dei diritti, ma anche quello forse più psicologicamente chiuso in se stesso dopo decenni di apertura. Il benessere aveva infatti determinato la fine dell'emigrazione italiana e quindi del nostro «cosmopolitismo proletario», e causato l'esaurimento delle migrazioni interne che avevano agito da potente fattore di unificazione del paese, integrando come mai prima i mondi diversi da cui esso era composto. Questi mondi tendevano ora di nuovo a gravitare su se stessi e il Sud, dopo aver perso importanza come mercato per aziende settentrionali sempre più proiettate verso l'Europa e il mondo, cessava anche di essere il loro più importante fornitore di forza-lavoro, ponendo le premesse dell'insorgere del quesito sul perché occorresse continuare a dargli tanto. Questo mentre il nuovo mondo faceva capolino con la presa d'atto che l'Italia stava diventando un paese di immigrazione, proprio nel momento di massimo rafforzamento di una «famiglia italiana» etno-linguisticamente compatta. Si trattava di un fenomeno già annunciato dai primi pescatori tunisini di Mazara e dalle prime domestiche filippine e capoverdiane di fine anni Sessanta, ma che proprio nel 1977 divenne di dominio comune con un dibattito cui partecipò anche Romano Prodi.

Si apriva così quello che Salvati ha chiamato il decennio del grande debito, ma che fu anche il decennio dell'ultimo tentativo di rilancio basato su vecchi presupposti solo superficialmente modificati, nonché delle prime, nuove reazioni antipolitiche e comunque ostili al nuovo mondo che si andava delineando, e tanto più oscuramente quanto più il guardarlo appariva sgradevole.

note

[1] G. Vecchi, *In ricchezza e in povertà. Il benessere degli italiani dall'Unità a oggi*, Bologna, Il Mulino, 2011, pp. 430-432.

[2] M. Rumor, *Memorie (1943-1970)*, Vicenza, Editrice Veneta, 2007, p. 387.

[3] *Vittorio Foa. Sindacalista, politico, scrittore*, Fondazione della Camera dei Deputati, Roma, 2010, p. 40.

[4] Rumor, *Memorie*, cit., pp. 331, 337.

[5] Il dato tiene conto della mortalità infantile, ormai grandemente ridottasi, e che aveva fatto invece la differenza alla fine del XIX secolo, quando l'attesa di vita complessiva era di gran lunga inferiore proprio a causa di essa, ma gli adulti che erano riusciti a sopravvivere nei primi anni di vita raggiungevano età non troppo lontane dai 65 anni nell'Italia di fine anni Sessanta.

[6] G. Carli, *Cinquant'anni di vita italiana*, Roma-Bari, Laterza, 1996, p. 422.

[7] M. Salvati, *Occasioni mancate. Economia e politica in Italia dagli anni '60 a oggi*, Roma-Bari, Laterza, 2000, p. 45; S. Lanaro, *Storia dell'Italia repubblicana*, Venezia, Marsilio, 1992, p. 429.

[8] A. Moro, *Una politica per i tempi nuovi*, discorso al CN della DC, 21 novembre 1968, Roma, Agenzia Progetto, 1969.

[9] G. Amato, *Le innovazioni istituzionali del processo di bilancio*, in G. Acquaviva (a cura di), *La politica economica italiana negli anni ottanta*, Venezia, Marsilio, 2005, pp. 51-58.

[10] A.C. Jemolo, *Anni di prova*, Vicenza, Neri Pozza, 1969.

[11] I libri di Sergio Salvi, come *Le nazioni proibite: guida a dieci colonie «interne» dell'Europa occidentale*, Firenze, Vallecchi, 1973 e *Le lingue tagliate: storia delle minoranze linguistiche in Italia*, Milano, Rizzoli, 1975, ebbero un'importanza e un'influenza allora sottovalutate, e sottovalutata fu l'opera di

cantautori come Gipo Farassino, la cui canzone *Senza frontiere* venne respinta a San Remo nel 1970 perché troppo critica delle guerre in Vietnam e Biafra, e divenuto poi europarlamentare della Lega. L. Renzi, *La politica linguistica della rivoluzione francese*, Napoli, Liguori, 1981, ha acutamente notato come la politica linguistica del fascismo, che era stata di fatto una politica giacobina, divenisse allora simbolo di una politica linguistica di destra.

[12] Dobbiamo questa informazione a Daniele La Nave, che ringraziamo.

[13] S. Lupo, *Terrorismo e mafie: sfida e risposte*, relazione al convegno SISSCo *L'Italia nell'era della globalizzazione*, Aosta, settembre 2012.

[14] L. Cafagna e L. Pellicani, *Il revisionismo di Bettino Craxi*, in «Mondo Operaio», gennaio-febbraio 2007.

[15] Uno degli autori ha sentito Giarrizzo esporre questi concetti di persona. Essi si ritrovano in filigrana in G. Giarrizzo, *Per una storia della storiografia europea*, vol. II, Roma-Acireale, Bonanno, 2000, dove a p. 49, dopo averli lasciati intravedere, conclude: «Ma non voglio certo esser io l'autore delle epigrafi funerarie poste sulla tomba dei miti, dei valori, dei simboli positivi della mia generazione».

[16] P. Marcenaro e V. Foa, *Riprendere tempo. Un dialogo con postilla*, Torino, Einaudi, 1982, p. 14; Salvati, *Occasioni mancate*, cit., p. 41.

[17] A. Ginzburg, *Perché Vittorio Foa a Modena negli anni Settanta*, in A. Andreoni e E. Pugliese (a cura di), *Vittorio Foa e le trasformazioni della società italiana*, Roma, Ediesse, 2011, pp. 119-146; A. Graziosi, *Vittorio Foa e la sinistra italiana, 1933-2008*, in «Il mestiere di storico», 1 (2012), pp. 7-34.

[18] P. Barucci, *Dove andava l'Italia*, in «Trimestre», XLI, 3-4 (2008), pp. 145-152. Di Barucci cfr. anche *Ricostruzione, pianificazione, Mezzogiorno. La politica economica in Italia dal 1943 al 1955*, Bologna, Il Mulino, 1978; F. Barca e S. Trento, *La parabola delle partecipazioni statali: una missione tradita*, in F. Barca (a cura di), *Storia del capitalismo italiano* (1997), Roma, Donzelli, 2010, p. 200.

[19] V. Foa, *Passaggi*, Torino, Einaudi, 2000, p. 100.

[20] Lo sviluppo distorto del *welfare* in Italia, dove esso ha assunto spesso aspetti clientelari che hanno favorito questa o quella categoria, costituisce naturalmente un altro esempio di diritti «segmentati», e quindi di privilegi di fatto, ma di tipo diverso. Cfr. M. Ferrera, *Il Welfare State in Italia. Sviluppo e crisi in prospettiva comparata*, Bologna, Il Mulino, 1985.

[21] È chiamato *fiscal drag* (drenaggio fiscale) il fenomeno per cui, in presenza di aliquote crescenti al crescere del reddito, e senza l'aggancio di queste aliquote all'inflazione, quest'ultima spinge automaticamente verso l'alto redditi invariati in termini reali, aumentando quindi l'imposta reale a cui essi sono sottoposti.

[22] J.-F. Jamet, *Assainissement des finances publiques et rallentissement de l'économie (1992-2001)*, in P. Caracciolo (a cura di), *Refaire l'Italie. L'expérience de la gauche libérale (1992-2001)*, Paris, Editions rue d'Ulm, 2009; A. Pedone, *La riforma italiana tributaria del 1973-1974*, in «Moneta e credito», 148 (1984), pp. 371-394; Id., *La politica di bilancio tra vincoli monetari ed esigenze di sviluppo produttivo*, in Acquaviva (a cura di), *La politica economica italiana*, cit., pp. 33-36; Amato, *Innovazioni istituzionali*, cit., p. 52.

[23] Giulio Tremonti ha attirato la nostra attenzione su questi elementi, che coincidono in modo sorprendente con quel che si sa del boom della piccola impresa nell'URSS della NEP, tra il 1921 e il 1927, e con quanto traspare dal grande boom cinese successivo al 1978. A lui dobbiamo anche le osservazioni sulla nascita del blocco economico «berlusconiano» negli anni Settanta. Nelle sue memorie, *Da Livorno al Quirinale*, Bologna, Il Mulino, 2010, pp. 90, 156, C.A. Ciampi ha invece ricordato come negli anni del miracolo, visitando da ispettore della Banca d'Italia le piccole fabbriche delle Marche, aveva presto capito che «i nuovi imprenditori erano per la maggior parte figli non primogeniti delle famiglie contadine, che si inurbavano e iniziavano una piccola attività artigianale [...] va ricordata l'importanza della mezzadria [che] abitua a dirigere una azienda; non sei il bracciante che esegue gli ordini del padrone, tu sei sulla terra che è parzialmente tua e quindi sta a te farla rendere di più [...]. Il mezzadro è *in pectore* un imprenditore», una citazione che dobbiamo ad Antonio Ferrara.

[24] I. Diamanti e G. Riccamboni, *La parabola del voto bianco*, Venezia, Neri Pozza, 1992; il legame tra lo sviluppo economico regionale e l'emergere di movimenti locali revivalisti fu notato già nel 1979 da P. Gourevitch, *The Reemergence of Peripheral Nationalisms*, in «Comparative Studies in Society and History», 21 (1979), pp. 303-322.

[25] Sulla rottura degli anni Settanta, cfr. N. Ferguson, C.S. Maier, E. Manela e D.J. Sargent (a cura di), *The Shock of the Global. The 1970s in Perspective*, Cambridge, MA, Harvard University Press, 2010.

[26] In un certo senso, esso si avvicina così alla semplicistica ingenuità della teoria statale della moneta di Georg Friedrich Knapp, che ebbe un certo seguito all'inizio della prima guerra mondiale e ispirò a suo modo anche l'opera di Keynes, che è naturalmente di ben maggiore sofisticazione.

[27] Pedone, *Politica di bilancio*, in Acquaviva (a cura di), *La politica economica italiana*, cit., p. 31. Carli definì sediziosa l'ipotesi di non acquistare i titoli del Tesoro nelle *Considerazioni finali* della Banca d'Italia del 1975.

[28] P. Ginsborg, *Storia d'Italia dal dopoguerra a oggi. Società e politica, 1943-1988*, Torino, Einaudi, 1989.

[29] Sembra che la paura che una sconfitta sul divorzio potesse scatenare la crisi irreversibile della DC spingesse persino La Malfa a guardare al referendum con grande preoccupazione.

[30] P. Scoppola, *La repubblica dei partiti. Evoluzione e crisi di un sistema politico, 1945-1996*, Bologna, Il Mulino, 1991; A. Giovagnoli, *Il partito italiano. La Democrazia cristiana dal 1942 al 1994*, Roma-Bari, Laterza, 1996.

[31] Salvati, *Occasioni mancate*, cit., pp. 56, *passim*.

[32] Foa, *Passaggi*, cit., p. 29. Solo un anno prima il governo delle sinistre era sembrato «imposto dalle cose, dalla convergenza tra crisi economico-sociale e la "insanabile crisi della DC"», e si era discusso della proposta di Lombardi di puntare a una economia italiana a due settori, uno ad alta produttività e intensità di capitale per l'esportazione e l'altro ad alta intensità di lavoro per soddisfare i bisogni collettivi interni. La proposta, che non teneva in alcun conto le conseguenze di lungo periodo di una soluzione del genere, fu poi di fatto attuata, da altri uomini e senza che venisse formalizzata, da governi che permisero l'espansione, con la loro politica finanziaria e fiscale, di un vasto

settore protetto, con al suo centro l'impiego e l'industria pubblici, mentre quello esposto alla concorrenza, specie internazionale, era costretto a ristrutturarsi ma non riusciva a reggere il peso del primo, anch'esso quindi sorretto con l'espansione del debito. P. Ferraris, *Foa e la svolta degli anni Settanta: dopo la centralità operaia verso la complessità sociale*, in Andreoni e Pugliese (a cura di), *Foa e le trasformazioni della società italiana*, cit., pp. 101-110.

[33] Ferrera, *Il Welfare State in Italia*, cit.; N. Negri e C. Saraceno, *Le politiche contro la povertà in Italia*, Bologna, Il Mulino, 1996.

[34] È la *révolution du temps choisi* dei sociologi francesi. Un libro con lo stesso titolo, prefato da Jacques Delors, fu pubblicato a Parigi da Albin Michel nel 1980 (trad. it. *La rivoluzione del tempo scelto: premesse ed ipotesi per una autogestione dei ritmi di vita*, Milano, Franco Angeli, 1986).

[35] Per argomenti sulla stessa linea cfr. P. Pombeni, *La democrazia del benessere e l'evoluzione della forma partito nel quadro dei sistemi costituzionali europei, 1943-1968*, in E. Francia (a cura di), *Luciano Cafagna tra ricerca storica e impegno civile*, Venezia, Marsilio, 2007, pp. 85-104. Di recente lo stesso Pombeni ha sostenuto, in un manoscritto non pubblicato (*Un sistema politico liberale senza ideologia liberale?*), che «sembra a me che la gestione di quello che sul continente è significativamente denominato "Stato sociale" rientri di fatto nel panorama delle attività di governo dei sistemi economici, molto più che nell'ambito dei "diritti". Anzi sarà proprio l'aver in un secondo tempo spostato non correttamente questi interventi, che sono di redistribuzione del reddito e che dunque non dovrebbero avere la caratteristica dell'eguaglianza *erga omnes* propria al settore dei "diritti", all'interno di quest'ultima categoria che ne ha determinato la crisi successiva e ancora attuale».

[36] Le distorsioni del sistema pensionistico furono messe in evidenza per la prima volta nel 1976 da O. Castellino, *Il labirinto delle pensioni*, Bologna, Il Mulino, 1976.

[37] Di grande interesse è a questo proposito il sostegno che pare la 'ndrangheta abbia fornito ad Al Grassby, il ministro laburista che trasformò a favore degli immigrati la precedente politica *white only*, fondata su un'anglicizzazione forzata, e sulla cui figura continuano violente polemiche (cfr. per esempio http://en.wikipedia.org/wiki/Al_Grassby).

[38] A. Giovagnoli, *Il caso Moro. Una tragedia repubblicana*, Bologna, Il Mulino, 2005.

[39] Usiamo qui virgolette cui poi rinunceremo per non appesantire il testo. Ma pensiamo, per motivi che esporremo in seguito, che – malgrado differenze significative – non è possibile distinguere sostanzialmente tra prima e seconda Repubblica. Anche quest'ultimo termine dovrebbe perciò essere sempre virgolettato.

[40] Giovanni Ferrara ha imputato la prima frattura fondamentale, e la prima ferita, nella vita del fratello alla «decisiva benché a lungo taciuta» crisi del 1956, vale a dire alla scelta di non fare i conti intellettuali con quanto era successo. G. Ferrara, *Il fratello comunista*, Milano, Garzanti, 2007, p. 148.

[41] V. Foa, *Il Cavallo e la Torre. Riflessioni su una vita*, Torino, Einaudi, 1991, p. 304.

[42] E.F. Vogel, *Deng Xiaoping and the Transformation of China*, Cambridge, MA, Harvard University Press, 2011.

4. Una ripresa contraddittoria, 1979-1991

1. L'Italia in un nuovo mondo

Tra la fine degli anni Settanta e l'inizio del nuovo decennio gli interventi di Mosca in Africa, la crisi polacca e l'invasione sovietica dell'Afghanistan posero fine alla distensione, avviando una nuova, piccola guerra fredda, ufficializzata nel 1980 dall'elezione di Reagan alla presidenza e destinata a durare fino al 1985. L'Europa cercò di non accorgersene e di continuare la sua politica di apertura verso l'Est, ma le nuove tensioni attraversarono anche il vecchio continente ed è stato ragionevolmente sostenuto che la politica approvata dalla DC all'inizio del 1980 può anche essere vista come una delle loro conseguenze[1]. Rovesciando le scelte di Moro la maggioranza del partito adottò allora un «Preambolo» che chiudeva al PCI e apriva a Craxi, una linea che era tuttavia avversata da buona parte della sinistra democristiana.

All'interno, oltre che dalla morte di Moro, il «Preambolo» era stato preceduto nel 1978 dall'elezione alla presidenza della Repubblica del socialista Pertini, protagonista forse inconsapevole di alcuni dei primi attacchi al sistema politico e anche per questo presto popolare, e soprattutto dalla sconfitta del PCI alle politiche del giugno 1979. Il brusco calo del partito dal 34,4 al 30,4%, che pose fine alla sua continua crescita, la svolta democristiana e il nuovo clima internazionale, segnato da una Washington che chiedeva agli alleati sostegno sugli euromissili avversati da Mosca e da un PCI per l'ultima volta allineato ai desideri sovietici, aprirono le porte a nuove opportunità politiche. Esse furono colte da Craxi che già nel 1979 spinse un PSI, che ancora al congresso del 1978 aveva proposto un'immagine del paese e del suo futuro non troppo diversa da quella comunista, a puntare su una politica nuova, ancorché ideologicamente confusa – anche perché si voleva ancora socialista – e tesa a cercare forze nuove in grado di sorreggerla. Esse furono presto individuate nelle piccole e medie imprese, nel nuovo ceto medio intellettuale e nei nuovi distretti industriali creati dalla straordinaria crescita economica e sociale degli anni precedenti[2].

Craxi e la nuova DC furono però subito chiamati a fare conti per cui non erano attrezzati, con una netta svolta nella politica economica internazionale. Washington abbracciò allora, con il sostegno inglese, una politica anti-inflazionistica: tra il 1979 e il 1984 i tassi d'interesse reali, cioè al netto dell'inflazione, che erano stati spesso vicini allo zero, e in Italia anche negativi, fecero un balzo di diversi punti, assestandosi tra il 4 e l'8%. Era la sanzione definitiva della fine di un'era e in effetti nel 1981-1982 i paesi avanzati entrarono in recessione, mentre per molti paesi dell'Africa e dell'America latina (molto diverso è invece il discorso per l'Asia) si apriva un decennio difficile.

Malgrado il nuovo aumento del prezzo del petrolio, che stava raddoppiando ancora una volta, spingendo verso l'alto i prezzi, i nuovi governi del «Preambolo» si impegnarono con successo nella lotta all'inflazione. Seguendo e con più decisione una strada imboccata da molti altri paesi occidentali, l'Italia ribadì tuttavia anche la scelta precedente di supplire con un indebitamento ancora possibile (la percentuale del debito sul PIL era ferma al 60%) alle nuove difficoltà. Il decennio fu quindi segnato nel suo complesso da quella che Salvati ha definito una «stabilizzazione incompleta», perché riguardò l'inflazione, ma non il debito, e «semiconflittuale» perché fatta politicamente contro una parte della sinistra e dei sindacati.

Politicamente ma non materialmente: gli anni Ottanta furono infatti anni di crescita notevole, anche dei redditi reali, che in Italia aumentarono di un altro 50% raggiungendo nel 1990 un livello di 4,5 volte superiore a quello del 1951. Si trattava chiaramente, e per la prima volta in modo predominante, di una crescita ottenuta a spese delle generazioni future, che spostò la resa dei conti al decennio successivo. Eppure, molti preferirono non vedere ciò che in Italia una riforma voluta da Andreatta nel

1981 rendeva lampante. Il divorzio tra Banca d'Italia e Tesoro impediva infatti alla prima di acquistare automaticamente (di fatto creando moneta) i titoli emessi dal secondo, costringendo lo Stato ad «andare sul mercato» e a registrare i costi dell'indebitamento nel suo bilancio[3].

In Italia la situazione era complicata dalle abitudini: da quasi 10 anni lo Stato si era infatti assuefatto a indebitarsi a tassi prossimi allo zero, se non negativi, e aveva fatto dell'inflazione una delle sue imposte principali. Non solo: la tolleranza di un'inflazione di circa 10 punti più alta degli altri principali paesi europei rendeva più semplice e indolore – tanto al governo quanto all'opposizione e ai sindacati – gestire i conflitti sociali. Era facile dire a tutti di sì, sapendo che l'inflazione avrebbe in breve annullato buona parte delle concessioni fatte e lasciando a essa il compito di redistribuire le risorse reali tra chi era in grado di difendersene (i redditi autonomi, quelli dei lavoratori forti provvisti di scala mobile ecc.) e chi invece vi soccombeva in silenzio, senza poter incolpare nessuno del deterioramento delle sue posizioni, che assumeva quasi le forme di un fenomeno naturale, ma che naturale non era, visto che dipendeva da scelte politiche.

Ora invece la lotta all'inflazione, resa inevitabile dal nuovo contesto internazionale e dall'adesione dell'Italia al Sistema monetario europeo nel 1979 (quando alla lira fu concessa una banda di oscillazione del più-meno 6% e quindi più larga del normale, ma comunque non tale da alimentare un'inflazione del livello di quella italiana), avrebbe reso indispensabile aumentare le imposte per sostituire la tassa dell'inflazione e dire molti no.

Ciò sarebbe stato tanto più necessario perché il forte deficit corrente di bilancio e il profondo squilibrio nei conti con l'estero confermavano che la crisi del paese era più acuta di quella di molti suoi vicini. Le tasse però furono aumentate in maniera insufficiente, anche perché, come avrebbe poi detto De Michelis, non si era capito quanto – grazie anche al sommerso e all'evasione – fosse ricco il paese e si aveva per questo ritegno a prendere misure che pure si giudicavano indispensabili[4]. E si continuarono a dire molti sì, anche se non tutti quelli che venivano chiesti, lasciando crescere (anche, come vedremo, per motivi culturali) una spesa pubblica presto gonfiata dal bisogno di pagare tassi di interesse ormai reali e in veloce crescita.

La scelta dell'indebitamento – del resto in diretta continuità con la politica seguita dalla fine degli anni Sessanta ma fino ad allora mitigata dall'inflazione – fu quindi in Italia più radicale che altrove, anche a causa della presenza del più grande Partito comunista del mondo occidentale (contro cui si era spesso lottato ricorrendo pure alla spesa pubblica), della lotta per il potere scatenata all'interno delle forze di governo dal tentativo egemonico di Craxi, nonché della forza e dell'estensione degli interessi e delle passioni contrari a qualunque ridimensionamento delle aspettative. Il paese aveva appena conquistato dei diritti ed era convinto che essi potessero solo estendersi. Qualunque argomento in senso contrario aveva difficoltà persino a essere preso in considerazione.

Nel corso del decennio le entrate dello Stato crebbero così dal 33,9 al 42,6% del PIL, ma le sue spese balzarono dal 42,2 al 54,4% dello stesso (mentre nell'Unione europea le prime crescevano dal 44,3 al 46,2% e le seconde dal 46,8 al 48,2%). Le spese per interessi raddoppiarono, passando dal 5,1 al 10,5% sempre del PIL; l'indebitamento netto primario crebbe fino al 1985, per poi cominciare una lenta discesa più che bilanciata dall'aumento della spesa per interessi; e l'indebitamento netto totale annuo superò per tutto il decennio il 10% del PIL, raggiungendo il 12,3 nel 1985 (solo nel 1989 si scese, per modo di dire, al 9,8%, ma l'anno dopo si era di nuovo quasi al 12). Malgrado tassi di crescita economica che oggi susciterebbero invidia, la percentuale del debito pubblico sul PIL crebbe così negli anni Ottanta dal 60 al 100%, innescando un meccanismo che, in assenza di interventi radicali, portava al fallimento del paese[5].

Solo tenendo conto di questo contesto e di queste scelte, che a volte furono solo oggettivamente tali perché si trattò spesso di decisioni adottate quasi automaticamente, è possibile analizzare la vitalità anche economica degli anni Ottanta, che cominciò a manifestarsi già alla fine del decennio precedente[6]. Essa ha attirato l'attenzione di molti osservatori ed è stata spesso paragonata alla crisi degli anni Novanta[7], come se quest'ultima non fosse in larga parte una conseguenza della crescita precedente, o almeno della sua parte, diciamo così, «artificiale», vale a dire legata al ricorso all'indebitamento (sarebbe a questo proposito opportuno deflazionare sempre i dati che registrano le variazioni del ciclo economico depurandoli dagli effetti delle variazioni del debito pubblico e privato, cosa che spesso non si fa a spese della correttezza dell'analisi: dati di crescita non depurati dall'effetto indebitamento sono altrettanto fuorvianti di quelli sui prezzi non depurati dall'inflazione).

Ma pur scontando le iniezioni fortificanti della spesa pubblica, l'Italia degli anni Ottanta appare in effetti un paese vitale, anche se di una vitalità diversa, meno tesa ma comunque meno intensa, di quella del decennio precedente in cui il paese si era «rimescolato». È come se, dopo la fine di anni di agitazioni, le forze del miracolo riprendessero ad agire più liberamente, cosa che potevano fare perché erano esse stesse ancora vive: malgrado il crollo delle nascite degli anni precedenti, l'Italia degli anni Ottanta era ancora un paese giovane, pieno di ventenni e trentenni, giovani erano ancora molti degli imprenditori del boom economico, e vi erano aree, come il Veneto o le Marche, dove la transizione al mondo moderno era ancora in corso, anche a causa dell'arretratezza delle condizioni di partenza. In altre parole, benché le sue radici fossero state in parte già recise, l'Italia dell'energia esisteva ancora e, finite le convulsioni degli anni precedenti, era in grado di reagire.

Questa reazione è stata salutata come ispirata da una «ricerca della libertà individuale», sostenuta anche dall'esaurimento delle ideologie politiche e dal «perseguimento della soddisfazione personale, attraverso la realizzazione personale e anche il guadagno», che avrebbe indirizzato il paese verso «una società di individui»[8]. In parte ciò fu senz'altro vero, come è vero che gli italiani conobbero allora per la prima volta, a livello di massa, i cosiddetti consumi opulenti (ma il vistoso aumento dei consumi successivo al 1985 fu in larga parte determinato dagli acquisti di immobili); che almeno parte della grande industria si diede obiettivi ambiziosi; e che i piccoli e medi imprenditori fecero miracoli (basti pensare al successo dello stile, e non solo della moda, italiano nel mondo, o a quello che stava riuscendo a fare il Nord-Est). Questi imprenditori, nutriti dalla bassa pressione fiscale, dai grandi margini di evasione fiscale e contributiva e soprattutto dalla svalutazione competitiva resa possibile dall'aggancio della lira a un dollaro che aveva perso valore rispetto alle monete europee, costituivano ormai un blocco numeroso e vitale, la cui consistenza emerse con chiarezza nel censimento del 1981, stupendo molti osservatori.

Grazie alle sue TV, riunite dal 1980 in *Canale 5*, ampliate a metà del decennio con l'acquisto di *Italia 1* e *Rete 4* e capaci di trasmettere a livello nazionale, e quindi diventate canali fondamentali delle loro strategie di vendita e dunque di crescita, Berlusconi ne era diventato, come sappiamo, un leader naturale. Egli era però contemporaneamente spinto dal bisogno dell'appoggio del potere politico per conquistare e mantenere un nuovo monopolio televisivo ad avvicinare governo e leader di partito e a stabilire con loro rapporti collusivi. La nuova televisione commerciale non stava quindi producendo solo quegli effetti di costume, legati al tipo, al livello e all'impatto di programmi comunque in linea con i gusti e la cultura dei nuovi ceti promossi dal miracolo, su cui si è spesso concentrata l'attenzione degli osservatori. Essa stava anche creando da un lato un nuovo nucleo di potere economico-politico, impersonato dai contatti di Berlusconi con i partiti, e dall'altro un nuovo blocco economico, fondato sul sostegno reciproco tra canali di Berlusconi e imprenditori, che includeva una parte importante del miracolo e dei suoi protagonisti.

La televisione commerciale riusciva così a influenzare anche il costume e i comportamenti del mondo politico e di quello imprenditoriale. È probabile che il sesso fosse da tempo parte integrante della vita di quest'ultimo anche in Italia – negli Stati Uniti era da decenni abitudine favorire e festeggiare la firma di contratti importanti con servizi di *escort* –, ma certo l'affievolimento della cultura democristiana e di quella comunista, e quindi della necessità di conformarvisi almeno nelle apparenze, e il contatto improvviso con il mondo delle televisioni e dello spettacolo, ne favorirono il radicamento e l'estensione. Questo mentre i crescenti contatti tra politica e spettacolo aprivano al sesso anche le porte di un mondo fino ad allora tutto sommato puritano: la famosa telefonata del 31 dicembre 1986 di Berlusconi a Dell'Utri, dove si lamenta un'assenza di ragazze del *Drive in* che avrebbe fatto arrabbiare Craxi e reso impossibile festeggiare l'anno nuovo «scopando», è lì a ricordarcelo, ma non bisogna dimenticare che era tutto il paese, stanco di repressione e perbenismo, a desiderare nuovi comportamenti sessuali. L'Italia, a lungo uno dei paesi sessualmente più repressi d'Europa, aveva cominciato già prima del 1968 la corsa che ne avrebbe fatto in pochi decenni uno dei paesi statisticamente all'avanguardia nel campo «di una visione più fluida, disinibita e individualistica del sesso, svincolato dalla riproduzione e centrato su emozione, affetto e ricerca del piacere», una visione che è facile ritrovare già nella grande trasformazione avvenuta nella programmazione della televisione pubblica alla fine degli anni Settanta, e specialmente in quella del secondo canale «progressista»[9].

Grazie alla crisi, anche intellettuale, dei partiti, dei loro discorsi e delle loro strutture, nonché all'obsolescenza delle precedenti forme di propaganda moderna (quelle inventate dai partiti e poi dagli Stati di massa), ma anche grazie alla minore rilevanza, almeno ideologica, delle divisioni di classe e all'esaurirsi del dualismo popolo-élite, la televisione – e non solo quella privata – poteva inoltre ora occupare nuovi spazi, diventando lo strumento di quella che è stata chiamata *audience democracy*. Gli appelli diretti dei leader politici al popolo, il *politicians' populism*, sostituiscono in essa il dibattito politico tradizionale, instaurando un circolo vizioso in cui «i media legittimano il leader facendolo vedere e parlare in continuazione. Il leader adotta i tempi e il linguaggio dei media, le domande determinano livello e contenuto delle risposte [e] in qualche modo il leader diventa un funzionario dei media»[10].

Anche da questi punti di vista, Berlusconi era quindi, a suo modo, un leader naturale dei mutamenti in atto anche a livello popolare e stava proprio allora rafforzando questa sua posizione con la presidenza del Milan, assunta nel 1986. Negli anni successivi il conseguimento del titolo di campione d'Italia (1988, 1992, 1993 e 1994), d'Europa (1989 e 1990) e del mondo (1989 e 1990) gli costruì intorno una leggenda di invincibilità e di fortuna, alimentata dalle sue vittorie, dalla sua energia e dal suo stile di vita, nonché dalla sua straordinaria capacità di evolvere, testimoniata appunto dalla sua quarta vita come presidente del più famoso club di calcio del mondo in un paese dove il calcio contava molto.

Fu su questa vitalità, su questa «nuova» Italia che Craxi cercò di fondare il suo tentativo di conquistare uno spazio sempre più vasto e in prospettiva egemone tra DC e PCI[11]. L'uomo aveva qualità di leader, istinto politico, ambizioni personali, capacità di prendere decisioni, nonché di suscitare fedeltà personale in un seguito ristretto di dirigenti e ammirazione in un pubblico più largo. In altre parole aveva un suo carisma, certo più limitato di quello di Berlinguer, ma più vasto di quello di tanti altri leader del 1968, che ne facilitò l'ascesa. Anche se capace di comprendere l'importanza dell'egemonia culturale e della battaglia per conquistarla, era però intellettualmente confuso e soprattutto incapace di elaborazione intellettuale autonoma e di superare la sua formazione socialista, legata tra l'altro a un socialismo di stampo vagamente risorgimentale e analiticamente debole, più vicino alla vecchia Italia che non alla nuova di cui voleva prendere la direzione.

Sia lui che il suo partito potevano quindi sentire simpatia per l'imprenditore non assistito del Nord e intuire la possibilità di stabilire con esso un'alleanza capace di destabilizzare a loro favore il quadro politico, ma a causa delle loro radicate convinzioni socialiste continuavano ad aderire in maniera quasi irriflessa ai valori di uno statalismo per cui la concorrenza era un male da combattere in nome di una superiore razionalità. E se il suo desiderio, anche personale, di affermazione lo portava a sostenere le tendenze presidenzialiste e antiproporzionaliste, che già trovavano in Miglio un analista di raffinata sofisticazione intellettuale e in Pertini – e poi in Cossiga – due interpreti di diverso spessore, la sua storia di militante di partito e, ancora, la sua fede socialista gli impedivano di trarne le conseguenze «antipartitiche» (e antipolitiche) che il paese avrebbe presto domandato. Lo stesso si poteva dire della sua politica estera in cui al coraggioso schierarsi a favore degli euromissili corrisposero il sostegno ideologico e materiale a gruppi, anche combattenti, dei movimenti di liberazione nazionale, e in primo luogo a quelli palestinesi, e soprattutto l'ambizioso tentativo di varare una politica di «media potenza», che si basava su una presentazione dell'Italia come «grande paese»[12]. Essa era fondata sullo sviluppo economico e industriale degli anni precedenti, ed era affidata – oltre che a una maggiore partecipazione dell'Italia alle missioni internazionali – anche a operazioni di facciata come i mondiali di calcio o la rivalutazione del PIL, che ci permise di vantare il sorpasso sul Regno Unito. Ma la fragilità delle sue basi sarebbe stata presto messa in luce dall'esplosione del debito (che alimentava buona parte della crescita di cui ci si amava vantare) e dalla fine della guerra fredda.

Questa ambiguità intellettuale si rispecchiò – anche creativamente – nel discorso sui meriti e i bisogni tenuto nel 1982 al congresso di Rimini da un Martelli alla ricerca di una nuova sintesi liberalsocialista. Due anni dopo Craxi raggiungeva l'acme del suo riformismo con l'intervento sulla scala mobile: seguendo le intuizioni di Ezio Tarantelli, che da tempo spiegava come l'accordo del 1974 costituisse per il paese e la sua industria un peso insostenibile, nel febbraio 1984 egli tagliò quattro punti di contingenza senza il preventivo accordo del PCI e della CGIL e contro il loro parere. Come ha ricordato Carniti, nei successivi incontri con Berlinguer fu questa rottura della pratica consociativa, che il leader comunista «considerava una sorta di violazione della costituzione materiale», ben più del contenuto del provvedimento, a costituire il principale punto di uno scontro poi combattuto dal PCI, che promosse un referendum contro la legge, con slogan contro l'affamamento della classe operaia in un paese dove i redditi reali erano come sappiamo ancora in veloce crescita[13].

Queste posizioni, che avrebbero contribuito al rinnovamento del bipolarismo politico italiano, riflettevano la contraddittoria evoluzione di un partito il cui leader, di fronte alla crisi polacca, era arrivato a riconoscere nel 1981, con un eufemismo, che la rivoluzione del 1917 aveva «esaurito la sua spinta propulsiva», convincendo Scalfari e la sua «Repubblica» che si era aperto un nuovo spazio a sinistra, e che il vecchio sogno della sinistra azionista e radicale di «educare» e influenzare il PCI, conquistando al contempo centinaia di migliaia di nuovi lettori, fosse a portata di mano. Il progetto di Scalfari, che chiamò nel suo giornale collaboratori capaci di parlare all'elettorato «colto» comunista, in parte riuscì. Tuttavia, invece di affrontare il naufragio morale e intellettuale del progetto comunista nel XX secolo, Berlinguer preferì rifugiarsi ancor più in un moralismo che avrebbe a lungo segnato il partito da lui diretto, la sua reazione alla crisi del marxismo e i suoi nuovi tentativi di elaborazione politica, e fatto presa anche sul mondo che ruotava intorno a «la Repubblica». Esso si fondava su una lettura della crisi in atto che non coglieva i suoi elementi essenziali – il suo legame con il benessere raggiunto, le aspettative popolari e le scelte da esse determinate, in cui peraltro il PCI aveva gran parte, l'andamento demografico, lo sviluppo dei continenti extraeuropei ecc. – ma continuava a presentarla come crisi di un «capitalismo» – quel capitalismo che fuori d'Europa stava avviandosi verso il suo più grande periodo di sviluppo – al quale però non si sapeva più cosa sostituire[14].

Proprio questo moralismo, che trovava eco nei sentimenti della parte che si riteneva più civile della popolazione, e che si nutriva anche della reazione allo stile e ai comportamenti di Craxi e di un pezzo del mondo che lo circondava, in cui in controluce cominciava ad apparire anche Berlusconi, era sì capace di alimentare ulteriormente il culto di Berlinguer, ma ostacolava l'adozione di politiche razionali e portava appunto a combattere con slogan sbagliati battaglie fuori della realtà come quella sulla scala mobile.

Malgrado l'alta affluenza alle urne (nel giugno 1985 votò quasi l'80% dell'elettorato), Craxi riuscì così vincitore dello scontro, anche sull'onda dell'emozione per l'assassinio di Tarantelli, che le *Brigate Rosse per la costruzione del Partito comunista combattente* uccisero a marzo perché «colpevole» del provvedimento e sostenitore della riforma del mercato del lavoro (con questo omicidio, seguito negli anni successivi da quello di altri economisti del lavoro riformisti, i resti della lotta armata continuarono a esercitare una certa influenza politica sulle vicende del paese, ostacolando provvedimenti necessari e contribuendo così ad aggravarne la crisi).

Con la vittoria sul PCI e l'immediatamente successiva sfida

«nazionale» (ma sarebbe forse più opportuno dire nazionalista) di Sigonella agli Stati Uniti (ottobre 1985), legata alle posizioni filopalestinesi e impregnata di uno sgradevole sapore populista che lasciava intravedere i sentimenti che agitavano la pancia del paese, la popolarità di Craxi raggiunse il suo culmine. Ma proprio allora la sua spinta riformistica si arenò, anche per la necessità di raccogliere consenso in un sistema in cui quest'ultimo dipendeva dalla redistribuzione delle risorse e in un periodo in cui le «riforme» avrebbero dovuto cominciare a togliere piuttosto che continuare a dare. Come alcuni dei suoi collaboratori più stretti hanno in seguito ammesso, si sarebbero per esempio dovute allora fare «profonde riforme strutturali riguardanti il rapporto di pubblico impiego o il sistema pensionistico nel loro insieme». Ma quando Amato e De Michelis si recarono da Craxi per parlare delle preoccupanti proiezioni demografiche del paese, ricevettero una risposta infastidita. Essa si poteva spiegare con la non facile battaglia sul referendum e soprattutto con l'appena ricordata necessità di consenso. Ma era anche frutto di una politica fondata – all'interno come all'estero – più sull'intuizione, la forza e il richiamo alle tradizioni (per combattere Marx Craxi aveva persino tentato di resuscitare un pensatore ambiguo e di scarso valore come Proudhon), che sull'intelligenza, la conoscenza del mondo e la cultura. Salvati ha così potuto sostenere che gli anni Ottanta furono anche «un periodo di occasioni mancate e di decisioni non prese, le cui conseguenze venivano addossate sulle spalle delle generazioni successive», che si stavano per di più assottigliando[15].

Ciò non toglie che, anche grazie all'alleanza con la maggioranza democristiana, Craxi – che fu primo ministro dal 1983 al 1987 – riuscisse a stabilizzare il paese dopo gli sbandamenti degli anni Settanta, una stabilizzazione permessa anche dalla vittoria nella lotta contro il terrorismo prima e Cosa nostra poi. Questa lotta, le sue vittorie e alcuni dei metodi che la resero possibile aiutano a comprendere la costruzione, in quel decennio, dello straordinario potere e del prestigio conseguiti in Italia dalla magistratura.

Questo potere e questo prestigio, che avrebbero giocato un ruolo chiave nella crisi della prima Repubblica e negli anni ad essa successivi, erano già stati alimentati negli anni Settanta dalla riconduzione – fatta in nome della Costituzione – alla sfera dei diritti di sempre più vasti ambiti della vita sociale, economica e individuale. La regolazione per legge, come si conveniva all'esercizio o alla violazione di diritti, di aree sempre più vaste dell'esistenza poneva infatti queste ultime sotto la giurisdizione della magistratura, allargandone la sfera di influenza, in un processo coadiuvato dalla obbligatorietà dell'azione penale, che rendeva i magistrati gli unici titolari della scelta di cosa di fatto perseguire visto che era in pratica impossibile perseguire tutto, e dalla unicità dei ruoli di pubblica accusa e magistratura giudicante.

Ma furono la difficile vittoria contro il terrorismo e la lotta contro la criminalità organizzata, l'impegno e la passione civile, nonché i sacrifici – anche in termini di vite umane – che essi richiesero, a far acquistare alla magistratura un prestigio crescente e il sostegno e la gratitudine di vasti settori dell'opinione pubblica, specie nei ceti colti e amanti della legalità. Essa le diede tuttavia anche un senso esaltato della propria potenza e dei propri compiti e una sicurezza nuova nei rapporti con la classe politica, tanto più che quest'ultima aveva fornito senza troppo discutere gli strumenti necessari al successo e aveva coperto il ricorso a metodi e strumenti ai margini della legalità (anche se non della norma in situazioni eccezionali), quando non extralegali, di fatto ammettendo una sorta di sua subordinazione all'iniziativa di inquirenti e polizie.

Accanto alle inchieste coraggiose e ai sacrifici vi fu infatti il ricorso a forme di pressione fisica e psicologica su alcune migliaia di arrestati e detenuti, che nel caso dei primi sembra siano talvolta arrivate, malgrado le smentite, a toccare la tortura. A parlarne sono stati gli stessi funzionari che ne furono i protagonisti. Essi hanno per esempio accennato all'uso del *water boarding* (allora chiamato «algerina» perché usato dai francesi in Algeria) da parte di un gruppo speciale che – probabilmente ispirandosi a uno «spaghetti western» di successo – si era ribattezzato «I cinque dell'Ave Maria»[16]. Le applicazioni controllate furono in tutto poche decine, e di esse si discusse alla Camera per tre volte dal marzo al luglio 1982, quando Rognoni negò ripetutamente la cosa, ma ve ne furono anche di selvagge, come ammise Scalfaro, all'epoca ministro dell'Interno[17].

Si trattava in questo caso di eccessi della polizia, a volte legati all'altissima tensione di quei giorni. I pestaggi, iniziati nelle carceri nei primi anni Ottanta, sollevano tuttavia problemi diversi. I 360 terroristi che nel 1986 avevano scelto di collaborare e i circa 380 dissociati dalla lotta armata – certo spinti anche dai benefici e in qualche caso dal pentimento – dimostrano che si trattò piuttosto di una strategia del bastone e della carota che – al contrario del *water boarding* – assunse dimensioni consistenti.

Sconfitta la lotta armata, grazie anche a questi metodi, si ricorse a essi anche contro Cosa nostra, indebolita dalla crescente concorrenza di colombiani, messicani e cinesi e messa in crisi, alla fine del decennio, dalla pressione combinata dei magistrati italiani e statunitensi (il *pool* di Caponnetto cominciò a lavorare a Palermo nel 1983 e Falcone conseguì la sua prima grande vittoria al maxiprocesso del 1987, proprio mentre Rudolph Giuliani attaccava le famiglie americane). Essa manteneva però ancora gran parte della forza accumulata negli anni precedenti.

Se pochissimi magistrati seppero del *water boarding* e pochi dei pestaggi degli arrestati – che in qualche caso cercarono di contrastare con sentenze coraggiose – diverso è il caso dei trattamenti speciali dei detenuti e della possibilità di usare il carcere come strumento di pressione nei confronti di categorie di persone ritenute particolarmente indegne, che divennero pratiche abbastanza diffuse negli anni Ottanta.

Probabilmente, ma non solo, a seguito dei compiti eccezionali che le erano stati affidati, in quegli stessi anni almeno parte della magistratura stava cambiando mentalità e orientamento politico. Nel decennio precedente la sua corrente di sinistra, Magistratura democratica, aveva intrattenuto ottime relazioni con il PSI, un partito con cui ora i rapporti si complicarono a causa del passaggio da una concezione garantista a una militante del ruolo dei giudici, nonché delle posizioni e dei comportamenti del nuovo gruppo dirigente del partito, che sembrava incarnare l'arroganza di un ceto politico che si riteneva al di sopra della legge.

La militanza contro il terrorismo e Cosa nostra, e i compiti e gli strumenti eccezionali che essa richiedeva, così come il presidio della frontiera dell'allargamento dei diritti sociali, spingevano invece una parte del gruppo più combattivo della magistratura, specie inquirente, verso il PCI. Quest'ultimo si presentava infatti come il principale difensore dello Stato e il più conseguente sostenitore dei nuovi poteri speciali da usare per colpire, senza compromessi, sia il terrorismo che i presunti «livelli alti» del crimine organizzato, e per esso simpatizzavano alcuni dei magistrati più coraggiosi ed esposti.

2. Verso la crisi

La nuova realtà che si andava profilando – i mutamenti demografici italiani, il boom delle «tigri asiatiche» e ciò che esso lasciava intravedere, il calo dell'inflazione e l'aumento dei tassi di interesse, gli effetti sul bilancio della nuova legislazione ecc. – avrebbe richiesto un mutamento deciso delle politiche seguite fino ad allora. Come sappiamo, ciò non fu fatto e anzi si lasciò che il deficit primario superasse nella prima metà del decennio il 5% all'anno, cui si sommava il crescente peso degli interessi sul debito. Quest'ultimo quindi esplose aumentando a ritmi del 15-20% all'anno, come «se avessimo vissuto improvvisamente tutti noi, sessanta milioni di italiani, da satrapi»[18].

Nessuno aveva naturalmente vissuto da satrapo, anzi. Più semplicemente si era continuato ad assicurare a milioni di persone quello che sembrava – e per certi versi era – un minimo di equità sociale e redistributiva, *inferiore* alle aspettative diffuse nel paese, senza farne pagare il prezzo e comunque andando oltre il possibile. Tra l'altro, se nei primi anni Ottanta ciò fu fatto con larghezza – tra il 1979 e il 1982 la percentuale della spesa pubblica sul PIL crebbe come mai in passato, balzando dal 43,3 al 50,1%, mentre le entrate aumentavano «solo» dal 33,1 al 38,4% del PIL – nei quattro anni successivi (1983-1987) la quota della spesa pubblica crebbe solo di altri 2,5 punti, mentre le entrate raggiungevano il 41,3% del PIL e il disavanzo primario si riduceva al 2,9%, un calo però più che compensato dall'aumento dei tassi di interesse sul debito esistente. Già dal 1983, insomma, molti furono erroneamente ma comprensibilmente spinti a giudicare quella che era una politica generosissima verso il presente a spese del futuro come un insufficiente aumento di benefici sociali la cui crescita spettacolare degli anni precedenti era ritenuta la norma.

Che di questo si fosse trattato – vale a dire di politiche di redistribuzione di massa, sia pure distorta a favore di questo o quel gruppo sociale o di questa o quella provincia e regione a seconda del gioco degli interessi e dei rapporti di forza politici – lo dimostrano tutti i dati in nostro possesso. I capitoli della spesa pubblica cresciuti di più tra il 1960 e il 1990 sono quelli relativi alle prestazioni sociali (+8,9 punti di un PIL a sua volta in crescita) e al costo del debito (+8,1 punti), seguiti da quelli relativi ai salari dei dipendenti pubblici (+4,3 punti: dal 1962 al 1992 i dipendenti pubblici sul totale degli occupati raddoppiarono, passando dal 7 al 14% e crescendo in cifra assoluta da 1,6 a 3,6 milioni). Mentre le spese per la difesa aumentavano meno del PIL, la crescita più veloce fu registrata da pensioni e sussidi di disoccupazione (+7,1 punti), seguiti dalla sanità (+2,8 punti), dai servizi generali (+2,4) e dall'istruzione (+2,2). È stato inoltre calcolato che i cambiamenti nella struttura della popolazione avessero a loro volta comportato un aumento della spesa pubblica, a parità degli altri fattori, di circa 1,5 punti di PIL[19].

Lo sviluppo della democrazia era stato insomma accompagnato da quello delle spese per strati sempre più vasti della popolazione, ma ricorrendo in modo crescente all'indebitamento: questa, più di qualunque altra e certo più di complotti, mafie, malavita, doppi Stati ecc., è l'essenza della storia del nostro paese in quei decenni.

Per evitare la crisi si sarebbe quindi non solo dovuto ridurre la crescita di quelle spese e aumentare le entrate, come si cominciò a fare più sistematicamente nella seconda metà del decennio, ma anche ridurre le prime in termini assoluti. Questo non fu mai fatto. I motivi sono molti: specie nel boom della spesa pubblica di inizio decennio, oltre all'effetto di trascinamento della legislazione precedente, contò di sicuro la volontà di garantire consenso alla nuova ipotesi politica nata dal «Preambolo», che si sommò alla più tradizionale ricerca di voti in cambio di spesa. Contarono inoltre le ambizioni del PSI, che aveva disperato bisogno di aumentare i suoi voti e quindi il suo radicamento locale, nonché le pressioni di interessi organizzati favorevoli a questo o a quel provvedimento e ostili all'aumento delle imposte. Infine, finché indebitarsi fu possibile (e la liberalizzazione del mercato mondiale del credito facilitò le cose), la strada che portava a conquistare l'appoggio di chi andava alle urne scaricandone i costi sulle generazioni future, che non votavano, rimase di gran lunga la più comoda.

Questa strada fu però imboccata anche con convinzione, una convinzione nutrita da un'ideologia – il già ricordato keynesismo «generico» o «volgare» – che offuscava la realtà ed era tanto più attraente perché autorizzava a fare quello che sembrava sia giusto sia conveniente fare. Era un'ideologia a sua volta legata all'illusione che la crescita fosse la regola, che essa non sarebbe mai venuta meno e avrebbe sanato *a posteriori* decisioni magari anche rischiose, permettendo quindi di evitare scelte impopolari, nonché alla naturale propensione – socialista tra i socialisti, cristiana tra i democristiani – a soddisfare le giustificate esigenze degli strati popolari oltre a quelle delle élite vicine alla politica e a essa necessarie.

È anche per questo che la lotta, seria, all'inflazione, e quindi una politica monetaria abbastanza restrittiva, fu affiancata da una politica di bilancio espansiva, come se le due cose potessero essere compatibili sul lungo periodo. La priorità fu così data a obiettivi a un tempo di «stabilizzazione» e di «crescita», un ossimoro – se la crescita viene promossa attraverso maggiore spesa e non tramite riforme difficili e dagli incerti risultati – che continua a godere di successo. L'idea era quella di fermare l'inflazione «non adottando ricette fortemente restrittive e sostanzialmente inique» ma attraverso la concertazione tra le parti sociali e «salvaguardando la crescita produttiva e il potere d'acquisto delle retribuzioni complessive», come aveva sostenuto Tarantelli che malgrado questo era stato ucciso perché nemico dell'«autonomia operaia». In altri termini le «esigenze dello sviluppo produttivo» non dovevano essere sacrificate, un obiettivo su cui concordavano del resto allora i principali paesi europei, tutti impegnati a perseguire contemporaneamente una crescita non inflazionistica, l'equità distributiva, la stabilità finanziaria e il risanamento dei conti pubblici, con risultati naturalmente contraddittori[20].

Alla fine del decennio, Giavazzi e Spaventa avrebbero sostenuto che era stato tutto sommato un bene che le politiche di limitazione del disavanzo, più volte annunciate, non avessero funzionato perché se lo avessero fatto crescita e occupazione ne avrebbero sofferto. Ma, come essi stessi concludevano, si era così «solo differito il conto da pagare, che si manifesta oggi nella forma di un andamento insostenibile del debito pubblico». Questa semplice e quasi lapalissiana verità era però per anni sfuggita a molti dei politici e degli economisti al governo, tra i quali non mancavano uomini e studiosi seri, accecati tuttavia da una combinazione di abitudini, senso comune e buone intenzioni nutrita da trent'anni di crescente prosperità[21].

Le conseguenze della scelta di perseguire una politica di bilancio espansiva furono aggravate da due fattori che non dipendevano direttamente da essa. Il primo fu il modo in cui i soldi furono spesi e il tipo di crescita da essi innescato. Certo, almeno una parte andò ad alimentare la vitalità economica del paese, quella piccola ripresa del «miracolo» che segnò il decennio. Tuttavia, anche senza richiamare episodi certo significativi, ma tutto sommato atipici, come quello della ricostruzione dopo il terremoto del 1980, che in larghe zone del napoletano contribuì alla degenerazione del tessuto sociale e morale e al rafforzamento della criminalità organizzata, sembra possibile sostenere che buona parte della spesa pubblica della prima metà del decennio – anche perché legata a riforme che garantivano diritti e volta a sostenere l'occupazione – andasse ad alimentare i settori non competitivi dell'economia italiana, orientati alla soddisfazione della domanda interna, o la crescita del pubblico impiego al centro e in periferia.

Il secondo fattore fu l'incomprensione, da parte delle classi dirigenti (e non solo di quelle italiane), delle conseguenze della liberalizzazione dei mercati dei capitali, che negli anni Ottanta progredì velocemente, anticipando la globalizzazione del decennio successivo. Essa riduceva infatti gli spazi delle politiche economiche nazionali, indebolendo gli Stati nazionali proprio mentre in apparenza ne ampliava i margini di manovra. Nella seconda metà del decennio la possibilità di attingere al mercato internazionale dei capitali, vendendo all'estero un debito che fino ad allora si era potuto imporre alle proprie banche e ai propri cittadini, rafforzò infatti sul breve periodo la capacità dello Stato di indebitarsi e quindi di perseguire una generosa politica di bilancio. Ma della stessa possibilità cominciavano a godere anche i privati, costringendo lo Stato a offrire loro tassi di interesse concorrenziali, e quindi più alti, se voleva conquistarne i risparmi, fino ad allora alla sua mercé.

L'adesione nel 1979 al Sistema monetario europeo (SME), e quindi il ribaltamento del precedente orientamento sul dollaro e sugli Stati Uniti, che aveva permesso ricorrenti svalutazioni e sostenuto le esportazioni, a favore di un orientamento sulla Germania e sul marco, complicarono ulteriormente la situazione. Malgrado i più alti margini di oscillazione che le furono consentiti, la lira si apprezzò e le esportazioni italiane ne soffrirono (nel 1986 il livello dell'*export* era appena superiore a quello del 1974), rivelando un meccanismo che avrebbe operato a più riprese nelle crisi valutarie successive, quella culminata nel 1992 e quella che viviamo oggi. In altre parole, una politica di bilancio in deficit era incompatibile con la stabilità della moneta, ma in questa contraddizione le nostre autorità monetarie, che la comprendevano perfettamente, scorsero un'opportunità per «costringere» lo Stato e la società a essere virtuosi, tenendo appunto duro sul cambio, con una valutazione forse irrealistica della potenza dello strumento rispetto ai fini che ci si proponeva di raggiungere.

La combinazione di questi elementi rese possibile sul breve periodo sostenere una profonda ristrutturazione della grande e media industria privata. Anche grazie alla sconfitta dei sindacati alla FIAT nel 1980, essa poté ridurre i suoi occupati e guadagnare in produttività, cosa del resto indispensabile alla sua sopravvivenza vista la scelta operata con lo SME, che rendeva impossibile scaricare sull'intera società, attraverso la svalutazione, i costi aggiuntivi sostenuti per mantenere livelli occupazionali e di produttività incompatibili con quelli dei paesi concorrenti. In particolare, il brusco calo degli addetti delle grandi fabbriche guidò la diminuzione della presenza operaia nel paese, che cominciò anche per questo a cambiare volto: nella prima metà del decennio, mentre la produttività delle imprese aumentava di circa il 25%, gli operai diminuivano di circa un milione, trasformando l'Italia in un paese postindustriale, in cui circa il 60% degli occupati totali lavorava in servizi di diversa modernità.

La grande industria meridionale, sostenuta dalle dotazioni statali (diverso fu quindi il caso delle piccole e medie imprese), soffrì in modo particolare a causa dell'esaurimento dell'impegno a favore dell'industrializzazione della Cassa del Mezzogiorno, passata a sostenere i redditi più che gli investimenti. Si trattava di un passaggio indicativo di un fenomeno più generale: i costi sociali della ristrutturazione industriale furono infatti assorbiti in tutto il paese grazie al rigonfiamento degli organici del pubblico impiego (statale, degli enti locali, del parastato), a varie forme di pensioni e alla nuova occupazione sostenuta dalla spesa pubblica, che nutriva molti dei nuovi servizi, oltre che dalla piccola impresa, accelerando la già ricordata trasformazione culturale e psicologica di un sindacato che cominciava ad avere nel pubblico impiego e tra i pensionati le sue nuove roccheforti.

Il guadagno di produttività di ampi settori dell'industria privata, costretti a fare i conti con il mondo, veniva così compensato dalla crescita di aree che grazie allo Stato e alla loro posizione ne erano al riparo, producendo una divaricazione, e un dualismo anche culturale, che richiamava quello auspicato pochi anni prima da Riccardo Lombardi (cap. III, nota 31), ma non produceva gli effetti benefici da lui immaginati.

Grazie alla vitalità delle sue imprese, l'Italia riuscì comunque ad agganciarsi alla ripresa mondiale cominciata nel 1983, conoscendo – certo, anche grazie alle politiche di *deficit spending* – tassi di crescita che oggi ci appaiono notevolissimi e che contribuirono all'effervescenza della prima parte del decennio. Ma alle difficoltà, evidenti, di buona parte dell'industria pubblica, che contribuiva a quelle politiche con il suo continuo bisogno di dotazioni, si cominciarono ad aggiungere quelle, certo minori, delle sue piccole e medie imprese, fino ad allora favorite da una debole pressione fiscale, che il crescente indebitamento spingeva ora verso l'alto, e dalla continua svalutazione della lira, cui aveva posto fine l'adesione allo SME. Queste imprese si scontravano inoltre con i limiti posti alla loro crescita dalle leggi degli anni precedenti: pur con tutte le sue buone intenzioni, penalizzando le imprese che oltrepassavano la soglia dei 15 dipendenti, lo Statuto dei lavoratori si era trasformato in un ostacolo che molti ritenevano di non dover saltare per non mettere in pericolo la propria esistenza.

In ogni caso, la loro energia non poteva compensare i fallimenti della grande impresa privata che, come ha sottolineato Berta, tentò verso la metà degli anni Ottanta un suo assalto al mondo da cui fu costretta a ripiegare dopo una serie di brucianti sconfitte. Alla vigilia di questo assalto, la grande imprenditoria italiana dava un'immagine di forza: FIAT e Volkswagen avevano pressappoco le stesse dimensioni, la Montedison era uno dei giganti della chimica mondiale e nel 1984 l'Olivetti – anche grazie a un accordo con le poste – controllava il 13% del mercato mondiale dei computer, un settore da cui l'Italia è in seguito scomparsa. Cinque anni dopo il quadro era completamente mutato. Dopo aver tentato, e fallito, un accordo prima con la Ford e poi con la Chrysler, le dimensioni e le ambizioni della FIAT si erano sostanzialmente ridotte; lo stesso era accaduto all'Olivetti, che non era riuscita a concludere un accordo con l'ATT; De Benedetti, dopo aver vinto la battaglia per ristrutturare l'Olivetti da industria elettromeccanica a industria elettronica, perse la guerra per la Société génerale; anche il tentativo della Pirelli di prendere il controllo della Continental, trasformandosi in una delle maggiori multinazionali del settore, fallì, spingendo la Pirelli stessa fuori dal grande giro; e la Montedison stava per precipitare in una crisi in buona parte determinata dai limiti culturali e morali del suo gruppo dirigente, limiti che affondavano le loro radici nel modo in cui si era artificialmente, e con il sostegno della politica, cercato di far nascere una grande industria chimica sulle ceneri della nazionalizzazione di quella elettrica. Questa serie di sconfitte, che spesso si tradussero in un ripiegamento all'interno dei confini nazionali, avvicinò ancor più la grande industria al mondo della politica, il cui sostegno era una condizione indispensabile alla difesa del controllo sul mercato nazionale[22]. La natura collusiva del grande capitalismo italiano ne risultò rafforzata, favorendo quel salto di qualità nel sistema delle tangenti verso cui stava spingendo anche la politica.

La transizione del paese verso un'economia dei servizi fu accompagnata da un aumento del lavoro femminile, che cominciava così a riprendere quota dopo la crisi di quello rurale, che era stato tuttavia organico alla compattezza del nucleo familiare. Crebbero così anche le famiglie con due redditi. Nell'immediato, la conseguenza più vistosa fu l'aumento del benessere di chi riuscì a goderne, ma è probabile che si innescassero allora fenomeni destinati a dispiegarsi solo in seguito, che avrebbero fatto – in modo diverso rispetto al passato – della stabilità del nucleo familiare e dei redditi da essa assicurati uno dei principali criteri di differenziazione sociale.

L'invecchiamento della società, il prolungamento della «gioventù», l'allungamento dell'attesa di vita e il miglioramento della salute delle generazioni già inserite in posizioni, anche solo relative, di potere e privilegio stavano intanto unendosi alla crisi della scuola e dell'università nel determinare lo sconvolgimento del tradizionale sentiero per diventare adulti. Se ancora negli anni Sessanta era stato normale per un neolaureato o un diplomato trovare immediatamente un lavoro a tempo indeterminato, magari in conseguenza di riforme come quella della scuola media o comunque della crescita dell'impiego pubblico o della grande industria, la realtà era ora bruscamente mutata, anche in virtù della segmentazione del mercato del lavoro e delle ultime assunzioni di massa di fine anni Settanta. Già nel 1987 la percentuale dei trentenni che vivevano con i genitori era in Italia la più alta in Europa. Come ha notato Loredana Sciolla, i giovani (un concetto che abbracciava classi di età sempre più ampie anche in virtù di questa nuova situazione) diventavano così più autonomi culturalmente, grazie all'aumento della scolarizzazione, al maggior benessere e alle diverse esperienze che esso rendeva possibili, ma anche più dipendenti socialmente ed economicamente. I crescenti ostacoli sulla strada del raggiungimento di una condizione di piena indipendenza, che tendeva ad arrivare sempre più tardi, li spingevano inoltre a coltivare – e in età che in altre epoche sarebbero state di grande impegno – culture e stili di vita separati, esaltando un'autoemarginazione che era in realtà una condizione alla quale erano stati costretti.

L'allungamento della giovinezza contribuiva inoltre alla crisi della scuola, già innescata dalla sua massificazione. Da un lato, malgrado l'istruzione – inclusa quella universitaria – continuasse ad assicurare a diplomati e laureati stipendi più alti e migliori condizioni di impiego, la scomparsa dei vecchi automatismi ne intaccava il prestigio, riflettendosi in un discorso pubblico che negava anche quei vantaggi che pure continuava a garantire. Dall'altro, cresceva in chi le frequentava l'alienazione rispetto a istituzioni come il liceo classico o certe facoltà universitarie, pensate per permettere un ingresso rapido, e in posizioni dirigenti, nel mondo degli adulti, e che sembravano ora incapaci di mantenere le loro promesse, visto che aprivano semmai la porta a lunghi anni di precarietà.

In Italia questa crisi, comune a buona parte dell'Europa continentale, fu aggravata dagli effetti della massificazione in un paese che non aveva tradizionalmente un settore di eccellenza che non fossero le sue stesse grandi università, fatta eccezione per piccole istituzioni come la Scuola Normale Superiore di Pisa, comunque messa in difficoltà dal rafforzamento dei legami con il territorio di atenei che cominciarono a reclutare *in loco* i loro docenti. Per qualche anno, tuttavia, la crisi fu nascosta da due fattori straordinari: grazie alla massiccia ondata di assunzioni (o meglio di stabilizzazioni dei giovani precari assunti negli anni precedenti per far fronte alla crescita del numero degli studenti) del 1980-1985, le università si popolarono di giovani che sarebbero poi invecchiati insieme ma che sul breve periodo garantirono loro una forte carica di energia (certo anche a spese dei giovani delle generazioni successive che per lunghi anni si trovarono le porte chiuse dalle assunzioni di massa decise nel 1980, le quali si sommarono a quelle che avevano luogo in altre amministrazioni dello Stato a seguito dei provvedimenti per l'occupazione giovanile introdotti con la 285 del 1977). E come testimoniava quella capacità di immettere in ruolo decine di migliaia di nuovi ricercatori e associati, le università ebbero per qualche anno ampie disponibilità finanziarie, che avrebbero toccato un picco nella seconda metà del decennio, grazie all'impegno del ministro socialista Antonio Ruberti, ex rettore della Sapienza. La fine di questa «età dell'oro» dal punto di vista delle risorse e della giovinezza dei suoi protagonisti, anche se non da quello degli studi e della ricerca, avrebbe poi acceso in questi ultimi rimpianti che avrebbero favorito la trasformazione in senso oggettivamente conservatore, o più propriamente «reazionario», di una loro parte non trascurabile, in un processo per certi versi parallelo a quello che aveva luogo nel sindacato.

La crisi della cultura italiana era inoltre aggravata da un fenomeno ancora poco evidente, ma già in deciso svolgimento. Un dualismo per certi versi simile a quello di cui abbiamo parlato nel caso dell'industria, anche perché legato esso pure alla diversa partecipazione ai processi di internazionalizzazione, stava infatti scavando tra le discipline scientifiche (inclusa parte di quelle economiche e psicologiche) e quelle umanistiche un solco diverso da quello che aveva tradizionalmente diviso le «due culture», peraltro avvicinate nelle loro punte migliori dal comune impegno nella ricerca pura. Le prime, infatti, si andavano sempre più legando al mondo scientifico internazionale, alle sue riviste, alle sue istituzioni e alla sua lingua, l'inglese (è per esempio degli anni Settanta la decisione del CNR di accettare solo pubblicazioni in inglese a sostegno delle richieste di finanziamento nel campo delle scienze mediche e biologiche).

Pur con le dovute, e talvolta notevoli, eccezioni, le seconde continuavano invece a vivere, al riparo della lingua, nel vecchio mondo dove poche grandi nazioni, e poche grandi lingue (inglese, francese, tedesco e italiano, cui aveva tentato di aggiungersi il russo), godevano di pari o quasi dignità e avevano rapporti paritari anche nel campo della ricerca. Era un mondo già mortalmente ferito dalla prima guerra mondiale, dalle grandi correnti migratorie culturali scatenate dai regimi totalitari, dalle feroci repressioni da essi esercitate, nonché dal trionfo angloamericano nella seconda guerra mondiale. Esso era stato poi ucciso dalla decolonizzazione, da andamenti demografici che schiacciavano il ruolo e il peso dell'Europa e ne rendevano alcune lingue (e specie l'italiano e il tedesco) marginali, e soprattutto dalla decisione dei nuovi, grandissimi paesi, come l'India o la Cina, di adottare l'inglese almeno in campo scientifico. Questi eventi segnalavano l'inizio di una nuova, grande «questione della lingua», che capovolgeva quella precedente, fondata sulla costruzione delle culture e delle scienze nazionali, e ne mettevano in difficoltà interi settori, magari ancora validi dal punto di vista dei contenuti ma costretti all'emarginazione, e in prospettiva a un declino da ristagno e isolamento, dall'affermazione delle nuove tendenze.

La politica intanto soffriva dell'esaurimento della spinta e delle idee del dopoguerra nonché dell'incapacità di leggere e capire la nuova realtà. Il processo era reso al tempo stesso più acuto ed evidente dalla sua trasformazione in una partita a tre (DC, PSI e PCI) i cui attori erano intenti a studiare, prevenire o combattere le mosse dell'avversario piuttosto che a guardare la situazione nel paese e al di là dei suoi confini. De Mita, per esempio, subiva l'influenza di Andreatta ed era quindi sensibile a politiche di contenimento dell'inflazione e del bilancio, ma il suo problema principale era conservare il primato di fronte all'attacco di Craxi, e quindi non poteva né voleva chiudere i rapporti con i comunisti e i sindacati o ridurre davvero la spesa pubblica. Berlinguer poteva, come abbiamo visto, scatenare battaglie contro l'affamamento della classe operaia in un paese dove i redditi continuavano ad aumentare a spese dei suoi futuri abitanti per colpire Craxi, che a sua volta si serviva contemporaneamente di Berlusconi e Proudhon per consolidare il suo potere.

Questo tatticismo inevitabilmente di corte vedute – i partiti, o meglio i loro gruppi dirigenti, andarono allora incontro alla propria fine quasi senza accorgersene – risalta con nettezza di fronte alla grandiosità dei fenomeni che attraversavano il mondo (pensiamo al mutare dei processi demografici e di quelli migratori, all'emergere della Cina o alla crisi terminale dei sistemi sovietici) e alle loro conseguenze per l'Italia, che ponevano grandi sfide intellettuali. L'incapacità di vederli e di affrontarli sembra quindi un fenomeno più importante della coloritura rappresentata dai comportamenti del gruppo craxiano, da quelli di buona parte del gruppo dirigente campano della DC, o dagli accenti moralistici di Berlinguer. La politica, che arrivò allora ad assumere posture apertamente anti-intellettuali, scontava qui anche il crescente distacco con il mondo della cultura, esso pure comunque abbastanza ripiegato sull'esperienza italiana.

L'impreparazione di fronte ai nuovi fenomeni e il legame con le vecchie esperienze avevano talvolta anche conseguenze inattese. In un paese che si sarebbe distinto per la cattiva accoglienza riservata agli immigrati – più sul piano legale e culturale che non su quello dei comportamenti concreti – la prima legge sulla nuova immigrazione, la legge Foschi del 1986, tese a garantire i diritti e la dignità dei nuovi venuti, sotto la spinta sia delle considerazioni della Chiesa sia della memoria, ancora viva in Parlamento, del destino degli emigrati italiani in Belgio o in Germania della cui difesa molti dei politici italiani si erano in passato occupati[23].

I partiti avevano inoltre il problema, acutizzato dall'appena ricordato gioco a tre, di trovare le risorse per assicurarsi la vittoria. Non fu allora inventato nulla di nuovo: il partito fascista aveva già mostrato che un partito-Stato poteva vivere a spese della società esattamente come lo Stato che esso animava; sin dagli anni Cinquanta, Mattei aveva formalizzato il ruolo dell'industria pubblica come cassa dei partiti e delle loro correnti anche nella prima Repubblica, e l'Italia presentava da sempre un livello di corruzione maggiore di quello degli altri grandi paesi europei.

Ma l'accresciuta competizione richiedeva appunto risorse crescenti e fu Craxi, che guidava il tentativo più nuovo e aggressivo, a perfezionare, più che innovare, il sistema del finanziamento ai partiti, attraverso quello che fu poi chiamato «sistema delle tangenti». Gli stessi dirigenti socialisti hanno fatto risalire al 1979 l'origine del salto di qualità in questo campo, e Spini ha correttamente parlato di «doppia leva fiscale dello Stato e dei partiti» aggiungendo come essa fosse allora «da tutti considerata strutturale al modello economico della prima Repubblica». Craxi, che avrebbe poi rivendicato la cosa in un famoso discorso in Parlamento, fu in prima persona «il referente socialista nelle negoziazioni con i responsabili degli altri partiti e con le grandi imprese» (un ruolo riservato in genere ai segretari amministrativi), imboccando quella che riteneva una «via obbligata» per superare l'inferiorità del

PSI[24]. Messo in crisi finanziariamente dalla rottura dei rapporti con Mosca che per decenni ne aveva sorretto apparati e giornali sia direttamente sia attraverso tangenti sull'*import-export* e sui contratti sulle forniture di materie prime, il PCI cercava intanto a sua volta nuove vie e canali di finanziamento.

Nell'industria pubblica, che ne era la culla, le tangenti godevano tradizionalmente del sostegno dei suoi stessi dirigenti, che ne profittavano per arricchirsi personalmente, destinandone alla politica solo una quota. Il loro esempio fu seguito da una parte dei dirigenti di partito che gestivano il sistema e che, anche sotto la spinta della «morte delle ideologie» e dell'indebolimento dei loro punti di riferimento ideali, cominciarono a costruirsi fortune personali. L'aumento delle tangenti fu quindi visto da alcuni come un'opportunità, ma nella grande industria privata – che come sappiamo si trovò nel corso del decennio, per motivi diversi, ad avere più bisogno che in passato dell'aiuto dello Stato – esso fu tollerato di malavoglia e con insofferenza, tranne nei settori in cui era la politica a garantire il successo, come nel campo delle telecomunicazioni o dei diritti televisivi. L'insofferenza era più forte in ampi settori della piccola e media industria, che partecipavano a gare «truccate» e che, pur coinvolti nel sistema, ne avrebbero fatto volentieri a meno.

Questa doppia imposizione – che confermava la natura di proto-Stati, o meglio di proto-partiti-Stato, dei principali partiti italiani – diventò però con il tempo, e l'aumento delle difficoltà economiche e di bilancio, sempre più difficile da sopportare, alimentando la crescita del malumore nei confronti della politica e dei partiti. Essa contribuì così ad aggravarne una crisi di legittimità che aveva le sue radici nel loro tracollo intellettuale ed era acuita dagli appena ricordati limiti posti all'uso della spesa pubblica per mantenere il consenso e risolvere i problemi.

Almeno dalla seconda metà del decennio la coscienza dei problemi posti dal disavanzo di bilancio, e della necessità di risanare i conti pubblici, aveva infatti preso a diffondersi. E se è vero che quel risanamento non vi fu, si cercò comunque di arginare la crescita del debito per esempio puntando – come fece Goria – a un avanzo di bilancio al netto degli interessi. La proposta, che puntava a equilibrare le entrate primarie con le spese primarie, fu all'inizio sottovalutata: dato il peso degli interessi, essa non arginava la crescita dell'indebitamento complessivo e vincolava una politica affamata di risorse, tanto da apparire inutilmente punitiva. Essa però indicava una via su cui lentamente ci si incamminò, mentre anche l'inflazione continuava a ridursi, rimanendo tuttavia più alta che negli altri grandi paesi europei: nel 1988, per esempio, benché fosse scesa al 6,6%, essa continuava a essere il doppio di quella francese e circa quattro volte quella tedesca.

Alle elezioni politiche dell'anno precedente, in cui la Lega lombarda conquistò i suoi primi seggi, la DC aveva retto bene, guadagnando più di un punto percentuale, mentre il PSI ne aveva guadagnati quasi tre, a spese degli altri piccoli partiti di centro e forse del MSI.

L'elettorato di centrosinistra era quindi ancora lì, ma specie il PSI, che pure aveva riportato il successo maggiore, lesse i risultati con delusione. Ben altre erano state le attese dopo il governo Craxi, e i meno di 5 punti percentuali che separavano il risultato del 1979 (9,8%) da quello del 1987 (14,3%) non sembravano rappresentare un adeguato premio per gli sforzi fatti. Particolarmente deludente era stato per i dirigenti socialisti l'atteggiamento della Chiesa. Malgrado il nuovo Concordato, i vescovi italiani avevano tenuto un atteggiamento antisocialista, facendo pagare al partito – in linea con la nuova svolta «antimodernista» – le battaglie degli anni Settanta e l'esaltazione della modernità. La delusione elettorale contribuì a minare la presa di un Craxi già indebolito dalla cattiva salute su un partito in cui si allentarono i vincoli di solidarietà interni e cominciarono a emergere ipotesi di successione al centro e potentati locali. Dai ricordi dei suoi dirigenti emerge unanime il giudizio su un Craxi che dopo il 1987 non riesce a tenere in pugno il partito e ne tollera la disgregazione politica, aggravandola con la sua debolezza e i suoi errori, tra i quali vi fu forse l'alleanza – stretta nel 1988 per puntellare la situazione – con Forlani e Andreotti. Questi ultimi riuscirono l'anno successivo a conquistare la segreteria della DC, e subito dopo il governo, contro una sinistra che manteneva però il controllo di più di un terzo del partito ed era radicalmente ostile al patto tra

Craxi, Andreotti e Forlani (la cui base elettorale anticipava a suo modo quella, di là da venire, di Forza Italia).

Ben più grave, però, sembrava ed era la crisi del PCI, che nel 1987 perse più di tre punti percentuali, tornando, con il 26,6% dei voti, a un risultato inferiore a quello del 1968. La crisi elettorale era stata certo aggravata dalla morte di Berlinguer nel 1984, e quindi dalla fine di una presa carismatica che aveva permesso al partito di mantenere rapporti con vasti strati della popolazione, e ai suoi dirigenti piccoli e grandi di non preoccuparsi della crisi intellettuale dell'ipotesi comunista. D'Alema ha ricordato come proprio quella morte segnasse per lui, e per altri della sua generazione, un passaggio cruciale: ci si accorse allora che una fase, e con essa le speranze a essa legate, era finita, e che la lingua e le parole del partito erano logore, facendo emergere di colpo una crisi che come sappiamo affondava in anni lontani ma che la figura di Berlinguer era stata capace di oscurare[25]. Vennero allora bruscamente alla luce gli effetti perniciosi del moralismo berlingueriano, con il suo rifiuto di una politica fondata sulla ragione e i suoi richiami all'austerità, alla diversità e a un futuro «altro», capaci sì di attrarre voti e simpatie sul breve periodo, ma deleteri sul lungo.

Paradossalmente i limiti intellettuali del berlinguerismo e della sua Terza via, di cui nessuno, inclusi i dirigenti del PCI, era in grado di delineare l'impianto intellettuale, emersero proprio nel momento in cui essa raggiungeva il suo più grande successo internazionale. Nel 1985 con l'elezione di Gorbačëv a segretario generale del PCUS e il lancio delle riforme in URSS sembrò che l'eurocomunismo potesse diventare la bandiera del secondo grande blocco di potenza del mondo. Gli imbarazzati e imbarazzanti incontri tra i due partiti, in cui i sovietici chiedevano quasi affannosamente agli italiani – che avevano avuto il tempo e la libertà di pensarci – di illuminarli su cosa si potesse e dovesse fare per raggiungere quel comunismo democratico, tanto superiore al capitalismo e al mercato e moralmente e intellettualmente tanto migliore della socialdemocrazia, non devono impedire di vedere che allora il PCI toccò l'apice della sua influenza sulla storia mondiale e fu proiettato per qualche tempo al centro di eventi grandiosi[26].

La pochezza intellettuale delle sue elaborazioni, conseguenza della decisione di evitare analisi dolorose ma necessarie preferendo loro orizzonti fumosi, presentò però presto il conto. A Mosca l'irrilevanza delle proposte del PCI rispetto alla crisi sovietica fu in breve tempo evidente, mentre in Italia la presa del nuovo mito gorbačëviano, che sembrava confermare *a posteriori* le scelte compiute dal partito dopo il 1968 e i messaggi e le ipotesi di Berlinguer, rallentò i processi di revisione in corso nel partito. Se, come sembrava provare Gorbačëv, il vero socialismo non era quello socialdemocratico, e la diversità, la possibilità di una società altra, esistevano davvero, perché dialogare con il PSI, come pure chiedeva da tempo una parte del gruppo dirigente? In altre parole la cecità e le illusioni di fronte a quello che stava succedendo in URSS e in Europa orientale bloccarono l'evoluzione del PCI, contribuirono a peggiorarne i rapporti con i socialisti e fecero sì che il partito arrivasse alla resa dei conti del 1989-1991 molto più impreparato di quanto sarebbe stato possibile.

3. Il 1989-1991

Il cambiamento di paradigma preparato dai decenni precedenti precipitò tra il 1989 e il 1991: la riunificazione della Germania e la conclusione della guerra fredda posero fine al periodo aperto dalla seconda guerra mondiale e rimossero l'Europa dal centro del mondo, dove era rimasta sia pure come oggetto di contesa tra le superpotenze, mentre il crollo pacifico dell'Unione Sovietica e quello sanguinoso della Jugoslavia segnavano il tracollo definitivo dell'utopia socialista. Paesi e popolazioni che se ne erano andati distaccandosene a partire dal 1917 rientravano così nel mercato mondiale, un fenomeno simboleggiato dalla nascita, legata all'Uruguay *round* del 1986-1994, della World Trade Organization.

In quello stesso 1991 il processo di ricostruzione di un mondo meno diviso che in passato, presto ribattezzato «globalizzazione», fu accelerato dalla decisione dell'India di abbandonare le politiche della dinastia Nehru-Gandhi, che avevano scoraggiato il commercio con l'estero a favore di un regime segnato dall'autarchia e da uno statalismo socialisteggiante, anche se in maniera meno accentuata che in URSS. Alle tigri asiatiche che avevano aperto la pista e alla Cina di Deng, che aveva ribadito a piazza Tienanmen la sua volontà di combinare la repressione politica con lo sviluppo economico e che continuava a crescere a ritmi impressionanti, si aggiungeva così in prospettiva un altro gigante, alterando per sempre i precedenti equilibri internazionali[27].

Cominciava quindi un'era di difficile crescita e poi di crisi in Occidente, e soprattutto in Europa occidentale. Ma solo un eurocentrismo cieco al grande dislocamento geopolitico ed economico in corso, e a quanto si stava mettendo in moto dal Brasile all'India, avrebbe potuto estendere la categoria di crisi al mondo, o identificare quella in corso con la crisi del «capitalismo». La crescita economica, più che il capitalismo, stava piuttosto cominciando a emigrare dall'Europa – ora invecchiata e indebitata – che le aveva dato i natali, lasciandola a soffrire della sua partenza, e si spostava verso territori dove la doppia rivoluzione demografica e urbana era ancora in pieno svolgimento (diverso è il caso dello sviluppo dei paesi europei ex socialisti, che pure ci fu ma fu ovunque più difficile, tranne che in una Russia finalmente in grado di sfruttare a proprio giovamento le enormi risorse naturali prima dissipate per coltivare le ambizioni di potenza sovietiche).

È possibile che l'Occidente avrebbe potuto ritardare questi sviluppi ed è vero che invece li accelerò favorendo la globalizzazione, ma essi erano in larga parte inevitabili: a spingerli erano infatti gli stessi fattori interni che avevano nutrito la crescita occidentale, innescati – sia pure con un'ingannevole lentezza simboleggiata dalla decolonizzazione (ma sono davvero venti o trent'anni un tempo storicamente lento?) – dalla fine del dominio dell'Occidente. E la crisi dell'Europa che cominciava a delinearsi era certo in parte conseguenza dell'accanita concorrenza che i suoi vecchi Stati stavano cominciando a subire, ma anche e soprattutto della decisione, presa vent'anni prima, di rimediare al suo relativo e già intuibile declino ricorrendo all'indebitamento piuttosto che a misure capaci di dare – per quanto possibile – nuove basi alla sua vecchia supremazia.

La realtà di questa crisi contraddisse presto le grandi speranze suscitate dalla fine del comunismo. Tra i primi a soffrire di questa contraddizione furono la Chiesa di Roma e il suo papa, ai cui occhi il tracollo di regimi tanto osteggiati rivelò un panorama sociale e morale dominato non dall'agognata ripresa cristiana ma dalla diffusione di una modernità altrettanto estranea ai valori del cattolicesimo di quella che si andava affermando in Occidente, su cui si era scelto di chiudere in parte gli occhi anche a causa della presenza di un nemico più minaccioso. La scomparsa di quest'ultimo e la realtà da essa rivelata, nonché la progressiva «scristianizzazione» dell'Europa occidentale spinsero Giovanni Paolo II, che nella prima parte del suo pontificato si era richiamato al Concilio Vaticano II, a cambiare rotta. La scelta di aprirsi al mondo e alla modernità compiuta da Giovanni XXIII sembrava ora aver accelerato piuttosto che arrestato – come in tanti avevano sperato – la crisi della presenza e del ruolo della Chiesa e della religione nella società. Le si contrappose perciò un'altra via, che si potrebbe definire di radicalismo al tempo stesso conservatore e rivoluzionario, tesa a ripristinare l'autorità della Chiesa e se possibile a «ricristianizzare» l'Europa e l'Italia, assumendo una posizione agonistica nei confronti della secolarizzazione, divenuta ormai il nemico principale. In pochi anni, grazie anche all'aiuto di Ratzinger, il suo futuro successore, la Chiesa conciliare fu messa da parte e i suoi vescovi man mano sostituiti. In Italia il processo fu diretto dal cardinale Ruini, dal 1986 segretario generale, e dal 1991 presidente, della CEI, che poté giovarsi nella sua opera di ricostruzione della Chiesa anche del nuovo Concordato, gestito direttamente dal Vaticano tagliando fuori i vescovi italiani, e in particolare della sua clausola relativa all'8 per mille, entrata in vigore nel 1990. Il primo riconobbe infatti alla CEI personalità giuridica, mentre la seconda mise a sua disposizione ogni anno una fortissima liquidità che facilitò l'opera di centralizzazione e ristrutturazione dell'episcopato e quindi della Chiesa italiana, nonché l'assunzione del controllo di molte delle iniziative un tempo gestite dall'Azione cattolica o dai singoli vescovi.

Il mutamento di rotta della Chiesa, pur così importante in Italia, fu solo uno dei forti contraccolpi provocati dalla nuova situazione nel nostro paese. Sul piano internazionale, l'Italia si trovò per esempio bruscamente relegata in una posizione di marginalità, ancorché attenuata, per qualche anno, dalle guerre jugoslave, come dimostrò per esempio la sua emarginazione dalla soluzione della questione tedesca, che si riallacciava tra l'altro direttamente alla sconfitta del 1943. Da paese chiave di frontiera nel grande conflitto bipolare, e quindi abituata a godere delle attenzioni di entrambi i contendenti e a sfruttare – più o meno abilmente – i margini di manovra che questa posizione le permetteva, essa si ritrovò semplice appendice meridionale di un'Europa in difficoltà, alla ricerca di un nuovo ruolo che non era facile trovare. Sul piano interno, inoltre, il crollo dei sistemi sovietici, ma anche la crisi della pianificazione indiana, suonavano la campana a morte intellettuale di quella via italiana alla modernità imboccata negli anni Cinquanta che del resto le difficoltà di bilancio stavano comunque per soffocare materialmente.

Il collasso sovietico e i conflitti jugoslavi significavano inoltre la fine certificata, e a questo punto ineluttabile, dell'utopia socialista, a suo modo la variante più pura della modernità altra, vale a dire del nesso Stato-moneta-economia creato dalla prima guerra mondiale, le cui potenzialità erano state indirizzate nei decenni successivi tanto a fini di potenza che di benessere. Come era già successo nel 1956, quel collasso provocò dapprima eccitazione, anche a sinistra, ravvivando le speranze che si potesse ora affermare il vero socialismo, cui la storia aveva dato finalmente ragione. Ma a differenza del 1956 la crisi del socialismo – di tutto il socialismo – non poté ora essere nascosta sotto il tappeto. Craxi e il PSI, per esempio, furono in un primo momento convinti che la caduta del Muro li avesse definitivamente posti dalla parte giusta della storia nei confronti del comunismo, e sull'onda di questa convinzione arrivarono nel 1990 a sperare in una unificazione con l'ex PCI – costretto dalla crisi dell'URSS a capire chi «aveva avuto ragione» – condotta sotto la loro guida morale e intellettuale.

Tuttavia, come avrebbero in seguito ammesso molti dirigenti socialisti, queste speranze sottovalutavano l'abisso scavato dagli anni Ottanta tra buona parte dei gruppi dirigenti dei due partiti e soprattutto l'impatto dei cambiamenti del 1989-1991 non solo sul comunismo, ma anche sul socialismo. Il collasso di uno Stato, l'URSS, che si definiva socialista proprio perché alle idee socialiste (statizzazione, nazionalizzazioni, assenza di proprietà privata, piena occupazione ecc.) la sua economia era ispirata, segnava infatti la crisi intellettuale del progetto di costruzione del futuro in cui si era identificato il movimento operaio e socialista (la cui esperienza lasciava naturalmente anche una ricca eredità positiva), una crisi che Foa aveva avvertito già alla fine degli anni Settanta, notando l'«evanescenza di un possibile disegno di società trasformata» legato appunto alle crescenti difficoltà del modello emerso dalla prima guerra mondiale.

Nel caso del PCI, la crisi assunse in Italia caratteristiche che non erano all'altezza morale e intellettuale, ancorché crudele e drammatica, della storia precedente. Ancora nel settembre 1989, alla festa dell'Unità di Genova, il partito celebrò il futuro tra uno sventolio di migliaia di bandiere rosse, inneggiando a Gorbačëv e alla diversità che incarnava. In perfetta continuità con la linea di rifiuto della resa dei conti intellettuale imboccata nel 1956, il nuovo segretario, Achille Occhetto, autodefinitosi il Gorbačëv italiano, aveva lanciato nel 1987-1988 un processo di rinnovamento del partito basato sulle speranze innescate dalla *perestrojka* che solo poche settimane dopo, sull'onda degli eventi di Berlino, egli abbandonò precipitosamente, tagliando i ponti con il passato e lasciando il progetto di «rifondare» il comunismo alla minoranza che tagliò i rapporti con il partito[28].

La riflessione su quello che era successo, sul suo significato e sugli insegnamenti per il futuro che se ne potevano trarre rimase così patrimonio di pochi, angustiati da interrogativi come quelli che sempre Foa si poneva nel 1993: «C'erano una volta delle belle ideologie e sono venute meno; cosa facciamo? Se invece di piangere come orfanelli criticassimo sul serio quelle che non erano ideologie ma semplici frivolezze potremmo finalmente entrare nel futuro. E dare anche un senso al passato».

In realtà neanche una critica rigorosa dell'ideologia precedente sarebbe bastata a entrare in quel futuro, di cui sarebbe stato necessario cogliere e comprendere le novità. Tuttavia, di fronte al franare delle vecchie certezze, molti dei dirigenti e degli intellettuali di sinistra rinunciarono anche a essa, preferendo aggrapparsi «all'immagine della propria coerenza, della propria fedeltà al passato», una fedeltà basata sull'«ideale [inteso] come mondo separato, [come] necessità di un valore "altro dal mondo presente" per poter vivere compiutamente il presente». Questa fedeltà era a sua volta sorretta da una visione demoniaca degli anni Ottanta, gli anni della Thatcher, di Reagan e di Craxi, in cui si scorgevano i colpevoli del fallimento della speranza, rifiutandosi di guardare a quel che era appena accaduto, o stava accadendo, in Cina, India, Europa orientale e anche in Italia, a riprova di un ritardo intellettuale della sinistra «identitaria», di cui l'atteggiamento di Rifondazione comunista negli anni del primo governo Prodi avrebbe fornito un'illustrazione esemplare.

Moltissimi preferirono tuttavia il silenzio. Foa si sentì allora «ossessionato da domande difficili» sull'«inverosimile silenzio dei comunisti sul loro passato [e] il loro rifiuto di pensarlo» che tra l'altro rischiava di fare del comunismo italiano «un pezzo della nostra storia... senza testimoni»[29]. Era, in un certo senso, un'altra manifestazione dell'afasia intellettuale che stava affliggendo tanti intellettuali e militanti che reagivano anche così al tracollo dell'ipotesi di modernità altra cui avevano rinnovato la loro fede o affidato le loro speranze dopo il 1968-1969. Come Maurizio Ferrara disse al fratello Giovanni, «è stato tutto inutile. Non ha significato niente, non c'era niente che valesse la fatica [...] questa è come la morte del significato di ogni cosa, ogni cosa ha perso il suo significato, restano solo quelli là, quelli che hanno sempre avuto ragione!»[30].

Buona parte della cultura umanistica di sinistra, e quindi della cultura italiana, entrò allora in una specie di depressione di cui non si prendeva nemmeno atto, rifiutandosi piuttosto di guardare al mondo nuovo e a una globalizzazione identificati con la vittoria del nemico e accelerando così i processi avviati negli anni Settanta dalla divaricazione tra cultura e politica. Gli storici cominciarono allora ad accumulare quel ritardo di ricerca e riflessione rispetto alle vicende del paese di cui abbiamo parlato nell'introduzione, mentre molti letterati abbandonavano l'impegno politico e anche la narrazione nazionale, facendo largo anche in Italia a quella che è stata chiamata la letteratura del «non luogo», un modello globale imperniato sul rapporto tra individuo e mondo esterno, che era a sua volta un sintomo della crisi delle culture nazionali tradizionali.

Resse invece l'ideologia dei diritti, che anzi si rafforzò, sostituendo di fatto il marxismo come dottrina ufficiale della sinistra ex comunista. Ma se il secondo era dotato di un forte impianto teorico, la prima era piuttosto una sommatoria di dichiarazioni di intenti e buone intenzioni, spesso slegate tra loro e comunque prive di fondamento analitico, vale a dire senza indicazioni relative al rapporto tra mezzi e fini (ci si limitava piuttosto a chiedere diritti per categorie sempre più estese di individui, pace, rispetto per la natura ecc.). Ciò anche a causa del mancato incontro con la tradizione socialista e liberale che da tempo e con maggiore spessore – con Beveridge ma anche con Rawls o Sen – rifletteva su cosa poteva voler dire fare una «politica di sinistra» una volta accertato il fallimento del marxismo classico. Gabriele De Rosa, che registrò acutamente il fenomeno, notò che con quelle idee l'ex PCI non poteva andare lontano, visto che era difficile basare una strategia e una tattica di governo sul ritorno a un prepolitico privo di elaborazione intellettuale[31]. Ma era in un certo senso la reazione naturale al tracollo delle precedenti certezze da parte di chi non trovava nulla con cui sostituirle a causa del ritardo e della fragilità della riflessione intellettuale sulla crisi del socialismo e sul declino dello Stato sociale.

Resse anche l'anticomunismo, e anch'esso si rafforzò malgrado l'illusione di buona parte del gruppo dirigente dell'ex PCI, e di tanti uomini politici e intellettuali italiani, secondo i quali sarebbe bastato che i comunisti dichiarassero di non essere più tali per far sparire un anticomunismo che avrebbe così perso la sua stessa ragion d'essere. Una simile convinzione avrebbe contribuito nel 1994 alla decisione di Occhetto di candidare alla presidenza del Consiglio se stesso invece di Ciampi, come D'Alema gli consigliava. Ma il crollo dell'URSS e le guerre jugoslave stavano piuttosto confermando a molti anticomunisti di aver scelto la parte giusta e l'invecchiamento della popolazione aveva potenziato la persistenza delle mentalità e delle divisioni ideologiche del passato. Soprattutto, in un panorama politico sconvolto dal mutamento di rotta della Chiesa e dalla crisi della DC e degli altri partiti di massa, nonché da quella del paradigma antifascista scosso dalla fine della seconda guerra mondiale, l'anticomunismo, rinvigorito dagli eventi degli ultimi anni e dalla vittoria nella guerra fredda, era semmai diventato uno strumento politico più potente. Craxi intuì la cosa, che fu poi colta pienamente da Berlusconi, ma rifiutata dalla sinistra democristiana, che si andava invece persuadendo che le ragioni della scelta anticomunista del 1947 stessero venendo meno e quindi era pronta all'accordo con la sinistra ex comunista.

La società italiana a cavallo tra gli anni Ottanta e Novanta appare quindi nel suo complesso sottoposta a spinte contraddittorie.

Da un lato, la reazione negativa a una globalizzazione di cui si avvertiva la minaccia, e che a molti sembrava il trionfo del nemico, si sommava alle tendenze che nei decenni precedenti avevano rafforzato l'autoreferenzialità di un paese concentrato sul proprio recente benessere; che andava rapidamente invecchiando; che aveva appena perso con l'esaurirsi delle migrazioni interne una parte della carica derivata dal costante confronto e scontro tra diversità capaci tuttavia di dialogare, e con l'esaurirsi dell'emigrazione la fonte del suo secolare cosmopolitismo proletario; e la cui cultura nazionale, specie umanistica, soffriva di una crisi aggravata da quella della sua scuola e università nonché dal crescente isolamento creatole da una lingua che andava rapidamente perdendo di importanza. Vi erano quindi tutte le premesse perché il paese partecipasse poco e male alla grande apertura mondiale che andava ridefinendo il pianeta, i suoi equilibri e le sue gerarchie politiche, economiche, culturali e linguistiche.

Dall'altro lato, tuttavia, queste tendenze erano contrastate dall'ultimo e generoso slancio europeista, quello del rapporto Delors, di Maastricht, della moneta unica e dell'apertura a molti nuovi paesi dell'Europa orientale. Malgrado il suo limite per l'appunto eurocentrico – come sappiamo era tutta l'Europa a sperimentare un declino relativo – esso andava aprendo l'Italia e arricchendo la sua cultura, la sua politica e la sua popolazione, oltre a offrirle l'appiglio di un vincolo esterno cui agganciare le politiche modernizzatrici. L'Europa e l'ideale europeo, che la nostra classe dirigente sentiva, erano quindi ancora in grado di darci molto e in campi molto diversi, che andavano dall'arricchimento e dalla diversificazione della nostra economia a quello appena ricordato della nostra popolazione, presto sostenuta da centinaia di migliaia di immigrati dei paesi dell'Est, a quello della nostra legislazione, penetrata per esempio da principi come quello della non discriminazione di genere o del processo giusto.

In particolare, nella seconda metà degli anni Ottanta, dall'Europa arrivò una visione nuova e diversa della concorrenza, fino ad allora giudicata un male e non solo dalla cultura di sinistra. Almeno una parte delle élite italiane cominciò ora a vederla con occhi diversi, come presupposto della libertà e dell'equità, ribaltando la vecchia impostazione che «aveva fatto degli enti pubblici i guardiani della concorrenza nei mercati non soggetti alla competizione internazionale, dando loro, in realtà, un potere monopolistico incontrollato»[32].

Si trattava di quella parte delle élite, anche politiche, che avrebbe guidato i più importanti tentativi riformistici dei decenni successivi[33], ed è quindi possibile sostenere che il nuovo riformismo italiano degli anni Novanta fu in larga parte un riformismo europeo, con tutti i pregi – ma anche i limiti in termini di orizzonte globale – che da ciò discendevano. Non a caso le radici di quel riformismo affondano appunto nella seconda metà degli anni Ottanta e ad allora risalgono le sue prime manifestazioni. Nel 1988 fu per esempio introdotta, con il Documento di programmazione economica e finanziaria (DPEF), un'importante riforma del processo di bilancio che ne permetteva un miglior controllo, e soprattutto nel 1989 fu istituita l'Autorità garante della concorrenza e del mercato, che segnava appunto un capovolgimento della visione e delle scelte del riformismo della seconda metà degli anni Cinquanta e indicava così indirettamente la necessità di nuove, profonde riforme.

Dall'Europa arrivò dunque anche l'interpretazione della crisi italiana e delle sue cause che avrebbe determinato in larga parte le successive politiche riformatrici. Nei settori delle élite italiane più sensibili alle difficili condizioni del paese si andò infatti affermando l'idea che i suoi problemi derivassero in larga parte dal fatto che la sua economia e la sua società fossero «frenate da mercati non concorrenziali e da uno Stato inefficace»[34]. Da ministro del Tesoro dei governi De Mita e Goria del 1987-1989, il triennio in cui furono costruiti con dieci anni di ritardo «gli strumenti per giungere alla fine dell'indebitamento come fonte di finanziamento nelle spese correnti», Giuliano Amato per esempio si convinse, osservando le nostre grandi banche e la loro cultura, cristallizzata dalle scelte degli anni Trenta ribadite nel dopoguerra, che l'Italia fosse una «foresta pietrificata» che andava rimessa in movimento[35].

Sia questa visione sia le politiche che ne sarebbero discese avevano pregi e limiti importanti, come vedremo. Ma intanto l'Europa spingeva sempre più fortemente sulla strada di questo riformismo: ancora alla fine degli anni Ottanta essa rese impossibile il ricorso ai fondi di dotazione per finanziare l'industria pubblica, fondi che del resto la necessità di controllare il debito pubblico rendeva sempre più difficile reperire. Iniziava così la crisi terminale del sistema delle partecipazioni statali affermatosi trent'anni prima, e anche del mondo politico, tecnico e popolare a esso legato, che aveva costituito una delle colonne portanti – anche ideologiche ed elettorali – del centrosinistra. Essa era aggravata da debiti che, se aggiunti a quello pubblico ufficiale (come in teoria sarebbe stato giusto fare, visto che si trattava di debiti garantiti dallo Stato), ne avrebbero provocato un aumento tale da travolgere la credibilità internazionale del paese, mettendo in evidenza – agli occhi di chi conosceva il problema – la necessità impellente di scorporare al più presto i debiti dell'industria pubblica da quelli dello Stato.

Nel 1988 l'economia italiana crebbe ancora di quasi il 4%, un risultato che non sarebbe mai più stato raggiunto e che era legato alla buona congiuntura internazionale, alla vitalità delle sue imprese ma anche al mancato intervento sul deficit, che continuava a gonfiarsi. Malgrado il progressivo avvicinamento all'avanzo primario del bilancio, l'accelerazione nella crescita della pressione fiscale – dal 1988 al 1992 le entrate balzarono dal 41,3 al 47,3% del PIL, una percentuale che i redditi ressero grazie al loro aumento precedente[36] – non riusciva infatti a tener dietro a quella delle spese, che passarono dal 52,5 al 57,6%, sempre del PIL. La proporzione del debito pubblico su quest'ultimo continuò così a crescere vorticosamente, saltando dal 90% del 1989 al 108,8% del 1992. Pesava l'aumento della spesa per interessi, ma pesava anche l'incapacità di tagliare una spesa per pensioni, dotazioni all'industria pubblica, trasferimenti agli enti locali ecc. che – anche grazie alle pressioni di politici come Cirino Pomicino, ministro del Bilancio del governo Andreotti dal luglio 1989 all'aprile 1992 – continuò a crescere in termini assoluti in parallelo con il PIL malgrado le ripetute minacce di dimissioni del nuovo ministro del Tesoro Guido Carli.

In linea con la scelta europeista, l'Italia preparava intanto la sua adesione alla moneta unica, approvando leggi come quelle relative alla liberalizzazione dei capitali e all'affidamento del controllo del tasso di sconto alla sola Banca d'Italia, e costringendo la lira a rispettare una banda di oscillazione più stretta. L'autorità monetaria rafforzava così l'aggancio di fatto al marco, malgrado un differenziale in termini di inflazione pari a 3-4 punti percentuali all'anno, confermando la scelta di usare la politica dei cambi fissi per forzare il paese a diventare economicamente e moralmente più virtuoso, incrementando la produttività delle sue imprese e riducendo le politiche di spesa in deficit.

La politica monetaria assumeva così un ruolo di supplenza tecnico-politica, reso possibile dalle difficoltà della politica *tout court* e senz'altro ispirato da motivazioni patriottiche: Ciampi, dal 1979 alla guida della Banca d'Italia, era un ex azionista convinto della necessità di legare l'Italia alle Alpi per non farle perdere il suo ruolo e il suo status di grande paese europeo, costringendola a confrontarsi con i suoi pari. Ma nel caso il paese non avesse retto la sfida che le veniva imposta, quella politica poteva anche trasformarsi retrospettivamente in una manifestazione di *hybris* incapace di fare i conti con le potenzialità e le capacità reali dell'Italia, sopravvalutate da un eccessivo amor di patria che apriva le porte alla sconfitta.

Sul piano interno intanto, la crescente riduzione della capacità di spesa rendeva sempre più difficile mantenere la coesione del blocco sociale che aveva sostenuto e sosteneva il centrosinistra. Soprattutto, crescevano la delusione per aspettative che venivano ormai disattese e il senso di malessere legato all'oscura percezione che non era più possibile andare avanti nel modo in cui si era andati avanti fin lì, aprendo la strada a una crisi politica che si sarebbe sommata a quella economica. Questa percezione era presente anche nella parte più avvertita del ceto politico, su cui il problema dell'indebitamento pesava ormai come un macigno. Nel 1991 il ministro socialista delle Finanze, Rino Formica, avrebbe esclamato: «i nostri figli ci malediranno», dicendo «ad alta voce quello che nessuno dice e pochi pensano» e toccando una delle «verità più profonde della nostra vita collettiva»[37].

note

[1] Per esempio da Piero Craveri, *Prefazione* a G. Acquaviva (a cura di), *La politica economica italiana negli anni ottanta*, Venezia, Marsilio, 2005, p. 11.

[2] L. Cafagna e G. Amato, *Duello a sinistra: socialisti e comunisti nei lunghi anni '70*, Venezia, Marsilio, 1982.

[3] Ciampi ha parlato dei suoi rapporti con Andreatta al momento del divorzio tra Tesoro e Banca d'Italia in *Da Livorno al Quirinale. Storia di un italiano. Conversazione con Arrigo Levi*, Bologna, Il Mulino, 2010, p. 141.

[4] *Snodi tematici per la ricerca su «Il Crollo»*, documento del 2011 che riassume i primi risultati di un progetto di storia orale, diretto da Gennaro Acquaviva e condotto tra gli ex dirigenti del PSI.

[5] A. Pedone, *La politica di bilancio tra vincoli monetari ed esigenze di sviluppo produttivo*, in Acquaviva (a cura di), *La politica economica italiana*, cit., pp. 40-45. M. Salvati, *Gli anni Ottanta e il debito pubblico*, in P. Capuzzo *et al.* (a cura di), *Pensare la contemporaneità. Studi di storia per Mariuccia Salvati*, Roma, Viella, 2011, pp. 257-272.

[6] CENSIS, *Gli anni del cambiamento. Il rapporto sulla situazione sociale del paese dal 1976 al 1982*, Milano, Franco Angeli, 1982.

[7] Per esempio M. Gervasoni, *Storia d'Italia degli anni Ottanta. Quando eravamo moderni*, Venezia, Marsilio, 2010, ma, sia pure da una prospettiva radicalmente diversa, anche Loredana Sciolla ha visto negli anni Ottanta un decennio di crescita dei diritti, e li ha confrontati positivamente con gli anni Novanta, segnati invece dal loro *retrenchment*.

[8] Gervasoni, *Storia d'Italia degli anni Ottanta*, cit., pp. 10, 261.

[9] È la telefonata intercettata dalla Guardia di Finanza sul telefono di Marcello Dell'Utri, a colloquio con Berlusconi nella sua casa ad Arcore, dove festeggiava il capodanno con Craxi e Confalonieri. M. Barbagli, G. Dalla Zuanna e F. Garelli, *La sessualità degli italiani*, Bologna, Il Mulino, 2010. I primi, parziali nudi di RAI2, di fine anni Settanta, aprirono le porte a trasmissioni come *Il cappello sulle 23*, lanciata nel gennaio 1983, quasi un anno prima di *Drive in*.

[10] M. Canovan, *The People*, Cambridge, Polity Press, 2005, p. 77; B. Manin,

The Principles of Representative Government, Cambridge, Cambridge University Press, 1977; V. Foa, *Passaggi*, Torino, Einaudi, 2000, p. 7.

[11] S. Colarizi *et al.* (a cura di), *Gli anni Ottanta come storia*, Soveria Mannelli, Rubbettino, 2004.

[12] F. Romero e A. Varsori (a cura di), *Nazione, interdipendenza, integrazione. Le relazioni internazionali dell'Italia (1917-1989)*, 2 voll., Roma, Carocci, 2007; A. Varsori, *L'Italia nelle relazioni internazionali dal 1943 al 1992*, Roma-Bari, Laterza, 1998; F. Romero, *L'Italia nelle trasformazioni di fine Novecento: da malato d'Europa a Cenerentola e ritorno*, relazione al convegno SISSCo *L'Italia nell'era della globalizzazione*, Aosta, settembre 2012, http://www.sissco.it/fileadmin/user_upload/Attivita/Convegni/Italia_globalizzazione/ROMERO.pdf.

[13] P. Carniti, *Testimonianza*, in Acquaviva (a cura di), *La politica economica italiana*, cit., pp. 177-180; G. Acquaviva e M. Gervasoni (a cura di), *Socialisti e comunisti negli anni di Craxi*, Venezia, Marsilio, 2011.

[14] E. Berlinguer, *Economia, Stato, pace: l'iniziativa e le proposte del PCI. Rapporto, conclusioni e documento politico del 16º Congresso*, Roma, Editori Riuniti, 1983; S. Pons, *Berlinguer e la fine del comunismo*, Torino, Einaudi, 2006; Gervasoni, *Storia d'Italia degli anni Ottanta*, cit., p. 9.

[15] Pedone, *Politica di bilancio*, in Acquaviva (a cura di), *La politica economica italiana*, cit., p. 35. Craxi aveva cominciato una nuova stagione di revisione, che riprendeva vent'anni dopo Bad Godesberg, con *Vangelo socialista* («L'Espresso», 27 agosto 1978), scritto con Luciano Pellicani. Il fatto che l'idea che il socialismo non fosse alternativo al capitalismo, ma portatore di un suo sviluppo riformistico, fosse ritenuta innovativa conferma il ritardo della cultura socialista italiana, che solo allora portava a compimento ciò che non era stata capace di fare alla nascita del centrosinistra. Salvati, *Anni Ottanta*, in Capuzzo *et al.* (a cura di), *Pensare la contemporaneità*, cit., p. 257.

[16] N. Rao, *Colpo al cuore*, Milano, Sperling & Kupfer, 2011. Questo gruppo sarebbe stato capeggiato dal funzionario Nicola Ciocia, noto come il professor «De Tormentis», divenuto dopo il pensionamento un dirigente della Fiamma tricolore. Sembra che una versione primitiva del *water boarding* (*Toca*) fosse già usata dall'Inquisizione e nelle colonie. In Italia pare fosse impiegato nei primi anni del XX secolo in Sicilia e Sardegna contro mafiosi e banditi, e poi usato sporadicamente dalle squadre mobili di Napoli e della Sicilia. I francesi in Algeria lo usarono invece sistematicamente. Cfr. http://en.wikipedia.org/wiki/Waterboarding#Historical_uses e H. Alleg, *La question*, Paris, Editions de minuit, 1958, con una prefazione di Sartre. A lungo vietato in Francia il libro uscì da Einaudi con il titolo *La tortura*. Insieme a *La battaglia di Algeri* di Pontecorvo, dove sono mostrate scene di tortura con fiamma ossidrica, elettroshock e annegamento parziale, potrebbe essere stato tra le fonti di Ciocia. Un dirigente della polizia, Salvatore Genova, ne ha raccontato la storia su «Il Secolo XIX» del 24 giugno 2007. Ciocia l'avrebbe poi, ma ambiguamente, smentito sul «Corriere del Mezzogiorno» dell'11 febbraio 2012.

[17] A. Sofri, *Le torture della polizia negli anni di piombo*, in «la Repubblica», 16 febbraio 2012.

[18] G. Amato, *Le innovazioni istituzionali del processo di bilancio*, in Acquaviva (a cura di), *La politica economica italiana*, cit., p. 51.

[19] J.-F. Jamet, *Assainissement des finances publiques et ralentissement de*

l'économie (1992-2001), in P. Caracciolo (a cura di), *Refaire l'Italie. L'expérience de la gauche libérale (1992-2001)*, Paris, Editions rue d'Ulm, 2009, p. 100; D. Franco, *L'espansione della spesa pubblica in Italia. 1960-1990*, Bologna, Il Mulino, 1993.

[20] Pedone, *Politica di bilancio*, in Acquaviva (a cura di), *La politica economica italiana*, cit., pp. 25-28; Jamet, *Assainissement*, in Caracciolo (a cura di), *Refaire l'Italie*, cit., *passim*.

[21] F. Giavazzi e L. Spaventa, *Italy: The Real Effects of Inflation and Disinflation*, Working Papers 71, 1989, Dipartimento Scienze economiche, Università di Bologna.

[22] G. Berta, *L'Italia delle fabbriche. La parabola dell'industrialismo nel Novecento*, Bologna, Il Mulino, 2009.

[23] L. Einaudi, *Le politiche dell'immigrazione in Italia dall'Unità a oggi*, Roma-Bari, Laterza, 2007.

[24] *Snodi tematici per la ricerca su «Il Crollo»*, cit.

[25] Conversazione con Massimo D'Alema del 12 dicembre 2011.

[26] A. Rubbi, *Incontri con Gorbaciov: i colloqui di Natta e Occhetto con il leader sovietico, giugno 1984-novembre 1989*, Roma, Editori Riuniti, 1990.

[27] R. Guha, *India after Gandhi*, London, Macmillan, 2007; Vogel, *Deng Xiaoping*, cit.; *Prisoner of the State. The Secret Journal of Premier Zhao Ziyang*, New York, Simon & Schuster, 2009; A. Graziosi, *L'URSS dal trionfo al degrado. Storia dell'Unione Sovietica, 1945-1991*, Bologna, Il Mulino, 2008.

[28] P. Ignazi, *Dal PCI al PDS*, Bologna, Il Mulino, 1992.

[29] Foa, *Passaggi*, cit., p. 5; V. Foa, M. Mafai e A. Reichlin, *Il silenzio dei comunisti*, Torino, Einaudi, 2002.

[30] G. Ferrara, *Il fratello comunista*, Milano, Garzanti, 2007, pp. 17-20.

[31] G. De Rosa, *La transizione infinita. Diario politico 1990-1996*, Roma-Bari, Laterza, 1997.

[32] F. Barca, *Capitalismo italiano*, p. viii; *Il completamento del mercato interno. Libro bianco della Commissione per il Consiglio europeo (Milano, 28-29 giugno 1985)*, curato da Jacques Delors, http://europa.eu/documentation/official-docs/white-papers/index_it.htm#before.

[33] G. Amato, *Il gusto della libertà: l'Italia e l'antitrust*, Roma-Bari, Laterza, 1998; Mario Monti è stato commissario europeo prima al mercato interno e poi alla concorrenza.

[34] F. Barca, *Italia frenata. Paradossi e lezioni della politica per lo sviluppo*, Roma, Donzelli, 2006, p. 10.

[35] G. Amato, *Due anni al Tesoro*, Bologna, Il Mulino, 1990; Id., *Innovazioni istituzionali*, in Acquaviva (a cura di), *Politica economica italiana*, cit., p. 55.

[36] Ringraziamo Antonio Cristofaro per i dati sul fisco in Italia dal 1970 ai nostri giorni, e per le sue riflessioni sulla loro evoluzione e il loro significato.

[37] «la Repubblica», 21 luglio 1991; Foa, *Passaggi*, cit., p. 100.

5. Crisi e riforme, 1992-2000

1. La crisi della «prima Repubblica»

A partire dal 1991 il mondo imboccò due strade diverse: mentre nei paesi OCSE, e specialmente in Europa (il caso degli Stati Uniti era diverso e in progressiva differenziazione da quello europeo, anche per l'eccezionale sviluppo della ricerca e dell'industria in campo elettronico), l'attività economica cominciava a rallentare e sarebbe poi riuscita a riprendersi solo a tratti, in quelli dell'ex Terzo mondo cominciava un boom economico che non ha eguali nella storia mondiale e che si è progressivamente esteso dall'Asia orientale all'India, alla Turchia, a parti dell'America latina e infine dell'Africa. L'uso della parola «crisi» per denotare gli ultimi due decenni va dunque qualificato: la crisi è stata crisi da mutamento degli equilibri mondiali, ma non è certo stata tale in assoluto. Essa si è localizzata nelle aree più ricche del pianeta e soprattutto in un'Europa occidentale sempre meno in grado di garantire ciò che aveva promesso e offerto in passato.

Qualche dato aiuta a comprendere quello che è successo: nella classifica dei primi 20 paesi in termini di crescita media del PIL tra il 1985 e il 2010, una crescita mai inferiore al 6 e spesso superiore al 10%, troviamo Cina, India (che da sole rappresentano quasi il 40% della popolazione del pianeta), Vietnam, Myanmar (Birmania) e Corea del Sud, ma anche Uganda o Mozambico, e nessun paese occidentale. E se il 20% più ricco della popolazione del mondo deteneva nel 1989 quasi l'83% del suo reddito, a fronte dell'1,4% del 20% più povero, nel 2009 – grazie appunto al grandioso ancorché contraddittorio sviluppo di paesi come la Cina e l'India – la situazione era mutata radicalmente, con rispettivamente il 47,8 e il 6,1%[1].

Per la prima volta nella sua storia recente, e contrariamente a quanto era accaduto all'inizio del XX secolo, o negli anni del secondo dopoguerra, l'Italia è quindi rimasta fuori da un grande periodo di crescita mondiale, costituendo un caso particolarmente grave del più generale *malaise* europeo. Sul piano interno la nostra crisi economica si manifestò in forma acuta nel 1992-1993 e fu a suo modo la resa dei conti della via italiana alla modernizzazione imboccata nella seconda metà degli anni Cinquanta e dei vent'anni di politiche insostenibili aperti dal 1968. La fine della possibilità di ricorrere alla droga della spesa pubblica aveva già depresso i tassi di crescita, che nel 1991 e 1992 non superarono l'1%. La crisi vera e propria fu però scatenata da una combinazione di fattori contingenti che andavano dalla politica dei cambi fissi, che aggravava i problemi di produttività e concorrenza, al crescente peso di un debito che continuava ad aumentare in rapporto al PIL soprattutto in ragione di interessi il cui costo cresceva anche a causa della concorrenza sul mercato dei titoli di una Germania che doveva far fronte ai costi della riunificazione.

Nel solo 1991 la proporzione del debito sul PIL aumentò di quasi il 10% mentre la crisi assumeva una nuova veste, che sarebbe tornata periodicamente a ripresentarsi nel ventennio successivo e che, per riprendere un'espressione un tempo popolare tra gli storici dell'URSS, si potrebbe definire «crisi delle forbici»: da un lato il rallentamento della crescita e l'aumento della disoccupazione limitavano le entrate, dall'altro i costi sociali anticiclici e soprattutto l'aumento dei tassi di interesse facevano lievitare le spese, mentre le dimensioni assolute del debito e il costo degli interessi limitavano il ricorso alle tradizionali politiche keynesiane.

La serietà della situazione era confermata dal fatto che a soffrire era l'intero paese, e non solo le sue aree più deboli come il Meridione, colpito in modo speciale dall'inaridirsi dei trasferimenti e dei fondi per una nuova politica industriale, seppure ve ne fosse stato bisogno visto il tracollo della precedente.

La scarsa crescita del Centro-Nord negli anni successivi al 1991 è stata di volta in volta imputata alla scarsa innovazione; alla difficile emersione di nuove medie industrie dal bacino di quelle piccole e piccolissime; al legame tra i due fenomeni (piccole e piccolissime industrie hanno più difficoltà a investire in ricerca e sviluppo); alla cattiva qualità dei servizi forniti dallo Stato (come per esempio scuola, trasporti, giustizia, burocrazia) ecc. Contavano però, e non poco, la già ricordata politica dei cambi fissi e l'impossibilità di fare ricorso al tradizionale cortisone della spesa pubblica, e cominciavano a contare l'invecchiamento della popolazione e quello dell'imprenditoria, nonché i loro limiti culturali e i loro atteggiamenti psicologici. I primi erano legati anche al deterioramento di un sistema scolastico e universitario che continuava a diffondere istruzione e ad allargare il bacino dei diplomati e dei laureati, ma lo faceva spesso a spese della qualità e comunque senza preoccuparsi di difendere e rafforzare i suoi settori migliori. Quanto ai secondi, come è stato più volte notato, molti piccoli e medi imprenditori rifiutavano di ingrandirsi e non solo per timore dei vincoli rappresentati dallo Statuto dei lavoratori: chi aveva lavorato tanto e accumulato abbastanza per sé e la famiglia non capiva perché dovesse lavorare ancora di più. Contavano inoltre la già ricordata e diffusa ostilità alla globalizzazione e la difficoltà a inserirvisi: se le opportunità offerte dai nuovi mercati dell'Europa orientale erano state in parte colte, la penetrazione in quelli più grandi e dinamici, ma anche culturalmente più distanti, dell'Asia fu limitata.

Malgrado l'evidenza e l'acutezza della crisi, il ceto politico faceva fatica ad affrontare persino i suoi fattori congiunturali e più urgenti. Nel 1991, per esempio, i partiti respinsero la proposta della Confindustria di rivedere la scala mobile, anche sotto la pressione di sindacati che cominciavano a organizzare manifestazioni e scioperi generali contro quella che sarebbe poi stata definita l'«erosione dei diritti». Alla loro paralisi corrispondeva quella del governo. Entrambe furono aggravate a giugno dal successo dell'unico dei referendum sulla legge elettorale, promossi da un comitato guidato da Segni, Barbera e dai radicali, sopravvissuto al vaglio della Corte costituzionale, quello minore sull'abrogazione della preferenza plurima alla Camera. Tanto il PSI che la DC ne furono sorpresi. Come Gava avrebbe poi scritto nelle sue memorie, «fummo ciechi e sordi, io e l'intera classe dirigente democristiana», forse anche perché i referendum erano cavalcati da uno di loro. Ma la stessa cosa non valeva per i socialisti, che pure avrebbero poi confessato di non aver colto il significato e la carica antipolitica, e specificamente antisocialista, dell'evento[2].

La scossa fu ripetuta e amplificata dalla firma del Trattato di Maastricht, il simbolo dell'ultima grande spinta di un'Europa che si dimostrava capace di rispondere alla sfida rappresentata dal tracollo del sistema socialista. Il trattato, concluso nel dicembre 1991 mentre crollava l'Unione Sovietica, fu firmato a febbraio da un governo Andreotti e da una classe politica che non sembravano rendersi conto delle sue conseguenze. I criteri previsti per l'adesione alla moneta unica, da varare alla fine del decennio, e sottoscritti dal nostro governo, facevano infatti «brutalmente luce sul deterioramento della situazione economica dell'Italia», che non ne rispettava alcuno. Eppure buona parte del ceto politico festeggiò gli accordi come un successo, senza capire che essi tagliavano fuori l'Italia dall'euro e sottovalutando – come avrebbero poi ammesso numerosi ex dirigenti del PSI – il loro impatto «per quanto riguardava l'assunzione di responsabilità per un'intera classe di governo e sulle nuove politiche economiche che l'accordo presupponeva»[3].

Negli stessi giorni della firma del trattato, veniva arrestato a Milano Mario Chiesa, aprendo le porte alla stagione di «Mani pulite» e alla lotta a «Tangentopoli», che Carli avrebbe definito un epifenomeno di Maastricht e Cafagna avrebbe legato alla crisi fiscale dello Stato che Maastricht aveva messo bruscamente in evidenza. Un mese dopo, a marzo, Cosa nostra uccideva Salvo Lima, il leader in Sicilia della corrente andreottiana, che era stato per anni, con Vito Ciancimino, il suo principale referente politico, mostrando paradossalmente anche così il suo indebolimento, visto che non avrebbe mai più trovato rappresentanti politici di quel peso. Era la risposta, fatta mobilitando le forze accumulate nei vent'anni precedenti, alla crescente pressione da parte dello Stato e a quello che veniva avvertito come il tradimento del patto di protezione e assistenza reciproche stretto decenni prima con politici che probabilmente avevano vissuto come un incubo la trasformazione della mafia avvenuta negli anni in cui essa aveva controllato uno snodo importante del traffico mondiale di eroina. A maggio e a luglio furono invece assassinati Falcone e Borsellino, che di quella pressione erano il simbolo, gettando il paese nello sconforto e innalzando ancor più il prestigio di una magistratura che trovò allora dei veri eroi eponimi. Lo Stato rispose a giugno con il decreto Martelli-Scotti, che modificò l'art. 41 *bis*, introdotto nel 1986 dalla legge Gozzini contro le rivolte nelle carceri. L'applicazione del carcere duro, fino ad allora possibile entro precisi limiti temporali e categoriali, fu estesa ai detenuti facenti parte dell'organizzazione mafiosa e la sua durata fu più volte prorogata, tanto da provocare ripetuti interventi di condanna sia della Corte europea dei diritti dell'uomo che di singoli tribunali statunitensi.

Ad aprile, intanto, i risultati delle elezioni politiche intaccavano i vecchi equilibri politici, ma confermavano che nel paese la maggioranza dell'elettorato era ancora schierata con il centrosinistra. La DC, scesa dal 34,3 al 29,7%, pensò di dover riaffrontare la prova già vinta alla metà degli anni Settanta e decise di seguire una politica prudente, eleggendo a ottobre Martinazzoli segretario al posto di Forlani[4]; il PSI perse meno dell'1%, ma a Milano Craxi prese meno della metà delle preferenze di Bossi; e il vero sconfitto fu il PDS, l'erede del PCI, passato al 16,1% con un calo di 10 punti percentuali, poco più della metà dei quali assorbiti da Rifondazione comunista. A vincere fu invece la Lega, divenuta con l'8,7% il quarto partito italiano e il primo a Milano, che guadagnò 80 seggi rispetto ai 2 delle elezioni precedenti.

Lo slogan «Roma ladrona», usato dalla Lega durante le elezioni, parve nelle settimane successive confermato dall'esplosione di Mani pulite, che coinvolse centinaia di uomini politici e imprenditori (le condanne e i patteggiamenti furono, pare, più di mille) rivelando il sistema della doppia imposizione vigente nel paese. Molti dirigenti del PSI si convinsero che vi fosse un accanimento particolare, se non un complotto, contro il loro partito, orchestrato da magistrati vicini all'ex PCI. La rottura nella sinistra italiana, che aveva cominciato l'avventura repubblicana all'insegna dell'unità, si faceva così anche umanamente definitiva, mentre il prestigio e il potere della magistratura, cresciuti nella lotta contro il terrorismo e la mafia e affermatisi ora in quella contro il ceto politico e imprenditoriale, si coagulavano intorno ad Antonio Di Pietro, il più visibile dei magistrati inquirenti del *pool* di Mani pulite, che anche nel nome riprendeva quello messo in piedi da Caponnetto a Palermo contro Cosa nostra. Il fatto che a essere oggetto di un piccolo culto fosse una figura di sicuro talento, ma che impersonava meglio di ogni altro il ruolo del persecutore-giustiziere – messo per esempio in risalto dall'interrogatorio di Forlani nel dicembre 1993[5] – è indicativo del clima psicologico di un paese che si sentiva tradito da partiti che, dopo aver dato tanto, sembravano incapaci di continuare a farlo a causa della loro corruzione[6].

La crisi, ormai conclamata, di partiti e politica, apriva nuovi spazi anche ai media[7] che sostennero di regola – televisioni e giornali di Berlusconi compresi – le inchieste in corso, presentandosi come rappresentanti di una società civile esaltata come se non avesse nulla a che fare con il «palazzo» e i suoi comportamenti: ma i partiti erano appunto di massa e le «masse» e le loro esigenze avevano dettato il corso della vita repubblicana, inoltre buona parte delle élite culturali ed economiche erano state vicine alla politica, derivandone potere e privilegi. Anche in questo caso i gruppi dirigenti di partiti che già avevano sottovalutato il nuovo ruolo acquistato dalle televisioni negli anni Ottanta si mostrarono in ritardo rispetto all'evoluzione del paese: Craxi per esempio tenne in Parlamento il suo famoso discorso sulla corruzione nel luglio 1992[8] sapendo di parlare di fatto alla televisione, e quindi a milioni di persone, ma non capendo che sarebbe stato più opportuno rivolgersi a loro in modo diverso, prendendo a riferimento il modello del populismo televisivo.

Soprattutto, la crisi dei partiti e dei loro gruppi dirigenti, che avevano rappresentato visioni anche molto diverse ma tutte ispirate a una concezione unitaria del paese, lasciava intravedere la possibilità di uno scivolamento verso il localismo e persino di una nuova frattura del quadro nazionale, sia pure meno grave di quella del 1943 anche perché meno grave era appunto la crisi.

L'emersione prepotente della Lega alle elezioni del 1992 era forse il segno più visibile di questa potenziale frattura[9]. Certo, essa traeva la sua forza dall'incapacità delle forze politiche nazionali, e in primo luogo della DC, di continuare a consolidare il consenso al progetto unitario attraverso la spesa pubblica, nonché dal brusco aumento della pressione fiscale. Ma poiché i partiti si radicano in genere lungo le linee di faglia delle società, la sua stessa affermazione era una riprova dell'approfondimento di quella che divideva il Nord dal Centro e dal Sud del paese. Grazie alla crisi la Lega era inoltre riuscita a integrare il particolarismo localista con un populismo antisistema che ne potenziava la visibilità e l'attrazione, riuscendo a presentarsi come partito territoriale ma anche di protesta, anticomunista e al contempo antimeridionale e anti-immigrati, anche a seguito della già ricordata riduzione dell'influenza della Chiesa, che aveva a lungo frenato l'espressione di pulsioni poco cristiane.

La Lega rappresentava però anche tendenze politiche centrifughe che erano state nutrite dal regionalismo degli anni Settanta, a sua volta ispirato a valori costituzionali, e dalla crescita del ruolo e del peso della Comunità europea nell'assicurare un orizzonte politico ed economico di stabilità e integrazione, oltre che una fonte di finanziamento di crescente importanza (una scelta anch'essa anticipata dalla sinistra di Giolitti e Delors, che dei finanziamenti diretti alle regioni avevano fatto una delle loro priorità). Lo Stato nazionale sembrava quindi, e a suo modo era, meno importante, e infatti il suo indebolimento e la deriva regionalistica erano fenomeni più generali di quelli rappresentati dal leghismo. La nascita delle regioni stava portando tutto il paese all'emergere di élite regionali, con poteri, basi elettorali e fondi propri, spesso provenienti da Bruxelles invece che da Roma. Ora, nel momento della rovina dei partiti nazionali e della crisi dei loro progetti unitari, queste regioni potevano trasformarsi in zattere di salvataggio per i politici locali, a prescindere dalle loro convinzioni e dai loro sentimenti a proposito dello Stato nazionale.

La potenziale frattura del paese legata all'aumento della differenza, più che del divario quantitativo, tra Nord e Sud, a sua volta fondato sul venir meno di potenti fattori di integrazione come le migrazioni interne e l'importanza del mercato nazionale, era testimoniata da opere e trasmissioni di opinionisti non sospettabili di simpatie leghiste[10], nonché dal crollo del potere e dell'influenza delle élite meridionali, e in particolar modo campane e napoletane, nella guida del paese. Gli scandali legati al terremoto, rivolti contro De Mita, avevano a loro modo anticipato Tangentopoli, ma Mani pulite avrebbe presto completato l'opera, rimuovendo dalla scena politica nazionale ministri importanti come Gava, Cirino Pomicino o De Lorenzo[11].

Anche la resistenza del radicamento della sinistra nelle regioni centrali del paese esprimeva a suo modo la disarticolazione del paese lungo linee regionali. Come dimostrano gli indicatori europei sulla qualità della vita, si trattava in questo caso di un regionalismo nutrito da esperienze di buon governo alle quali si era legati anche perché si era loro grati. Ma proprio la riconoscenza per quanto si era ottenuto, e il timore di perderlo, alimentavano un conservatorismo che si manifestava in una più netta continuità, anche politico-elettorale, destinata a restare una costante negli anni successivi.

Un conservatorismo simile, pur se meno forte, era presente anche in altre zone e in ampi strati sociali del paese, che sapevano di aver avuto molto. A naufragare era infatti un sistema politico popolare che – in coerenza con le scelte del 1945-1947 – si era basato sul dare, anche se aveva spesso dato male, in maniera distorta e alla fine a spese delle generazioni future. A fallire era insomma uno Stato totale quantitativo, che aveva messo al centro il benessere della sua popolazione, e non uno Stato totale qualitativo, basato sulla volontà di potenza[12]. E il fallimento della prima Repubblica – indiscutibile e per di più rinviato ipotecando il futuro, sicché essa non meritava razionalmente rimpianti – dipendeva in larga parte dalla sua ambizione di garantire quel benessere e quei diritti sociali che ne costituivano uno dei presupposti, così come il malcontento contro di essa era legato alla sua incapacità di continuare a farlo.

2. Riformismi

Gli anni tra il 1991 e il 2011 sono stati talvolta presentati come anni di società bloccata e di crisi, sia a livello nazionale sia in un Mezzogiorno a sua volta afflitto dal ristagno, e anche, in parallelo, come anni dominati dal «berlusconismo». Tuttavia dal 1992 al 1998, cioè almeno fino alla caduta del primo governo Prodi ma con una coda che si allunga al 2001, il paese fu oggetto di importanti tentativi riformistici di diversa ispirazione, anche se è possibile ritrovare fili comuni – ma non identità – nella linea Amato-Ciampi-Prodi, proseguita poi da D'Alema e Amato II. Alcuni di questi tentativi, come quello del primo Berlusconi o a livello locale quello di Bassolino a Napoli, fallirono per ragioni diverse. Almeno sul piano nazionale, però, nel loro complesso i riformismi degli anni Novanta riportarono importanti successi, realizzando un ancorché incompiuto «piccolo miracolo di aggiustamento fiscale e finanziario»[13].

Nella prima Repubblica vi erano quindi forze capaci di reagire, ed essa riuscì a mettere in campo una élite ancora relativamente giovane – a sua volta espressione di un paese che era tale (proprio allora cominciarono a mancare, anno dopo anno, i ventenni che non erano nati a partire dalla metà degli anni Settanta) – e di qualità superiore rispetto a quella della precedente, di cui pure era parte.

Il nuovo gruppo dirigente, il cui blocco principale era espressione di un'alleanza tra la sinistra ragionevole e quella che una volta si chiamava borghesia illuminata, era conscio dei principali problemi economici del paese. Si trattava di una élite aperta all'Europa, ma meno al mondo, di cui aveva una visione ferma al predominio occidentale, e attenta appunto ai problemi economici e di modernizzazione, ma non a quelli demografici o della cittadinanza, se non come tentativo di salvare – attraverso le necessarie riforme – l'idea del suo allargamento verso il «basso» su cui si fondava la Costituzione. La nuova frontiera del suo ampliamento verso l'esterno, dei problemi che ciò comportava ma anche delle opportunità che ciò offriva, le restava invece in parte estranea.

Se, come abbiamo notato, il problema italiano era stato dal XVIII secolo quello dell'aggancio al mondo più avanzato – un problema che almeno dagli anni Settanta si poneva in maniera nuova, non più come ritardo ma come crisi dei presupposti che avevano permesso di colmarlo – le élite dei primi anni Novanta, al contrario di quelle del secondo dopoguerra, lo capirono, e quindi lo risolsero, solo in parte, senza riuscire a rigenerare compiutamente il paese. La prima Repubblica riuscì quindi a sopravvivere a una crisi politica ed economica gravissima e a penetrare profondamente nella seconda, che anche per questo non fu mai veramente tale.

Simbolo di questa continuità, che era anche continuità costituzionale, fu Oscar Luigi Scalfaro, democristiano e già magistrato e membro della Costituente, eletto presidente della Repubblica nel maggio 1992, due giorni dopo la strage di Capaci. Fu lui, un mese dopo, a nominare Amato capo di un governo chiamato ad affrontare una crisi drammatica. Il peso degli interessi sul PIL stava allora raggiungendo il suo picco, che fu del 12,6% nel 1992 e del 13% nel 1993, causando un deficit annuo pari a circa il 10% del PIL malgrado un saldo primario che già nel 1992 aveva raggiunto il 2%. Il debito pubblico continuava quindi a crescere a ritmi velocissimi – nel 1994 avrebbe sfiorato il 125% del PIL – e questo senza considerare quello fino ad allora relativamente nascosto dell'industria pubblica, di cui lo Stato era responsabile e che il fallimento dell'EFIM stava portando alla luce. La Banca d'Italia rese noto che, senza provvedimenti, il deficit del settore pubblico nel 1993 avrebbe teso al 15%, mentre la lira stava cominciando a svalutarsi sul marco malgrado la caparbia difesa del suo corso da parte di autorità monetarie che – fedeli alla linea abbracciata nel 1979 – non esitarono a bruciare le riserve del paese e portarono il tasso di sconto al 15%.

Amato fu quindi costretto a varare subito una manovra da 30.000 miliardi, pari al 2% del PIL, e anche grazie alla collaborazione di Trentin – che scontò l'opposizione di una parte della sua CGIL – riuscì già a fine luglio a firmare un accordo che sopprimeva quello del 1975 sulla scala mobile, mutandone i meccanismi. Benché si sapesse da tempo che la misura era indispensabile, si adottò con grande ritardo, e ciò la rese ancora più radicale di quanto sarebbe stato necessario anni prima, e lasciò comunque un'eredità pesante in termini di indebitamento, dualismo nel mercato del lavoro ecc.

Nonostante le misure del governo, la crisi valutaria – che in tutta Europa stava mettendo a rischio l'esistenza stessa del Sistema monetario europeo e in Italia era aggravata da anni di forti differenziali di inflazione, produttività e spesa pubblica – non si arrestò, e fu anzi accelerata dalla bocciatura del Trattato di Maastricht nel referendum danese di giugno. Dopo essere stata svalutata del 7% rispetto al marco tedesco, a settembre la lira uscì dallo SME, iniziando a fluttuare liberamente e deprezzandosi in pochi mesi di circa il 20%, malgrado il già ricordato avanzo primario del bilancio e soprattutto la più grande manovra mai varata da un governo italiano. Per il 1993 infatti fu approvata una stretta di 93.000 miliardi, pari a circa il 6% del PIL, che causò quella che fu definita una recessione «brutale» (ma il PIL calò di poco meno dell'1%, e quel giudizio conferma piuttosto a cosa ci si fosse abituati nei decenni precedenti).

Lo scarso effetto apparente di questi drastici provvedimenti (tra il 1992 e il 1994 la percentuale del debito sul PIL balzò comunque dal 108,1 al 124,8%, vedi la tab. 2 nell'Appendice) dimostra l'estrema serietà della situazione e la potenza dei meccanismi inerziali contenuti nella legislazione approvata nei vent'anni precedenti. La manovra tuttavia riuscì a consolidare la crescita degli avanzi primari e preparò l'inversione nel rapporto tra debito e PIL, mentre la svalutazione rafforzava la competitività italiana, riportando in equilibrio la bilancia commerciale per la prima volta dal 1979.

Sotto la pressione dell'emergenza, il governo riuscì infatti anche a varare riforme che depotenziarono quei meccanismi e per la prima volta non ebbero come oggetto quanto e a chi dare, ma piuttosto cosa e a chi togliere. Da questo punto di vista, il governo Amato del 1992 fu la prima e quindi ancora confusa manifestazione della crisi della democrazia redistributiva, cioè della forma che aveva fin lì accompagnato lo sviluppo della democrazia in Europa, e assunse anche per questo delle forme, impopolari, di governo tecnico, che suppliva a una politica incapace di fare l'opposto di quel che aveva sempre fatto.

La riforma più radicale, attuata per impedire il tracollo finanziario dello Stato separando i suoi debiti da quelli dell'industria pubblica, fu lo smantellamento di quest'ultima, conseguita trasformando le sue conglomerate (IRI, ENI, ENEL ecc.) in società per azioni e modificando così la loro missione formale: esse cessavano infatti di «servire l'interesse pubblico» ed erano chiamate a concentrarsi sulla profittabilità. Il piano, gestito da Barucci, trovò nemici come il ministro dell'Industria Guarino anche all'interno del governo[14], e la sua vittoria fu resa possibile solo dalla crisi dei partiti, troppo deboli per difendere il sistema che li aveva nutriti e abbastanza compromessi da permettere ad Amato di sostenere che l'industria pubblica andava liquidata anche per salvare quegli stessi partiti che l'opinione pubblica giudicava ormai dei parassiti. Falliva così, travolta dai debiti, la via italiana alla modernità imboccata nella seconda metà degli anni Cinquanta, una fine simboleggiata dallo scioglimento (giugno 1993) del ministero delle Partecipazioni statali, nonché dalla privatizzazione delle grandi banche, rimaste per quasi settant'anni nell'orbita dello Stato e ora proiettate per qualche anno all'avanguardia dei processi di consolidamento e internazionalizzazione dell'economia italiana.

Tra le altre misure, che andavano dall'introduzione dell'imposta sugli immobili (ICI) e di una tassa minima sui lavoratori autonomi alla riduzione della spesa sanitaria e al blocco degli stipendi nel pubblico impiego, spiccavano quelle sulle pensioni. A dicembre il governo innalzò l'età richiesta per quelle di vecchiaia, portò da 15 a 20 anni il minimo dei contributi necessari, prolungando l'arco di tempo da prendere in esame per il loro calcolo, e soppresse l'indicizzazione delle pensioni sui salari. Malgrado le pensioni di anzianità non venissero toccate i sindacati protestarono con forza e nel giudizio di molti cominciò allora l'erosione del *welfare*.

Si trattava e si tratta tuttavia di un giudizio solo superficialmente vero e non solo perché il governo tagliò spesso «aspettative» piuttosto che posizioni acquisite (non a caso la spesa pubblica continuò negli anni seguenti a crescere in termini assoluti). In altre parole, il *welfare* e le aspettative venivano per la prima volta ridotti, e l'intervento peggiorativo sul sistema pensionistico rappresentava la fine simbolica del periodo aperto nel 1968 proprio da una ben diversa riforma delle pensioni. Ma in realtà, come nel caso dell'industria pubblica, era la parziale reintroduzione di un principio di realtà, per quanto doloroso e quindi difficile da accettare, anche perché rivelava che diritti costosi come quelli sociali avevano una natura diversa dai diritti politici e civili, e non erano perciò sempre e comunque esigibili. Anche per questo si preferì pensare che si trattava di misure straordinarie e temporanee, prodotte da una crisi imputata di volta in volta alla cattiva gestione, alla corruzione, all'evasione fiscale, alla presa della criminalità organizzata ecc., tutti fattori naturalmente reali e che era importante combattere, ma di fatto accessori a quella che era la crisi strutturale di un sistema che non era in grado di reggersi e si era infatti a lungo retto a credito.

I provvedimenti di Amato aprirono la strada anche al riformismo meridionale, già avviato dalla stagione dei sindaci, seguita a una riforma del sistema elettorale locale che ne aveva considerevolmente aumentato i poteri. La fine dell'intervento pubblico nell'economia indebolì senz'altro uno dei legami unitari del paese, ma si trattava di un legame dagli effetti discutibili in termini di cultura e condotta pubblica e privata e di cui comunque non era più possibile reggere i costi. La chiusura dell'Agenzia per il Mezzogiorno (l'ultimo nome della Cassa) e la privatizzazione delle partecipazioni statali ponevano infatti termine alla «politica sbagliata» avviata a fine anni Cinquanta che aveva «finito in larga misura per costituire una forma perversa di sostentamento dei redditi», nutrendo comportamenti politici ed economici malsani e spesso alimentando corruzione e criminalità. Lo stesso si poteva dire della riforma del sistema bancario, che interruppe «il sistema di "credito senza merito" responsabile di elevatissimi stock di sofferenze bancarie e di investimenti privati privi di prospettiva». Il Meridione era così costretto a cercare vie nuove e non facili, anche se questa necessità fu presto in parte ridotta dall'aumento dei fondi europei[15].

Nel marzo 1993, il governo cercò una soluzione politica al problema di Tangentopoli, alleviando con il decreto Conso le conseguenze penali dei reati legati al finanziamento dei partiti, e quindi anche la posizione di chi ne aveva profittato. Il tentativo fu però travolto dalle polemiche, confermando la debolezza della politica nei confronti della magistratura determinata dalla crisi della prima Repubblica e che avrebbe quindi caratterizzato la seconda, anche per l'atteggiamento di leader che speravano di poter usare la situazione a proprio favore. Occhetto per esempio dichiarò che si trattava di «un'amnistia per coloro che avevano letteralmente saccheggiato il paese» e «la Repubblica» fece un titolo su *Il governo dello scippo*.

Amato, già in forte difficoltà, fu poi travolto il mese successivo dal trionfo dei referendum promossi da Segni e dai radicali sulla legge elettorale a completamento di quelli del 1991. Le sue dimissioni furono seguite a maggio dalla nomina di un governo Ciampi, che il PDS parve in un primo momento disposto a sostenere. In quello stesso mese, in applicazione degli accordi di Maastricht, la Banca d'Italia (il cui ex governatore presiedeva ora il governo) diventava completamente indipendente, rendendo impossibile la monetizzazione del debito pubblico e quindi frenando ulteriormente l'inflazione (ma allo stesso tempo ponendo le premesse, per ora solo teoriche, di un *default* dello Stato). A luglio Ciampi, che continuò anche se con minor radicalismo le politiche di Amato, colse il suo successo maggiore, firmando con le parti sociali un accordo sul costo e sui contratti di lavoro, che avviò formalmente nel paese quella politica dei redditi (concertazione) auspicata da La Malfa sin dagli anni Sessanta. Anch'essa aiutava la lotta all'inflazione, ma era a suo modo anche uno strumento neocorporativo, che implicava il riconoscimento reciproco e la tutela dei forti, lasciando ai margini chi non era riconosciuto, e rappresentato, come tale.

A giugno, intanto, le elezioni amministrative avevano segnato il tracollo definitivo del vecchio sistema dei partiti: il PSI precipitò dal 14,2 al 3,7% e la DC – che restava comunque con il 18% il maggior partito italiano – fu esclusa dai ballottaggi nelle principali città italiane (da Milano a Catania) e umiliata in Friuli dalla Lega. Anche il PDS si fermò all'11,7% ma, grazie a liste civiche che spesso presentavano suoi candidati, conseguì un grande successo, che scatenò le ambizioni dei suoi leader, convincendoli che sarebbe stato possibile ripeterlo sul piano politico nazionale.

La «vertigine da successi» della sinistra accelerò però per reazione i sommovimenti nel mondo, molto più vasto anche se ora frammentato e privo di leadership, dell'anticomunismo italiano, che poteva in teoria ancora contare su una forte maggioranza elettorale, che andava dalla Lega al Movimento Sociale e a gran parte dell'elettorato di centrosinistra. In un primo momento sembrò che quella leadership dovesse naturalmente spettare a Segni, l'uomo dei referendum, e su di lui orientò all'inizio le sue speranze anche Silvio Berlusconi, che nell'estate del 1993 dibatteva con i suoi collaboratori e amici più intimi come meglio garantire i suoi interessi e quindi se e come entrare in politica. Non senza contrasti, a settembre si decise a favore di un intervento diretto e a ottobre fu scelto – pare su proposta dello stesso Berlusconi – il nome di «Forza Italia» (FI), uno slogan calcistico già ripreso dalla DC nella campagna elettorale del 1987.

Anche per la fretta, il programma elettorale del nuovo movimento, visto che di partito era allora impossibile parlare, riprendeva in larga parte molti dei temi elaborati dall'associazione «Alla ricerca del Buon Governo» di Giuliano Urbani e da altri intellettuali liberali ed ex comunisti. Essi ebbero così un ruolo importante nel determinare gli orientamenti ideologici della prima Forza Italia, di cui sperarono di fare il primo movimento liberale di massa del paese e quindi uno strumento per conseguirne una modernizzazione fondata sulle privatizzazioni, il libero mercato, la riduzione del ruolo e del peso – anche fiscale – dello Stato ecc.

Forza Italia fu quindi all'inizio una parte integrante del riformismo italiano degli anni Novanta, ma una parte atipica e non solo e non tanto per la sua diversa impostazione ideologica e la sua estraneità all'originario patto costituzionale. L'atipicità stava infatti soprattutto nella personalità, nella storia, nelle doti e nei limiti – tutti straordinari – del suo leader, al quale i suoi collaboratori e i suoi seguaci riconobbero subito qualità carismatiche che vent'anni al centro della vita del paese, e non solo, rendono difficile negare e che ravvivano una tradizione fortissima tanto nell'Italia del primo quanto in quella del secondo dopoguerra. È vero piuttosto che il suo fascino era tale da attrarre fortemente molti (uno degli autori ha sentito intellettuali colti descriverlo con occhi sognanti, dopo averlo conosciuto, come «l'uomo più buono del mondo», le stesse parole che aveva sentito usare, con gli stessi occhi, per Adriano Sofri da intellettuali egualmente sofisticati), ma anche da respingere altrettanto fortemente altri, lasciando pochi indifferenti. Probabilmente ciò era anche dovuto al suo incarnare, estremizzandoli, caratteri tradizionalmente associati all'essere italiani, suscitando al contempo immedesimazione e vergogna. Di certo, Berlusconi era la personificazione del miracolo, dell'energia che lo aveva reso possibile e a suo modo anche dell'individualismo aggressivo e del consumismo con cui era stato associato e di cui si era a sua volta, e a suo modo, nutrita – come ha ipotizzato Guido Crainz – anche la cultura del 1968[16].

Il carattere, la ricchezza personale e la forza di Berlusconi fecero di Forza Italia, nel giudizio di Bobbio, un partito personale e non leaderistico[17], mentre le sue doti carismatiche e il loro affermarsi a seguito della distruzione dei partiti a opera di Mani pulite, e quindi in un panorama di primitivizzazione politica, rafforzarono le derive populistiche e presidenzialistiche sempre connaturate a fenomeni del genere. Queste derive erano a loro volta alimentate dall'esperienza e dalla presenza di Berlusconi nel campo dei media, che ne facevano una naturale incarnazione di quell'*audience democracy* preparata, e non solo in Italia, dalla crisi intellettuale dei partiti negli anni Ottanta. Forza Italia e il suo capo si presentavano anche per questo come un'istanza di riformismo radicale della democrazia parlamentare in direzione presidenzialista, maggioritaria e populista, sgradita a molti ma che sembrava trarre legittimazione dalla crisi della prima Repubblica e dall'impantanamento della democrazia consociativa.

L'efficienza della rete di Publitalia, che nei mesi precedenti alle elezioni fornì al nuovo partito un numero notevole di dirigenti giovani e capaci e uno sguardo innovativo sulla società italiana, e il modo di assecondarne e solleticarne i desideri (fondato sulle ricerche sui consumi condotte per le televisioni commerciali – cfr. la mappa sinottica EURISKO, p. 240), nonché la rapidissima espansione della rete dei club di Forza Italia, esprimevano al tempo stesso l'energia accumulata nelle aziende di Berlusconi e quella del loro leader. Questi poté sfruttare anche la sua immagine di uomo di successo, rafforzata dalle vittorie del Milan, nonché le sue televisioni, che avevano offerto servizi reali a piccoli e medi imprenditori e fornito programmi graditi a vaste fasce di ascoltatori.

Il successo di Forza Italia ebbe però motivazioni essenzialmente politiche, basate sulle intuizioni del suo leader e sulla sua capacità di ascoltare (molti erano gli uomini politici del vecchio centrosinistra che allora gli davano consigli, incluso Craxi) e trovare soluzioni. Con FI Berlusconi risolse il problema posto dalla distruzione del pentapartito, di cui andava però anche recuperato l'elettorato. Già alla fine degli anni Ottanta quest'ultimo aveva cominciato a cambiare il suo orientamento di centrosinistra sotto la pressione di fattori diversi come la crisi e il discredito dei regimi sovietici e quindi del socialismo; oppure quella del blocco sociale costruito intorno all'intervento pubblico nell'economia degli anni Cinquanta dal riformismo italiano, di cui quel blocco era a lungo stato uno dei pilastri prima di riscoprirsi conservatore sotto la pressione delle privatizzazioni; e soprattutto a causa della diffusa sensazione di rischiare di perdere ciò che si riteneva acquisito, una sensazione che, come sappiamo, predisponeva naturalmente al conservatorismo buona parte della popolazione del paese, la quale aveva avuto molto, non voleva rinunciarvi ed era perciò disposta a credere a chi le dicesse che ciò era possibile.

Grazie alle sue risorse l'ancora cinquantottenne Berlusconi aveva più di chiunque altro la credibilità per farlo, nonché la prontezza di capire che queste pulsioni rendevano possibile un accordo elettorale con la Lega e la neonata Alleanza nazionale, in cui a fine 1993 era confluito il MSI. Questo accordo fu il suo secondo successo politico dopo la creazione di FI: esso gli permise di vincere al Nord con la Lega, come Polo delle Libertà, e al Sud con Alleanza nazionale, come Polo del Buon Governo.

Con Berlusconi si schierò così gran parte dell'Italia che ricordava e sognava il miracolo economico e rifiutava di fare i conti con la realtà (un'altra parte, più piccola ma complementare, si raccolse attorno a Rifondazione comunista e al suo appello in difesa delle conquiste dei decenni precedenti), un'Italia che egli blandì concludendo nel gennaio 1994 l'annuncio della sua discesa in campo con le parole «Vi dico che possiamo, vi dico che dobbiamo costruire insieme per noi e per i nostri figli un nuovo miracolo italiano».

Con lui si schierò anche l'Italia anticomunista, rimasta orfana dei popolari-democristiani che avevano creduto alla conversione degli ex comunisti e si erano loro avvicinati, nonché buona parte delle regioni del boom economico ritardato degli anni Settanta e Ottanta, a partire dal Veneto, che volevano fare da sé, erano ostili alle regole e alle imposte dei governi riformatori di Amato e Ciampi, nonché alla scelta e agli slogan «legge e ordine» di una sinistra che aveva fatto dei magistrati i suoi campioni. Per motivi affini, ma profondamente diversi, con Berlusconi passò pure buona parte di una Sicilia irritata da una lotta alla mafia condotta dal centro con decisione, ma anche con un discorso che ne feriva in qualche modo i sentimenti «nazionali», oltre che per la mancanza di sensibilità dimostrata nella sostituzione di eroi siciliani come Falcone e Borsellino.

Sostennero però Berlusconi anche molti imprenditori capaci e moderni, gruppi di intellettuali e ceti colti e civili che si riconoscevano in buona parte della retorica iniziale di Forza Italia. Benché a suo modo, anche la Chiesa della svolta antimodernista di Woytila, Ratzinger e Ruini avrebbe finito per dialogare con lui, malgrado egli incarnasse precisamente quella modernità avaloriale, fondata sugli interessi e sul piacere, da cui la Chiesa si sentiva minacciata (un altro e notevole esempio della capacità innata dell'uomo di riflettere i desideri di chi lo guardava, illudendolo di essere dalla «sua» parte, e di far ciò – e contemporaneamente – anche con desideri contrapposti).

Proprio quando il crollo del Muro e dei sistemi sovietici e il ravvedimento del PCI sembravano porre fine alla spaccatura che dal 1947 divideva il sistema politico e la sfera intellettuale del paese, componendo una frattura in cui molti avevano visto – forse sopravvalutandola – una delle cause delle difficoltà del paese, se ne stava così creando un'altra, per certi versi altrettanto profonda e generatrice di conflitti. Essa rinnovava compiutamente il bipolarismo italiano, cui diede di nuovo un contenuto essenzialmente nazionale (al contrario di quello del bipolarismo precedente, fortemente influenzato dal contesto internazionale) anche a causa del magnetismo della personalità attorno a cui si focalizzò, contribuendo perciò a sospingere il paese verso una autoreferenzialità provincializzante.

La sua profondità e conflittualità derivavano infatti in primo luogo dal carattere e dai comportamenti di Berlusconi, dalla sua capacità di respingere, oltre che di attrarre, intensamente. Ma contò anche il già ricordato ruolo acquisito a partire dagli anni Settanta dal moralismo nell'ideologia della sinistra italiana, che alla fine degli anni Ottanta aveva rimpiazzato un socialismo fallito intellettualmente ma non moralmente, e intellettualmente mai criticato, con le buone intenzioni, i diritti e la legalità. Specie, ma non solo, da parte di un giornalismo che aveva sostituito gli intellettuali organici, l'analisi del paese e della sua storia recente veniva così spesso ridotta a una serie di complotti, manovre, crimini e corruzione in cui idee, economia, interessi, cultura, sviluppi e relazioni internazionali quasi non esistevano, il tutto a sua volta associato alla delusione rispetto a una modernità diversa da quella che si era sognata e che veniva rifiutata[18].

Contò infine la riconversione del precedente paradigma antifascista in paradigma antiberlusconiano, favorita dall'apertura di Berlusconi a Fini e ad Alleanza nazionale, la cui nascita – accompagnata da una scissione simile, ma più piccola, di quella subita dal PDS – era stata fortemente osteggiata dalla sinistra. A Fini essa contestava di avere per convenienza rimosso il passato fascista senza rielaborarlo politicamente e intellettualmente, dimenticando tuttavia che la rimozione implicava comunque una condanna e che il PCI-PDS aveva fatto in fondo la medesima operazione[19]. Con AN e la Lega Berlusconi formò inoltre un blocco politico estraneo al patto fondativo della Repubblica, che segnalava a suo modo la fine della seconda guerra mondiale anche in Italia e metteva quindi direttamente in crisi l'antifascismo come collante identitario del paese politico.

La nuova frattura – che, come ha notato Simona Colarizi, spaccava anche la precedente, vantata unità della «società civile» di fronte alla politica (erano ora due forze che si richiamavano a due diverse «società civili» a contrapporsi) – fu aggravata dall'inattesa sconfitta della sinistra alle elezioni politiche del marzo 1994 che scatenò la ricerca di un colpevole subito individuato in Berlusconi. Ma la sinistra non era mai stata maggioranza elettorale e solo le illusioni di Occhetto, peraltro messo in guardia da una parte del suo gruppo dirigente, l'avevano portata ad accelerare la caduta del governo Ciampi nella convinzione di poter conseguire la vittoria. L'Alleanza dei progressisti (il nome dato da Occhetto al fronte da lui guidato) guadagnò invece il 32,8% dei voti e il PDS il 20,3, di contro al 37,5% dei Poli berlusconiani (che al maggioritario prendevano così 129 seggi in più dei progressisti), mentre Forza Italia diventava con il 21% il primo partito italiano, Alleanza nazionale toccava quasi il 13,5% e la Lega l'8,3.

Nacque così il primo governo Berlusconi, un governo in cui – a testimoniare dell'eterogeneità dell'alleanza costruita nei mesi precedenti – c'era di tutto, inclusi ministri che preferivano Evola a Sturzo, altri che avevano sostenuto posizioni antiamericane e «antisioniste» e altri ancora che parlavano un linguaggio identitario prepolitico. Malgrado AN e la Lega, tuttavia, c'era anche il liberalismo riformatore di Forza Italia, e non a caso fu esso a determinare, in pochi mesi, la caduta del governo.

Prima, però, le elezioni europee di giugno diedero a Forza Italia un nuovo grande successo. Occhetto, sconfitto per la seconda volta, si dimise, ma questa volta il successo di FI avvenne anche a spese della Lega, che si sentì minacciata dal nuovo alleato sul suo terreno. Egli inoltre indicò che FI stava ereditando il vecchio elettorato del pentapartito, che ne avrebbe presto condizionato la politica. Questo mentre le elezioni locali tenutesi solo due settimane dopo quelle europee, che si risolsero invece in una sconfitta di FI a fronte di un'affermazione della sinistra, dimostravano a Berlusconi la necessità di fare di FI un partito radicato territorialmente, operazione possibile solo assorbendo anche i notabili, e non solo i voti, del pentapartito, e quindi facendo proprie anche le loro esigenze e le loro ideologie.

Cominciava così la veloce conversione di Forza Italia dal liberalismo a un moderatismo fondato sugli interessi, contraddetto però a tratti dal risorgere di un radicalismo di stampo populista legato alla personalità del suo fondatore. Ma in Parlamento i suoi deputati erano ancora quelli eletti tre mesi prima, sotto un'altra bandiera. Il governo presentò così una riforma delle pensioni basata sulle proposte di una commissione di saggi guidata da Onorato Castellino, un esperto del problema che da anni criticava i privilegi di alcune categorie e che aveva messo in luce l'insostenibilità del sistema[20]. Le proposte della commissione, alcune delle quali furono riprese dal governo, includevano gran parte delle misure poi adottate nel corso dei decenni successivi, e da ultimo dal governo Monti, un ritardo pagato con la mancata riduzione del debito, sacrifici – anche in termini di pensioni – maggiori di quelli che sarebbero stati necessari se fatti per tempo e la compressione delle spese a favore di altre categorie o di altri obiettivi rilevanti per il paese. Esse comprendevano il rapido elevamento a 65 anni dell'età per le pensioni di vecchiaia; la riduzione di quelle di anzianità, con l'aumento del minimo contributivo da 35 a 40 anni; la limitazione dei meccanismi di indicizzazione; la parziale eliminazione degli assegni di reversibilità (lasciati solo ai redditi bassi e in presenza di figli minori); la revisione del generoso sistema di cumulo tra pensioni e retribuzioni da lavoro; la riduzione delle invalidità civili, attraverso la lotta ai falsi invalidi e l'introduzione di limiti di reddito; e quella delle pensioni estere, rivedendo i criteri per la loro assegnazione. Sull'aumento dell'età pensionabile e la riduzione delle pensioni di anzianità, due articoli chiave della sua finanziaria, Berlusconi mise la fiducia, ma la Lega presentò due emendamenti che, secondo il ministro del Tesoro Dini, sarebbero costati in pochi anni migliaia di miliardi in minori risparmi.

Poco tempo dopo, il 22 novembre, Berlusconi, che si trovava a Napoli per un vertice internazionale, fu raggiunto da un avviso di garanzia, fatto filtrare al «Corriere della Sera» che ne diede l'annuncio con grande rilievo. Poche settimane dopo la Lega firmava la sfiducia al governo per difendere le «pensioni lombarde». Finiva così dopo soli sette mesi, sotto la pressione di sindacati, magistrati e leghisti e su un provvedimento riformatore, il primo governo Berlusconi. La riflessione sulla modalità e sulle ragioni della caduta avrebbe rafforzato nel suo leader la convinzione che era necessario distanziarsi dall'originario e impopolare liberalismo per muoversi in direzione del vecchio pentapartito e del suo personale politico, mettendo progressivamente in crisi i rapporti di Forza Italia con il gruppo di intellettuali che ne avevano sostenuto la nascita. Nell'immediato però, Forza Italia e Berlusconi chiesero nuove elezioni, convinti di poterle vincere, sostenendo che il maggioritario aveva prodotto una nuova Costituzione materiale che rendeva impossibile cambiare un governo e il suo premier in Parlamento, senza ricorrere al voto. In maniera formalmente ineccepibile Scalfaro, che della vecchia Costituzione, mai abolita, era un sostenitore e il garante, ne seguì invece la lettera, verificando se era possibile una nuova maggioranza parlamentare. Nacque così il governo Dini, presieduto da un importante ministro di Berlusconi ma da questi osteggiato, e si imboccò la strada della mediazione conflittuale tra le forze politiche e sociali del paese, che ne rallentò e deformò il percorso riformatore.

La migliore dimostrazione fu la riforma delle pensioni approvata dal nuovo governo con il consenso dei sindacati. In linea di principio il sistema veniva stabilizzato introducendo il sistema contributivo per tutti, ma di fatto se ne rinviava la piena attuazione ad anni lontani, salvando buona parte dei lavoratori già occupati, quelli che nel 1996 avevano più di 18 anni di contributi. Si rinunciò così ad abbattere il debito, anche in base alle stime della ragioneria dello Stato che aveva assicurato che il nuovo sistema era sostenibile con una crescita del PIL pari a «solo» il 2% annuo, un obiettivo che – in virtù dell'esperienza dei decenni trascorsi – sembrava modesto e facilmente conseguibile. L'élite del paese confermava così di vivere ancora, almeno mentalmente, nel mondo delle aspettative crescenti e scaricava ancora una volta il costo delle sue illusioni sulle giovani generazioni, segmentando per la seconda volta la popolazione del paese in fasce diversamente garantite dal punto di vista dei diritti. Ciò avveniva in modo ancora più netto di quanto era accaduto al tempo dello Statuto dei lavoratori, quando la discriminazione non era stata tra giovani e vecchi e veniva comunque presentata come temporanea, poiché – si diceva – le garanzie dello Statuto sarebbero prima o poi state estese a tutti.

Questa volta era chiaro che ciò non sarebbe accaduto, e fu così assecondata la creazione di una gerarchia fondata sull'età nei luoghi di lavoro, che ne furono avvelenati. Lo Stato continuò a regalare decine e talvolta centinaia di migliaia di euro a pensionati di anzianità che in molti comparti non avevano effettuato i versamenti necessari o ne avevano fatti di inferiori rispetto a quanto veniva ora loro corrisposto; la stratificazione e l'ingiustizia aumentarono e tra i giovani si rafforzarono il sentimento di emarginazione e la tendenza all'autoghettizzazione[21].

Viste in questa luce, le manifestazioni sindacali di quegli anni acquistano una coloritura intrinsecamente conservatrice, non tanto perché difendevano comprensibilmente l'esistente, ma perché perpetuavano privilegi di alcuni a spese di altri. Malgrado Trentin e i suoi sogni[22], il sindacato – incapace di reggere il passaggio dall'era delle aspettative crescenti a quella delle scelte razionali per far fronte al declino – confermava così il cambiamento, certo mai completo, della sua natura originaria. Era una trasformazione epocale, che toccava anche ampie aree della sinistra e a suo modo accompagnava, assecondandolo, il già ricordato passaggio di parte dell'elettorato di centrosinistra al centrodestra, dando il tono a un paese che si andava chiudendo e in cui anche i conflitti sociali assumevano contenuti e significati nuovi.

Già nel 1992, riflettendo su questo passaggio, Foa notava che se era giusto, viste le nuove condizioni, che la sinistra – tradizionalmente legata alle rivendicazioni di chi aveva poco o nulla da perdere – imparasse a farsi carico anche della «protesta di quelli che hanno qualcosa da perdere e hanno paura», occorreva però esplorare questo terreno razionalmente, perché la paura poteva essere mediata politicamente in molti modi. Si trattava insomma di cercare una nuova definizione della sinistra, visto che «il vecchio schema dei diritti» appariva ormai «carico di individualismo radicale, di centralismo, di apologia del presente» e «la stessa parola "sinistra"» correva il rischio di diventare «un feticcio, un robusto reticolato in difesa dell'esistente»[23].

Alle elezioni del 1996, seguite alle dimissioni concordate di Dini, il centrodestra raccolse la maggioranza dei voti, ma Forza Italia fu sconfitta perché – al contrario che nel 1994 – non riuscì a formare una coalizione vincente (se si fosse presentata con la Lega, come nel 1994 e nel 2001, avrebbe conseguito facilmente la maggioranza dei seggi). La prospettiva di cinque anni di opposizione rafforzò in Berlusconi la convinzione che fosse necessario fare di FI un vero partito, accelerando l'intesa con il vecchio personale politico del pentapartito, che da parte sua era ansioso di trovare una via per riemergere. La scelta fu poi formalizzata al I Congresso di FI, che si tenne nell'aprile 1998. Pochi giorni prima Berlusconi aveva celebrato il cinquantesimo del 18 aprile sostenendo che l'esperienza democristiana non doveva essere «demonizzata guardando al debito pubblico e alla deriva dell'ultimo decennio» e che occorreva «piuttosto rendere omaggio al partito che ha garantito 50 anni di benessere e democrazia». L'elezione a coordinatore nazionale di Scajola, un ex dirigente locale democristiano che aveva cominciato la sua carriera politica nelle USL, sanzionò un mutamento di rotta che allontanò dal partito molti degli intellettuali delle origini, alcuni dei quali – come Colletti – non si recarono nemmeno al congresso[24].

Il centrosinistra aveva invece messo a profitto la lezione del 1994, presentando una coalizione, l'Ulivo, guidata da Romano Prodi, un importante esponente della sinistra democristiana, presidente dell'IRI negli anni Ottanta e poi ancora subito dopo la sua trasformazione in società per azioni, quando aveva contribuito a impostarne la privatizzazione. Il governo da lui presieduto, che aveva Ciampi al Tesoro e Dini agli Esteri, riprese la strada delle riforme imboccata da Amato, ma lo fece in modo più politico, e con più compromessi, anche perché aveva bisogno per sopravvivere dell'appoggio esterno di Rifondazione comunista, ostile a molti dei provvedimenti ritenuti necessari.

Ripresero anche le privatizzazioni, culminate con la messa in liquidazione dell'IRI nel 2000, che permisero allo Stato di incassare quasi 200.000 miliardi di lire del 1992, pari a circa il 13% del PIL di quell'anno (ma fino al 1994 le perdite legate alla loro gestione furono maggiori delle entrate garantite dalla loro vendita)[25]. Furono anche varate riforme intese a «togliere il freno» all'economia e alla società italiane per stimolarne la crescita, come quella, cui sovraintese Bassanini, della pubblica amministrazione. Il tentativo di sostituire la cultura del risultato, e quindi della valutazione *ex post*, a quella del controllo formale *ex ante*, tipico della tradizione italiana, non diede però i frutti sperati e laddove la deroga fu davvero applicata, come nella protezione civile, essa produsse – oltre a maggiore efficienza – effetti e risultati preoccupanti.

Anche la riforma del mercato del lavoro, tesa a combatterne segmentazione e rigidità, ebbe effetti contraddittori[26], mentre la riforma dell'università, impostata da Luigi Berlinguer con le

TAB. 5.1. CRESCITA PIL NEL CENTRO-NORD E NEL CENTRO-SUD, 1952-2004 (MEDIA ANNUA)

	1952-60	1961-70	1971-80	1981-90	1991-95	1996-2004
Centro-Nord	5,7	5,8	3,1	2,3	1,5	1,4
Centro-Sud	4,8	5,4	3,2	2,1	0,5	1,7

migliori intenzioni, produsse effetti nel complesso negativi, anche perché facilitava l'ulteriore degrado qualitativo del sistema. La riforma del *welfare* tracciata nella *Relazione finale* della Commissione Onofri a inizio 1997[27] rimase invece in larga parte sulla carta a causa dell'ostilità di forze politiche e sociali interne alla maggioranza, appoggiate all'esterno da Rifondazione comunista.

Importanti esperienze riformiste, simboleggiate dall'amministrazione Bassolino a Napoli e poi in Campania, avevano luogo in quegli stessi anni anche nel Meridione. I risultati furono contraddittori, positivi in alcune sue regioni, causa di crisi e amare delusioni in altre. Tuttavia, nel suo complesso tra il 1996 e il 2004 il Mezzogiorno – che contrariamente a quanto spesso si ritiene veniva comunque da decenni di straordinario sviluppo – crebbe più del Centro-Nord, anche grazie al raddoppio delle sue esportazioni tra il 1999 e il 2005 (cfr. tab. 5.1)[28].

Sono dati che è difficile conciliare con l'immagine di territori in pugno alla malavita, così come lo sono quelli relativi agli omicidi. Dal 1991 al 2008 gli omicidi volontari ufficialmente registrati sono passati in Italia da 1.916 a 611, vale a dire da 3,38 a 1,02 per centomila abitanti, un dato tra i più bassi in Europa. Al loro interno quelli di tipo mafioso si sono a loro volta ridotti dal 37,5 al 14,4% del totale, un crollo che è tale anche nelle zone più difficili, come il napoletano, dove negli ultimi trent'anni gli omicidi si sono per esempio ridotti a meno della metà[29].

Eppure, così come l'immagine dell'Italia degli anni Novanta, governata in prevalenza da élite riformistiche, è stata spesso schiacciata su un berlusconismo caricaturale e grottesco, anche nel Sud – malgrado tentativi riformatori non privi di successo, risultati economici a lungo non disprezzabili e un'oggettiva e forte riduzione nel numero dei reati più crudeli (al crollo degli omicidi corrispose per esempio la quasi scomparsa dei sequestri di persona) – è cresciuta una retorica che assimila regioni nel loro complesso molto più civili di alcuni decenni addietro a una *gomorra* dominata da un crimine organizzato che ha invece riportato importanti sconfitte. Naturalmente mafia, camorra e 'ndrangheta esistono, la provincia di Napoli e quella di Caserta, così come vaste aree della Sicilia o della Calabria ne soffrono, ma anche la criminalità organizzata ha la sua storia, determinata da fattori ed eventi concreti cui sono legate la straordinaria crescita del suo potere e della sua forza negli anni Settanta, l'esplosione violenta dei primi anni Ottanta e le sconfitte del periodo successivo. E questa storia non sembra giustificare la retorica affermatasi in Italia, che ha fatto della criminalità organizzata una forza misteriosa e atemporale, capace di resistere a ogni scossa e di profittare di ogni circostanza[30].

Ancora nel 1997 il governo Prodi non pensava che l'Italia sarebbe riuscita a rispettare la maggior parte dei parametri previsti per l'ingresso nell'euro e in particolare quello – decisivo – del 3% di deficit in rapporto al PIL. Esso era però cosciente dei grandi vantaggi che l'euro avrebbe portato, soprattutto in termini di ribasso dei tassi di interesse sul debito che nel 1997 si aggiravano ancora sul 10% del PIL, ma anche in campo politico, dove l'ingresso nell'euro avrebbe tacitato buona parte della propaganda antiromana e antimeridionale, e quindi anti-italiana, della Lega, che avrebbe invece tratto forza da una bocciatura. Fu fatto quindi ogni sforzo per raggiungere un obiettivo difficile: sempre nel 1997 l'avanzo primario dello Stato toccò il suo picco con il 6,7% e grazie a qualche, ma non eccessivo, aggiustamento contabile, alla positiva congiuntura economica internazionale e alla decisione politica degli altri grandi paesi europei di non escludere l'Italia dalla nuova moneta, la mèta, che era sembrata irraggiungibile, fu raggiunta.

L'ingresso dell'Italia nell'Unione monetaria sin dai suoi inizi, sanzionato nel maggio 1998, rappresentò il culmine e il più grande successo del riformismo degli anni Novanta, e al contempo la sua più importante riforma. Ci si provvedeva così in maniera che si pensava definitiva di quell'ancoraggio alle più forti economie europee, nonché all'Europa moderna e civile, perseguito sin dai tempi dello SME, un ancoraggio che si sarebbe rivelato prezioso nei difficili anni successivi. È possibile che per ottenerlo si accettasse una certa sopravvalutazione della lira. Essa veniva però da una svalutazione pari a circa il 30% tra il 1992 e il 1996, che aveva fatto soffrire gli altri paesi europei, e se il cambio con l'euro danneggiò all'inizio le esportazioni italiane, la situazione fu presto compensata dalla svalutazione dell'euro nei confronti del dollaro.

Tuttavia, come osservò D'Alema, l'euro dava all'Italia il diritto a entrare su un ring, non la soluzione ai suoi problemi. Perdere la possibilità delle svalutazioni competitive e quella di usare l'inflazione per regolare indirettamente i conflitti sociali e mediare tra le varie richieste in maniera relativamente indolore voleva dire puntare a una maggiore serietà in tutti i campi e richiedeva, se si voleva restare competitivi, di aumentare la produttività, ridurre costi e inefficienze e risolvere il problema del debito. Altrimenti l'euro e gli immediati benefici da esso prodotti – consistenti soprattutto nella riduzione a breve dei tassi di interesse sul debito pubblico e dei tassi di interesse più in generale – si sarebbero trasformati in un cortisone capace di nascondere i problemi per qualche anno, ma solo per farli esplodere più tardi.

I tassi di interesse sul debito in effetti scesero bruscamente: nel 2001 il loro peso sul PIL era del 5,4% rispetto al 12,6 del 1992 e al 10% circa del 1997. L'euro aveva insomma regalato all'Italia quasi cinque punti di PIL, 7 se si pensa alla situazione in cui si era trovato Amato. Questo tesoro servì in parte a ridurre il debito pubblico, ma già dal 1998 – sotto la spinta della minore necessità – l'avanzo primario nel bilancio dello Stato cominciò a ridursi, sia pure moderatamente. E furono presto messe da parte le prescrizioni del DPEF del 1998, l'ultimo documento della stagione del rigore che prevedeva di raggiungere un rapporto debito/PIL del 100% entro il 2003 e del 60% nel 2010-2020. Il debito ora costava poco, si poteva sperare che grazie all'euro avrebbe continuato a farlo, veniva quindi meno la necessità di ridurne al più presto l'importo attraverso tagli e riforme impopolari, e si poteva fare di nuovo una sia pur modesta politica espansiva, resa necessaria anche dalla nuova e tesa lotta politica tra centrodestra e centrosinistra, che spingeva entrambe le parti a dare più che a togliere. Sembra per esempio che la reazione dei senatori DS all'ingresso nell'euro fosse di sollievo generale: i tempi della cinghia stretta erano finiti e si poteva riprendere a respirare, cosa tanto più gradita perché era nella natura del centrosinistra difendere lo Stato sociale costruito nei decenni precedenti e perseguire i fini di benessere popolare che lo avevano ispirato[31].

La possibilità di «fare di più» accelerò la pressione perché di più si facesse, innescando la crisi politica del governo Prodi. Già nell'ottobre 1997 Rifondazione comunista, che incarnava il rifiuto della sinistra di fare i conti con la realtà, ne provocò una prima crisi chiedendo che il governo si impegnasse a varare le 35 ore per il 2000, anche con opportune agevolazioni sociali, a non toccare la soglia di 56 anni per le pensioni di anzianità, a non introdurre alcun ticket e a garantire la creazione di centinaia di migliaia di nuovi, «buoni» posti di lavoro. L'anno dopo, sempre a ottobre, Bertinotti e il suo partito ritirarono l'appoggio esterno al governo e alla sua finanziaria «neoliberale», provocandone la caduta per un solo voto.

È possibile che la decisione – motivata dalla necessità di raggiungere equilibri politici più avanzati, vale a dire un governo guidato dalla sinistra – fosse favorita dal legittimo anche se inopportuno desiderio dell'ex PCI di andare alla guida del governo, spezzando un incantesimo durato cinquant'anni. Questo è quello che pensarono molti sostenitori di Prodi, e uno dei risultati della manovra fu l'avvelenamento dei rapporti nel centrosinistra. In ogni caso, i governi D'Alema e Amato II non si diedero a politiche irresponsabili, anzi: come dimostrano i dati relativi al debito pubblico (vedi la tab. 5.2)[32], malgrado l'avvicinarsi delle elezioni e provvedimenti populistici di piccola entità come l'abolizione dei ticket, a esse legati, il risanamento continuò, anche in virtù della buona congiuntura economica: nel 2000 il PIL crebbe per l'ultima volta in termini reali del 3,6%, alleviando tutti i problemi e migliorando tutti i dati.

Nel 2001, infine, fu varato l'ultimo provvedimento significativo della stagione delle riforme, che ne riassumeva buone intenzioni, contraddizioni ed eterogenesi dei fini. Fu infatti un centrosinistra

TAB. 5.2. GLI ANNI DELLE RIFORME, 1992-2001 (VALORI IN %)

	CRESCITA PIL	SPESA PUBBLICA /PIL	SALARI REALI	INFLAZIONE	SPESA PER INTERESSI/PIL	DEBITO/PIL
1992	0,8	56,7	-0,4	5	12,6	108,1
1993	-0,9	57,7	-1,6	4,5	13	118,7
1994	2,2	54,6	-2	4,2	11,4	124,8
1995	2,9	53,4	-2,1	5,4	11,5	124,3
1996	1,1	53,2	0,1	4	11,5	123,1
1997	2	51,1	2,5	1,9	9,4	120,5
1998	1,8	49,9	0,4	2	8,3	116,7
1999	1,7	48,9	0,1	1,7	6,5	115,5
2000	3	46,9	-0,6	2,6	5,9	111,2
2001	1,8	48,7	-0,7	2,3	5,4	110,6

sempre attento agli squilibri regionali a promuovere una riforma del Titolo V della Costituzione che, passando l'assistenza in esclusiva alle regioni senza fissare soglie generali comuni e senza istituire controlli seri sui bilanci regionali, assestò un colpo significativo alla comunità nazionale. La regionalizzazione del Servizio sanitario nazionale ruppe infatti presto gli standard comuni esistenti, portando alla luce le prevedibili tensioni tra federalismo, da un lato, e *welfare* universalistico dall'altro. Essa diede inoltre ai ceti politici locali la possibilità di usare i notevoli fondi a disposizione per la sanità e il *welfare* per accelerare quelle strategie di costruzione – anche attraverso pratiche clientelari – di forti poteri politici regionali già avviate grazie ai fondi che arrivavano direttamente da Bruxelles, e ora rafforzate dagli altri, e notevoli, poteri che la riforma trasferiva loro.

Politicamente però alla fine del 1998 la stagione delle riforme era arrivata al capolinea, come dimostrava anche il cambiamento del discorso pubblico di un paese che pensava di aver fatto il suo dovere e intendeva profittare dei benefici dell'euro per porre termine alle dolorose politiche del decennio appena trascorso.

3. Un bilancio

Gli anni Novanta sono stati quindi un decennio riformatore ed è delle loro riforme che occorre ragionare. Il ruolo di Berlusconi in esse è stato di poco rilievo: pur essendo partito con un discorso riformista diverso da quello dominante e caduto sulla riforma più importante, quella delle pensioni, il suo governo è stato troppo breve – solo otto mesi – per lasciare il segno. E il veloce abbandono del discorso riformista da parte di Forza Italia, la sua conquista – diretta dal suo stesso fondatore – da parte dei politici del pentapartito, sembrano confermare che, problemi giudiziari a parte, Berlusconi fosse più attento e sensibile agli interessi che non alle idee, come è del resto normale attendersi da un grande imprenditore, ma non da un grande leader politico. Colpisce, in questa prospettiva, la fragilità intellettuale e psicologica di almeno parte del liberalismo italiano, che pensò di poter affidare la sua rivincita «storica» a un leader carismatico, ignorando che i valori e i principi essenziali del liberalismo sono agli antipodi di un tale tipo di leadership e di potere.

I riformismi da analizzare sono dunque quelli della linea Amato-Ciampi-Prodi, che diresse la stabilizzazione del 1992-1998, un grande sforzo (oltre 430.000 miliardi di correzioni di bilancio in sette anni) che pose fine a vent'anni di irresponsabilità politica, intellettuale e finanziaria e rese possibile l'ingresso nell'euro. I suoi risultati in materia di debito, inflazione ecc. sono ricavabili dalla tabella 5.2. Se è vero che nella prima metà del decennio i salari reali e i consumi si ridussero, il costo del lavoro per unità di prodotto continuò comunque a crescere. Come indica l'andamento del debito e della spesa pubblica, i tagli veri e propri allo Stato sociale furono inoltre molto relativi, specie se si tiene conto – come va fatto – della riduzione della spesa per interessi, degli introiti garantiti dalle privatizzazioni e dell'aumento della pressione fiscale, ottenuto anche grazie alla prima seria lotta all'evasione. Gli investimenti pubblici furono inoltre ridotti più dei trasferimenti, che non subirono forti riduzioni, soprattutto in termini assoluti: dal 1992 al 1996, per esempio, la spesa per la sanità calò di 0,6 punti di un PIL comunque in crescita, e l'impiego pubblico si ridusse dell'1,5% ma dopo essere cresciuto di quasi il 14% nel decennio precedente.

I tagli, innegabili, riguardarono insomma soprattutto la riduzione dei meccanismi di crescita automatica inseriti nelle riforme del ventennio precedente. Cominciava così la fine della grande stagione delle aspettative crescenti, ma negli anni Novanta i redditi reali continuarono ad aumentare, raggiungendo alla fine del decennio un livello pari a 5,5 volte quello del 1951. Ciò fu permesso dai trasferimenti nonché dalla crescita del PIL, favorita prima dalla buona congiuntura internazionale e dal deprezzamento della lira tra il 1992 e il 1996 (è stato calcolato che senza il boom delle esportazioni nel 1993 il PIL sarebbe calato di più del 5%), e alla fine del decennio dalla svalutazione dell'euro, passato dagli 1,18 dollari del 1999 (quando veniva negoziato pur non essendo ancora in circolazione) agli 0,85 di fine 2000.

Oltre a stabilizzare l'economia, i governi riformisti cercarono anche, con misure spesso radicali almeno nella loro impostazione, di raddrizzare le storture prodottesi nei decenni precedenti, quando la crescita – prima reale e poi in parte a credito – le aveva rese tollerabili. Jamet ha osservato che le loro riforme, e in particolare quelle della prima parte del decennio, quando l'emergenza dettava legge, non si presentano come un insieme pianificato e coerente, «ma piuttosto come una serie di misure correttive prese da governi obbligati a constatare che gli obbiettivi di riduzione del deficit previsti dalla legge finanziaria non erano stati raggiunti»[33]. Ma gli indirizzi adottati nel 1992-1993 furono confermati negli anni successivi, rivelando un impianto riformistico condiviso. E quei governi «privatizzarono, liberalizzarono e regolamentarono i servizi pubblici e il mercato del lavoro»[34], riformarono scuola, università e pubblico impiego, fecero il decentramento amministrativo, delegificarono e semplificarono i procedimenti, cambiarono gli incentivi alle imprese ecc., e lo fecero in base a delle idee sulla situazione, sui mali del paese, sulle loro cause e sui rimedi necessari ad affrontarli.

Sembra piuttosto possibile dire che quel che fecero non bastò, che molte riforme non diedero i frutti sperati, che altre rimasero incomplete (le pensioni di anzianità non furono per esempio quasi toccate e alla liberalizzazione del mercato del lavoro non seguì la riforma degli ammortizzatori sociali) e che altre ancora – come quella dell'università – ebbero un effetto negativo, almeno dal punto di vista qualitativo, visto che il numero dei laureati crebbe al prezzo di una svalutazione degli studi, almeno in vaste aree del sapere e in particolare nelle discipline umanistiche.

Anche per questo molti dei temi allora all'ordine del giorno sono poi tornati a far parte del programma del governo Monti, che si è posto da questo punto di vista per più versi in continuità con il riformismo degli anni Novanta. Anche per quest'ultimo vale perciò l'interrogativo che ci siamo posti per gli anni Ottanta – cosa fu fatto e cosa non fu fatto, e perché? – cui si potrebbe cominciare a rispondere osservando che alla stabilizzazione incompleta del primo decennio (che fu però anche di crescita drogata dall'indebitamento) corrisponde il riformismo incompiuto del secondo, che cominciò a esaurirsi tra il 1998 e il 2001. Con il senno di poi sembra possibile dire che Amato, Ciampi, Dini, Prodi e D'Alema riuscirono a riparare il sistema idraulico del paese ma non a svuotare l'enorme invaso del debito pubblico che ne minacciava la sopravvivenza. Qualcosa fu fatto anche in questo campo, ma grazie all'euro (anch'esso, ricordiamolo, parte integrante di quelle riforme), che ridusse i tassi di interesse, vale a dire il canale tra quell'invaso e la vita del paese, l'urgenza di procedere su una strada politicamente e socialmente costosa venne meno. Quel riformismo mise quindi il paese in grado di funzionare, ma solo fin tanto che quel canale fosse rimasto sotto controllo.

Questo successo, o insuccesso, parziale ebbe sicuramente anche cause contingenti. La crisi e le scelte degli anni Settanta e i limiti dei rimedi adottati negli anni Ottanta avevano lasciato un'eredità pesante, sia economica sia di schieramenti, mentalità e quindi possibilità di scelta. La politica, indebolita dallo scontro con i magistrati e messa in difficoltà dalla necessità di prendere misure impopolari, e quindi dall'ostilità delle parti sociali, scontava anche la fine dei suoi rapporti organici con il mondo intellettuale, fatta precipitare dalla crisi terminale dei partiti che quei rapporti avevano tenuto.

Nella seconda metà degli anni Novanta il paese si trovò inoltre a fare i conti con un grave rallentamento della produttività, che alcuni hanno imputato alla svalutazione del 1992-1993 (comunque inevitabile) che avrebbe posto fine a quindici anni di virtuosa educazione delle imprese da parte della Banca d'Italia[35]. È un'ipotesi cui si potrebbe rispondere che la rigidità di quella educazione, basata su tassi di cambio fissi e legati al marco, e la difesa a oltranza che ne era stata fatta avevano contribuito alla crisi della lira e alla svalutazione massiccia e incontrollata del 1992.

Resta il fatto che la produttività oraria del lavoro nell'industria cominciò a crescere dopo il 1995 a ritmi molto inferiori a quelli degli altri grandi paesi occidentali. Ma proprio questo rallentamento, specifico, della nostra produttività – imputato alla modestia delle innovazioni e ai pochi investimenti in ricerca e sviluppo – segnalava che vi erano altri problemi, strutturali, che le riforme degli anni Novanta non erano state capaci di affrontare, forse anche perché non ne avevano avuto piena coscienza. Arriviamo così a quelli che potremmo definire i limiti intrinseci, vale a dire intellettuali, del riformismo del 1992-1998, cui pure non mancarono coraggio e determinazione.

L'impressione è che, malgrado forti discontinuità relative per esempio al ruolo della concorrenza, a quello dell'intervento statale in economia e alla nuova percezione dei problemi posti dal bilancio dello Stato, esso si ponesse in sostanziale continuità con quello degli anni Sessanta, cosa del resto resa in parte inevitabile dalla formazione e dalla biografia dei suoi protagonisti. Come già era accaduto alla fine degli anni Settanta, essi si posero inoltre contemporaneamente il compito di ridurre il deficit e rilanciare l'economia, affidando alla crescita un ruolo importante nella soluzione dei problemi del paese. È probabile che in questo giocasse non solo l'abitudine – la crescita aveva automaticamente risolto molti problemi dei decenni precedenti –, ma pure la provenienza politica progressista di riformatori che vivevano i tagli – inclusi quelli delle aspettative – come una cosa certo necessaria, ma anche ingiusta e, in fin dei conti, anormale e sperabilmente transitoria.

Questa continuità era a sua volta indizio di un problema politico ancor più rilevante, che è stato però di tutta la «seconda Repubblica»[36], la quale anche per questo non fu mai veramente tale. A eccezione della primissima Forza Italia, la cui elaborazione politico-intellettuale non era comunque di altissimo livello, i gruppi dirigenti che si susseguirono al governo ebbero sì una visione riformatrice ma non intesero mai rifondare la Repubblica ripensando le sue fondamenta costituzionali. Al contrario di quanto era successo nel 1918-1922, quando il fascismo riuscì a imporre una nuova idea dell'Italia, e poi di nuovo nel 1943-1948, quando furono invece i partiti antifascisti a dar vita a una Costituzione che la ribaltava, nessuno fu insomma in grado di proporre un nuovo patto, capace di dare vita a un nuovo organismo. La minore intensità della crisi del 1992-1994 giocò senz'altro un ruolo. Era tuttavia anche obiettivamente difficile immaginare qualcosa di diverso – ma egualmente forte – dalla Costituzione del 1948, che aveva dalla sua tutte le buone parole e le buone intenzioni. Ed era perciò naturale limitarsi a vedere il problema solo in termini di aggiustamenti accompagnati dal minor numero possibile di tagli e da una maggiore apertura nei confronti dell'Europa, anch'essa in linea con le scelte dei padri fondatori.

All'interno di questo quadro, era maturata la convinzione che la crisi fosse imputabile al modo in cui in Italia lavoravano il mercato e lo Stato. Se liberati, attraverso opportune riforme, dalle pastoie – giuridiche, burocratiche, amministrative, culturali, monopolistiche ecc. – che li legavano, il paese, finalmente non più ostacolato da freni potenti, avrebbe ripreso a correre, grazie alla spinta di mercati finalmente concorrenziali e di uno Stato «forte e capace»[37]. Si trattava di un'analisi dei problemi italiani di natura essenzialmente giuridico-economica, ancorata a una visione di breve-medio periodo, poco attenta alla demografia, italocentrica e capace di guardare al massimo a un Occidente di fatto identificato con i grandi paesi dell'Unione europea, visto che anche gli Stati Uniti restavano sostanzialmente fuori dal suo orizzonte. E se è vero che i limiti del riformismo degli anni Novanta furono anche limiti imposti dagli interessi politici, economici e psicologici che esso toccava, interessi rafforzati dal sollievo provocato dall'arrivo dell'euro, questa impostazione spinse a fare certe cose piuttosto che altre, a ignorare problemi che sarebbe stato meglio non ignorare e anche ad adottare politiche sbagliate.

La cosa è particolarmente evidente in almeno due questioni cruciali. Un'analisi che portava a identificare le difficoltà del paese nei freni che ne ostacolavano lo sviluppo, e che restava ferma a un mondo di cui l'Europa continuava a occupare il centro, semplicemente non vedeva che, più che dalla presenza di freni, le difficoltà italiane nascevano dal calo dell'energia interna a sua disposizione (causato sia dal declino demografico sia dalla fine del trasferimento dalle campagne alle città) e dal passaggio da una strada comoda e ben asfaltata, controllata dal mondo cui l'Italia apparteneva, a una nuova via più disagevole e di cui altri dettavano le condizioni.

Ma se questo era il caso, se il problema era usare al meglio la poca energia disponibile e rifornirsi di energia nuova, l'assenza di riforme che ponessero al centro – destinando loro risorse e attenzioni significative – i giovani e le loro esigenze, la qualità del sistema di istruzione e quella dell'università, e anzi il varo di misure di segno opposto come la riforma Dini o la legge Berlinguer, erano di per sé un danno gravissimo. La cosa era tanto più vera in un paese in cui, come sappiamo, ancora nel 1993 la maggior parte degli ultraquarantenni era cresciuta ed era stata istruita in condizioni di *ancien régime* ed era quindi appena alfabetizzata, le cui università stavano rapidamente perdendo terreno sul piano internazionale e dove vi erano vistosi fenomeni di emarginazione giovanile.

Ancora più grave fu l'adozione di leggi e atteggiamenti che scoraggiavano l'immigrazione – vale a dire la più importante leva sociale di mutamento del paese e il più importante fattore della sua mobilità – e la presenza di culture che ne impedivano la selezione secondo criteri razionali. Un parziale rimedio venne dalle regolarizzazioni di massa degli immigrati illegali, come quella del 1998. Tuttavia, il discorso pubblico fu dominato da sentimenti ostili agli immigrati, di cui la Lega fu solo uno dei portatori e che spesso esprimevano il comprensibile disagio di un paese già fortemente omogeneo che stava invecchiando, aveva difficoltà ad adattarsi al nuovo mondo e spesso ne aveva paura.

La stagione delle riforme fu per esempio immediatamente preceduta nel 1992 da una legge sulla cittadinanza più restrittiva della precedente, che raddoppiava da cinque a dieci anni il tempo dopo il quale gli immigrati regolari potevano fare domanda. Negli anni successivi non mancò un dibattito sulla concessione della cittadinanza ai figli e ai discendenti degli immigrati, ma paradossalmente – a conferma di una classe dirigente prigioniera del passato e sensibile a richiami etno-populistici – esso riguardò i discendenti degli emigrati italiani all'estero, cui fu anche garantito nel 2001 il diritto di voto (fu allora istituita anche la «giornata nazionale del sacrificio del lavoro italiano nel mondo» in ricordo del disastro di Marcinelle del 1956, obiettivo certo degnissimo ma assolutamente fuori dei tempi). Nessuno pensò invece a varare una riforma delle leggi e dei regolamenti sull'immigrazione che – magari sull'esempio di paesi come il Canada, con il suo sistema a punti, o l'Australia, che avevano molto da insegnare – la favorissero e al tempo stesso ne permettessero il controllo, assicurando il miglior uso possibile della più preziosa risorsa del decennio.

Le tante riforme fatte quindi (si parla qui appunto di riforme, e non degli indispensabili tagli) spesso non funzionarono, o funzionarono poco, anche perché – pur se ragionevoli e importanti – non furono sempre quelle più necessarie. Una maggiore liberalizzazione di un mercato del lavoro ingessato era per esempio certo opportuna, ma ignorava che la sua liberalizzazione più importante veniva appunto dall'immigrazione. La stessa cosa si può dire del calo di produttività, che ha certo avuto cause diverse, ma cui non è stata probabilmente estranea la drammatica riduzione nel numero dei giovani che a partire dalla metà degli anni Novanta cominciarono a entrare nel mercato del lavoro. L'invecchiamento progressivo del paese e dei suoi imprenditori pesò, e anche qui è lecito chiedersi se una pur auspicabile maggior liberalizzazione avrebbe potuto dare tutti i frutti sperati.

Il già ricordato orizzonte eurocentrico della parte migliore delle classi dirigenti ostacolò inoltre l'internazionalizzazione di un paese abituatosi a guardare a se stesso, un atteggiamento rafforzato dalla forte diminuzione del peso internazionale dell'Italia dopo il 1989-1991, solo in parte compensata dall'impegno nelle missioni delle Nazioni Unite, in particolare ma non solo nei Balcani. L'«ondata di ottimismo che [avvolse] il nostro mondo progredito» nella seconda metà del decennio, legata al boom dei computer e dell'economia virtuale, sembrò ribadire il ruolo al centro del mondo di un Occidente chiamato ad aiutare i paesi sottosviluppati. Ma in realtà l'Europa stava diventando sempre più piccola in un pianeta che solo pochi decenni prima essa aveva dominato[38], come avrebbe di lì a poco confermato l'evoluzione del G7. Già nel 1997 quest'ultimo era stato affiancato da un G8 allargato a comprendere la Russia. Due anni dopo, al termine di un decennio in cui nella sola Cina circa 300 milioni di persone erano passate dalle campagne alle città, nasceva il G20, un forum dei ministri delle Finanze e dei governatori delle banche centrali dei principali paesi del mondo, che disegnava una nuova geografia del potere. Accanto ai paesi del G8 vi erano infatti rappresentati i BRICS (Brasile, India, Cina e Sudafrica, ma presto la R, già seconda lettera del Brasile, passò a indicare una Russia che aveva significativamente cambiato di posizione), nonché Indonesia, Messico, Turchia, Corea del Sud, Australia, Argentina e Arabia Saudita.

Sembra quindi possibile dire che l'Italia, le sue classi dirigenti ma anche buona parte della sua popolazione, perdessero allora le opportunità offerte dalla globalizzazione, vissuta invece con irritazione (significativamente essa è stata a lungo presentata e discussa come un fastidioso «vincolo» piuttosto che come la grande opportunità, anche di maggiore libertà e allargamento degli orizzonti, che in effetti rappresentava). Non a caso, più che dall'apertura verso il futuro, il discorso pubblico fu dominato da un'ossessione identitaria e «memorialistica» che non è solo imputabile al crescente peso degli anziani nel paese e che fu, ed è, una manifestazione particolarmente acuta di un fenomeno europeo. Era infatti l'intera Europa occidentale a vivere con disagio un fenomeno che coincideva con il suo ridimensionamento; era l'Europa che a suo modo sentiva che la globalizzazione era un eufemismo per esprimere la fine del suo predominio, un eufemismo tra l'altro utile perché rendeva possibile lottare contro qualcosa che non piaceva senza ammettere che si stava lottando – invano e quindi stupidamente – contro la perdita dei propri privilegi.

La svolta identitaria e quindi conservatrice, che reinterpretava alterandone l'essenza un fenomeno culturale nato negli Stati Uniti, dove aveva espresso la necessità di affermazione di gruppi prima sottoposti, trovò per esempio espressione nella collana *L'identità italiana*, lanciata nel 1998 da Ernesto Galli della Loggia per Il

Mulino[39]. Essa si manifestò in molti modi, tra i quali un ruolo non secondario era giocato da un quasi morboso attaccamento a un paesaggio urbano che pure era stato di recente stravolto: le stesse generazioni che avevano diretto il suo forse irrimediabile deterioramento sembrarono allora dire alle nuove che esse non avevano il diritto di cambiare quanto era stato fin lì fatto, modificando – come si disse – la «stratificazione storica», vale a dire di lasciare anche la loro impronta su un paese che si voleva di fatto morto.

Questa svolta si nutrì anche di quella della Chiesa, tesa a recuperare le radici cristiane dell'Europa e a difenderne il passato contro un presente minaccioso, e trovò espressione politica in importanti correnti del centrodestra e della stessa Forza Italia. I loro esponenti, che sentivano la crisi ma non ne comprendevano le cause, pensavano che fosse possibile affrontare il futuro ispirandosi al passato omogeneo del paese e opponendosi alla sua contaminazione, senza accorgersi che così ne acceleravano il declino, visto che l'esaurimento poteva essere combattuto solo aprendosi al nuovo e cercando di dirigere questa apertura.

La deriva identitaria e strapaesana – che del resto si riagganciava a una lunga tradizione – penetrò per vie talvolta sorprendenti come le reazioni, positive e negative, alla personalità di Berlusconi. Anche i grandi quotidiani diedero un peso che si potrebbe definire ossessivo a quanto accadeva in Italia, in particolare ma non solo a quanto ruotava intorno a Berlusconi, con titoli di prima pagina in stridente contrasto con i grandi fenomeni che stavano mutando il mondo. Sempre sui quotidiani si combatté l'ultima battaglia politico-culturale che affidava all'interpretazione della storia del paese la possibilità di una sua rinascita, quella legata alle polemiche sul «revisionismo»[40]. Essa fu accompagnata dalla produzione di una quantità di libri, studi e traduzioni su fascismo, totalitarismi, Resistenza e comunismo, generando un dibattito spesso ripetitivo e, appunto, identitario sul passato che oscurò la pressoché totale assenza di pubblicazioni, studi e inchieste che raccontassero al paese quel che succedeva nel pianeta. È a questo proposito impressionante la scarsità quantitativa della produzione scientifica italiana sui nuovi, grandi protagonisti della storia mondiale, per esempio su India e Cina, rilevata dalla valutazione della ricerca. A essi si dedicano piccoli gruppi di studiosi, i cui sforzi, spesso isolati (come prova anche la comprensibile difficoltà dei maggiori editori a pubblicare libri anche importanti, per esempio sulle riforme di Deng, che nessuno leggerebbe), non bastano a darci un canale diretto di comunicazione di dimensioni sufficienti con quei paesi, sicché per parlare con il mondo l'Italia – che riesce invece a parlare con l'Europa e gli Stati Uniti – deve oggi passare per Londra o Parigi.

Soprattutto quella battaglia sul passato può essere vista come l'ultimo sussulto di un universo culturale che andava scomparendo, quello in cui la politica si legittimava con la storia, che dava senso all'azione, e aveva perciò bisogno di grandi narrazioni. La vittoria dei sostenitori della necessità di ripensare quel nodo fu quindi una vittoria di Pirro, perché era lo stesso modello di legittimazione della politica attraverso la cultura e gli intellettuali, cui sia essi che i loro avversari si rifacevano, a essersi spezzato, insieme ai partiti che ne erano stati i protagonisti, almeno nelle forme in cui era fin lì esistito.

Questa rottura era a sua volta indizio, e parte, di una frattura culturale più ampia e profonda, che sembra possibile situare negli anni Novanta, anche se si tratta di un processo ancora in corso. Essa era determinata dalla crisi non solo e non tanto dei modi di trasmissione e fruizione del sapere (l'esempio più evidente è quello fornito dal binomio carta stampata-elettronica) ma soprattutto della organizzazione e quindi della strutturazione interna del sapere stesso. Nella sua forma tradizionale, esso poteva essere paragonato a un albero, tanto più forte e ramificato quanto maggiore era appunto la cultura, la *Bildung* del suo portatore. A quell'albero si legavano le nuove conoscenze, che acquistavano significato grazie a esso e alla posizione che vi andavano a occupare. Le nuove forme di organizzazione e fruizione del sapere, che permettevano un'esplorazione in apparenza casuale per «parole chiave» tra l'altro immediatamente più efficiente della precedente e più capace di rispondere in breve tempo ai bisogni dei fruitori (anche perché non era più necessario sapere qualcosa in precedenza per trovare ciò che interessava), rendevano quell'albero, e le strutture narrative che ne disegnavano la forma, apparentemente superflui. Ad andare in crisi era così la stessa nozione occidentale di cultura in quanto accumulazione organizzata di conoscenza, e non solo per l'emergere di paesi che – come era da sempre avvenuto – ne utilizzavano solo gli aspetti che trovavano più utili alle loro necessità. La cultura umanistica era più colpita di quella scientifica e l'Italia, che di quella cultura era stata una culla, ne risentiva in modo particolare. Più in generale parole e idee già piene di senso e di vita, anche se magari sbagliate, si svuotavano, senza che parole nuove fossero capaci di prenderne il posto.

note

[1] Treccani, *Atlante geopolitico 2012*, Roma, Istituto dell'Enciclopedia Italiana, 2012, pp. 38, 10. De Cecco ha fatto un esplicito parallelo con quanto accadde nel Seicento, ricordando come Cipolla, dopo aver studiato quel declino, scrisse che quando i declini ci sono, ci sono sempre anche quelli che se ne accorgono e cercano di spiegare cosa e perché sta succedendo, senza però trovare ascolto, http://www.treccani.it/webtv/sezioni.html?sezioni=convegni&event=Economia+e+Finanza.

[2] A. Gava, *Il certo e il negato*, Milano, Sperling & Kupfer, 2005, p. 1, in A. Marino, *Forza Italia. Formazione e sviluppo del Centro Destra in Italia, 1993-2001*, Tesi di dottorato in Storia contemporanea, Università di Salerno, 2011-2012; *Snodi tematici per la ricerca su «Il Crollo»*, documento del 2011 che riassume i primi risultati di un progetto di storia orale, diretto da Gennaro Acquaviva e condotto tra gli ex dirigenti del PSI.

[3] J.-F. Jamet, *Assainissement des finances publiques et ralentissement de l'économie (1992-2001)*, in P. Caracciolo (a cura di), *Refaire l'Italie. L'expérience de la gauche libérale (1992-2001)*, Paris, Editions rue d'Ulm, 2009, p. 105; *Snodi tematici per la ricerca su «Il Crollo»*, cit.

[4] M. Martinazzoli, *Uno strano democristiano*, Milano, Rizzoli, 2009.

[5] http://www.youtube.com/watch?v=Wh-Eyjx8Ywo.

[6] L. Cafagna, *La grande slavina: l'Italia verso la crisi della democrazia*, Venezia, Marsilio, 1993.

[7] Simona Colarizi ha notato come furono i media, televisioni in testa, a fare da incubatrici e a dar forza ai movimenti di fine anni Ottanta-inizi anni Novanta (Lega, Rete, Patto Segni ecc.), cui del resto aderirono grandi industriali come Umberto Agnelli e Pininfarina, presentandoli come componenti di una società civile sana contrapposta a una politica malata. In *Politica e antipolitica*, relazione al convegno SISSCo *L'Italia nell'era della globalizzazione*, Aosta, settembre 2012 (http://www.sissco.it/fileadmin/user_upload/Attivita/Convegni/Italia_globalizzazione/COLARIZI_-_relazione_Aosta_2012_.pdf).

[8] http://www.youtube.com/watch?v=dyjc5N6sepU.

[9] G. Passalacqua, *Il vento della Padania. Storia della Lega Nord, 1984-2009*, Milano, Mondadori, 2009.

[10] Cfr. per esempio G. Bocca, *L'inferno. Profondo sud: male oscuro*, Milano, Mondadori, 1992 o trasmissioni televisive e radiofoniche come *Profondo nord* (1991) e *Milano-Italia* (1992-1994) di Gad Lerner.

[11] P. Macry, *Unità a Mezzogiorno. Come l'Italia ha messo insieme i pezzi*, Bologna, Il Mulino, 2012, pp. 14, 127 ss., sulle reazioni suscitate nell'Italia settentrionale dal potere acquistato dai politici meridionali, specie una volta venuto meno il loro ruolo di controllori di voti indispensabili a bilanciare a livello nazionale la forza elettorale della sinistra. Il costo di questi voti apparve così di colpo sproporzionato rispetto al loro valore, proprio nel momento in cui la crisi fiscale dello Stato riduceva i margini di spesa.

[12] Riprendiamo ancora le categorie schmittiane, che restano forse le migliori per classificare i sistemi usciti dalla prima guerra mondiale su una scala che ha ai due opposti questi due tipi di Stato. Cfr. anche il secondo capitolo, nota 7.

[13] M. Salvati, *Occasioni mancate. Economia e politica in Italia dagli anni '60 a oggi*, Roma-Bari, Laterza, 2011, p. 83.

[14] P. Barucci, *L'isola del tesoro: ricordi di un naufragio evitato (1992-1994)*, Milano, Rizzoli, 1995. Il fallimento del nostro sistema dell'industria pubblica, le sue ragioni profonde e le sue cause contingenti, gli interessi che si mossero e i mutamenti che quel fallimento provocò nella società e nella politica italiane, meriterebbero un'analisi accurata e comparata.

[15] F. Barca, *Italia frenata. Paradossi e lezioni della politica per lo sviluppo*, Roma, Donzelli, 2006, pp. 40 ss.

[16] G. Crainz, *Autobiografia di una repubblica*, Roma, Donzelli, 2009.

[17] Pombeni ci ha fatto notare come questo partito personale – che ruota intorno a un principe con la sua corte, intrattiene un rapporto diretto di tipo populistico con l'elettorato, e si «verticalizza» sul territorio attraverso il riconoscimento di notabilati locali –, un partito che ha raggiunto con Forza Italia la sua forma più pura, lungi dall'essere un caso isolato ha rappresentato un modello abbastanza diffuso nell'Italia della seconda Repubblica.

[18] *Patria 1978-2008*, Milano, Il Saggiatore, 2009, di Enrico Deaglio ne è un esempio quasi perfetto. A opinionisti e politici si sono aggiunti storici che hanno spesso usato i quotidiani come loro fonte principale, e letterati. D. Giglioli, *Senza trauma. Scrittura dell'estremo e narrativa del nuovo millennio*, Macerata, Quodlibet, 2011, lega acutamente queste tendenze al senso di impotenza nei confronti della realtà, un senso di impotenza forse a sua volta connesso al fallimento delle grandi ideologie e comunque alla crisi, che spinge a immaginare una realtà «nascosta» al di sotto di quella su cui non si riesce a far presa, una realtà celata ma «vera» nella quale viene decisa la Storia.

[19] P. Ignazi, *Postfascisti? Dal Movimento sociale italiano ad Alleanza nazionale*, Bologna, Il Mulino, 1994. Vittorio Foa fu per esempio duramente criticato per aver sostenuto che era comunque cosa positiva che i fascisti smettessero di

chiamarsi tali e ammettessero di aver sbagliato. V. Foa e F. Colombo, *Il sogno di una Destra normale*, Milano, Reset, 1995.

[20] Castellino, professore a Torino, era l'autore del già citato *Il labirinto delle pensioni*, il miglior libro sull'argomento, ed è stato il maestro di Elsa Fornero.

[21] Nel 1997 Nicola Rossi, poi consigliere di Massimo D'Alema, scosse la sinistra con il pamphlet *Meno ai padri, più ai figli. Stato sociale e modernizzazione dell'Italia*, Bologna, Il Mulino.

[22] Nei primi anni Novanta, diventato segretario generale della CGIL, Bruno Trentin mise in discussione il sindacato ideologico e di classe sostituendogli quello «dei diritti e della solidarietà». I. Ariemma, *Foa, Trentin e il socialismo libertario*, in A. Andreoni e E. Pugliese (a cura di), *Vittorio Foa e le trasformazioni della società italiana*, Roma, Ediesse, 2011, pp. 23-35.

[23] Con il tempo Foa ne avrebbe dato una nuova definizione – «non solo io ma gli altri, non solo qui ma altrove, non solo oggi ma domani» – che capovolgeva decenni di storia salvandone tuttavia l'essenza morale e fornendo criteri di scelta politica che non era però semplice accettare, in *Passaggi*, Torino, Einaudi, 2000, pp. 113, 157, 46.

[24] Marino, *Forza Italia. Formazione e sviluppo del Centro Destra in Italia*, cit.

[25] Jamet, *Assainissement*, in Caracciolo (a cura di), *Refaire l'Italie*, cit., p. 121.

[26] Cfr. per esempio Barca, *Italia frenata*, cit., p. 55.

[27] http://www.cermlab.it/_documents/Relazione%20conclusiva%20Commissione%20Onofri.pdf, 19 agosto 2012.

[28] Barca, *Italia frenata*, cit., p. 24.

[29] http://noi-italia2011.istat.it/index.php?id=7&user_100ind_pi1%5Bid_pagina%5D=112&cHash=3a893165aa1aa50a450929634feddedd, 19 agosto 2012. Salvatore Lupo ha fatto notare che in realtà il crollo degli omicidi legati alla mafia è ancora più netto: le centinaia di morti «ufficiali» causati dalle guerre di inizio anni Ottanta non comprendono infatti le altre centinaia di morti bianche, di persone scomparse e mai più ritrovate, che già Falcone stimava essere almeno pari alle prime.

[30] Questa retorica sembra piuttosto figlia di fenomeni psicologici e di mentalità che andrebbero compresi, e che forse affondano almeno in parte le loro radici nel ruolo assunto da moralismo, legge e ordine nell'ideologia di buona parte della sinistra e nel disagio provato di fronte a una realtà molto diversa dalle aspettative, e di gran lunga inferiore a esse, da parte della popolazione e dei ceti intellettuali del paese, che trovano difficile fare i conti con una modernità da cui si sentono traditi e ne leggono perciò le «trame» nei termini di quelle che si potrebbero chiamare teorie del complotto.

[31] Da una conversazione con Michele Salvati, maggio 2011.

[32] Jamet, *Assainissement*, in Caracciolo (a cura di), *Refaire l'Italie*, cit., pp. 139-141.

[33] *Ibidem*, p. 126.

[34] Salvati, *Occasioni mancate*, cit., p. 106.

[35] P. Ciocca, *Ricchi per sempre? Una storia economica d'Italia (1796-2005)*, Torino, Bollati Boringhieri, 2007. Cfr. anche *Economia e Finanza*, Istituto dell'Enciclopedia Italiana, 8 marzo 2011, http://www.treccani.it/webtv/videos/Conv_economia_e_finanza_Pierluigi_Ciocca_Introduzione_Amato.html.

[36] Vedi il terzo capitolo, nota 38.

[37] Barca, in *Italia frenata*, cit., fa un intelligente sunto di queste posizioni.

[38] Foa, *Passaggi*, cit., p. 50.

[39] E. Galli della Loggia, *L'identità italiana*, Bologna, Il Mulino, 1998.

[40] E. Galli della Loggia, *La morte della patria. La crisi dell'idea di nazione tra Resistenza, antifascismo e Repubblica*, Roma-Bari, Laterza, 1996. Il dibattito italiano sul «revisionismo» si era naturalmente prima nutrito degli studi di De Felice e Pavone, ed era stato aperto nel 1975 dall'intervista del primo sul fascismo.

6. Scivolando, 2001-2011

1. L'ultima illusione: la scelta di non fare e i suoi costi

Le riforme (l'idraulica) degli anni Novanta, che avevano rimesso il paese in grado di funzionare per qualche anno, l'ingresso nell'euro e i grandi benefici che ne derivarono (ricordiamo i sei punti di PIL in minori interessi in circa cinque anni) mutarono radicalmente le condizioni in cui muoveva la politica italiana, che dopo quasi dieci anni poté riprendere a respirare. La stessa domanda veniva da buona parte della società e in particolare da quelle che si potrebbero definire le élite ampie del paese, vale a dire i suoi strati e gruppi sociali organizzati, che avevano interessi e posizioni da difendere ed erano presenti in ogni partito.

Nel ricordo di D'Alema, che la presiedette, ciò emerse con limpidezza alle audizioni della Bicamerale (la Commissione parlamentare per le riforme costituzionali) del 1997-1998. La commissione ascoltò infatti i rappresentanti dei principali gruppi e interessi organizzati – politici, professionali, sindacali – e tutti ripeterono la stessa storia: sì, certo, il paese aveva bisogno di riforme serie e persino radicali ma non nel settore da essi rappresentato, dove le cose potevano e dovevano continuare ad andare avanti come in passato. Per D'Alema, Berlusconi capì allora che nessuno voleva davvero altre riforme e che c'era un'ampia base di sostegno, tra le persone e i gruppi che contavano, per abbandonare la strada imboccata nel 1992, cosa resa possibile da quanto era già stato fatto e dall'ingresso nell'euro[1].

La causa del naufragio della Bicamerale non fu certo questa. L'accordo informale raggiunto nel giugno 1998 su un sistema semipresidenziale alla francese, corretto da un sistema uninominale a un solo turno e dal mantenimento di una quota proporzionale, fu rinnegato da Berlusconi perché non era accompagnato da alcuna garanzia riguardo ai problemi giudiziari da cui era assillato e non cercava di risolvere l'abnorme rapporto politica-giustizia su cui era nata la seconda Repubblica (una soluzione resa comunque estremamente difficile non solo dalla forza e dall'influenza acquisita da parte della magistratura, ma anche dal suo combinarsi con i problemi personali di Berlusconi, che portavano buona parte degli elettori respinti dalla sua personalità e dal suo modo di fare a difendere in ogni caso gli inquirenti).

Ma che il clima del paese fosse cambiato fu confermato proprio a fine 1998 dal «Patto per lo sviluppo e l'occupazione», che già nel nome incarnava il desiderio – più che comprensibile – di tornare a un passato da cui si era avuto tanto e che rappresentò il culmine della concertazione. Le decine di gruppi di interesse che si sedettero attorno al tavolo chiedevano appunto una seconda fase fondata sullo «sviluppo», lasciandosi alle spalle quella dei tagli e delle riforme: il sostegno sociale per fermare queste ultime e aprire una nuova stagione era insomma ampio, e fermare tutto o quasi era appena diventato possibile.

Il nuovo decennio si apriva insomma con un paese che sperava di poter incassare i risultati conseguiti, perseguendo nuovamente – com'è naturale – maggior benessere. L'euro si trasformò così in una morfina che permise di rinviare scelte che sarebbe stato meno doloroso fare allora. Da questo punto di vista, una volta fatte le dovute differenze, esso si trovò paradossalmente a giocare un ruolo simile a quello dell'indebitamento negli anni Ottanta e servì da sostegno a una nuova illusione. Essa sarebbe stata di volta in volta incarnata dalla retorica ottimista di Berlusconi, ma anche del Veltroni del 2008, nonché dalle contraddizioni del secondo governo Prodi e dagli sprechi e dai privilegi che la politica si sentì di nuovo autorizzata a concedersi.

Va però sottolineato che se è vero che politici e paese scelsero allora di non fare, scivolando quasi inavvertitamente su un piano inclinato che li avrebbe portati nel 2007 a una crisi ancor più grave di quella del 1992, è anche vero che il non fare volle dire non fare nemmeno le follie che in quegli anni fecero altri paesi e altri politici. Dal 2001 al 2007 l'Italia mise in secondo piano risanamento e riforme, e non discusse criticamente i limiti delle riforme precedenti per cercare nuove soluzioni. Ma non si imbarcò nemmeno in avventure come quella greca o quella irlandese e le politiche per lo sviluppo non raggiunsero mai le dimensioni avventurose di quelle spagnole. I conti pubblici continuarono a essere grosso modo sotto controllo: il debito come percentuale del PIL continuò a scendere fino al 2007 (quando toccò il suo minimo con il 103,1%) e riprese poi a salire a causa della crisi, come in tutti i paesi che essa colpì, e proporzionalmente meno che in essi.

Lo scivolare dolce – almeno per chi aveva posizioni e privilegi da difendere, visto che per chi era fuori da essi, come buona parte dei giovani, quegli anni ebbero un sapore amaro – del primo decennio del nuovo millennio fu gestito essenzialmente dal centrodestra, al governo dal 2001 al 2006 e poi di nuovo dal 2008 al 2011. Il segno politico di quegli anni fu quindi diverso da quello del decennio precedente, ma anche il centrosinistra, nei suoi slogan e nella sua breve esperienza di governo con Prodi nel 2006-2008, non seguì strade diverse.

La vittoria del centrodestra – dal 1994 maggioranza politico-elettorale del paese – fu resa possibile dall'accordo stretto nel 2000 tra Berlusconi, Fini, Bossi e Casini. Il centrosinistra, che aveva rifiutato di candidare il primo ministro Amato (succeduto brevemente a D'Alema dopo la sconfitta di questi alle regionali), faticò a trovare un leader e si presentò come una coalizione rissosa di circa 10 partiti. Nonostante ciò riuscì a conseguire un risultato leggermente superiore a quello del 1996, ma venne questa volta sconfitto dall'accordo nel centrodestra.

Berlusconi, la sua energia, il suo carisma e il suo messaggio – di nuovo affidato all'ottimismo – furono ancora una volta decisivi, e con quasi il 30% dei voti Forza Italia si affermò di nuovo come il primo partito politico del paese (Democratici di Sinistra, Margherita e Alleanza nazionale oscillavano tra il 16 e il 12%). Tuttavia il Berlusconi e la Forza Italia del 2001 erano molto diversi da quelli del 1994, con la loro retorica aggressivamente riformista. Si potrebbe anzi dire che il «nuovo» aveva rifiutato di essere tale, e non solo per stringere le alleanze necessarie a garantirsi la vittoria. Il messaggio politico era ora più nettamente e tradizionalmente di destra, una destra che trovava sicure sponde in Alleanza nazionale e negli umori dell'elettorato leghista, ma anche nel patto tacito con la Chiesa e la sua contestazione alla «modernità», negli interessi di chi non voleva cambiamenti che mettessero in pericolo una vita cui si era e a ragione molto legati, e nelle illusioni di politici, intellettuali e religiosi che fosse possibile rispondere alla crisi e alla globalizzazione guardando al passato e riproponendo un'Italia monoetnica, cattolica, «ordinata» e a suo modo strapaesana.

Del messaggio originario del 1994 restò dunque poco: le riforme erano ridotte a quella fiscale, resa peraltro impossibile dai conti dello Stato (una verità per fortuna riconosciuta, al di là della retorica, anche da una parte importante dei vertici del centrodestra), e a quella dello Stato, voluta dalla Lega. Per il resto ci si affidava all'illusione che sarebbe bastato liberare gli *animal spirits* della parte attiva della popolazione (dimenticando, come sappiamo, il suo invecchiamento, incluso quello dei suoi imprenditori, il suo basso livello culturale e la mancanza di giovani) per stimolare la crescita. La speranza era che una minore, e non una migliore, regolazione non avrebbe mancato di far sentire i suoi effetti: molte leggi furono effettivamente abolite e si cercò in ogni modo di facilitare la nascita di nuove imprese, ma i risultati non furono quelli sperati, e non solo per la scarsità dell'energia presente nel paese. Le imprese italiane erano infatti spesso troppo piccole per raggiungere i mercati aperti dalla globalizzazione, gli unici che crescevano a ritmi elevati; esse trovavano inoltre difficile fare innovazione, e quindi avevano di regola meno bisogno di personale altamente qualificato, producendo un circolo vizioso in cui la scarsa qualificazione della popolazione era rafforzata dal tipo di domanda che proveniva dalle aziende.

Erano problemi che avrebbero richiesto appunto riforme difficili perché impopolari (della scuola, dell'università, del mercato del lavoro), cui si sarebbe dovuta aggiungere quella, ancora più difficile e importante, della gestione dell'immigrazione, vista però dal centrodestra come un problema e una minaccia e non come la più importante opportunità a disposizione del paese.

I sogni del 2001 – semplificazione, federalismo, riforma fiscale, ripresa della crescita e dell'energia – così non si avverarono, anche per motivi contingenti, in parte indipendenti dalle idee e dalle scelte del centrodestra e in parte legati alla sua natura. L'auspicato boom dell'economia, provocato dalla nascita dell'euro, per esempio non si verificò, anche perché il mercato unico europeo aveva già dato molto di quel che poteva dare. Certo, nel 2004 l'economia tornò sia pure stentatamente a crescere, ma con l'eccezione del 2006, quando toccarono il 2,2%, i tassi di sviluppo furono in generale deludenti (all'1,86 del 2001 seguirono lo 0,45 del 2002 e il –0,05 del 2003). Si dovettero inoltre fare i conti con la difficile eredità contabile del centrosinistra, che aveva messo negli attivi di bilancio l'importo di vendite immobiliari ancora da effettuare; con i vincoli posti da Maastricht e da EUROSTAT, che obbligavano alla prudenza (ma, come dimostrano i casi di altri paesi europei, solo per chi decideva di non scegliere la strada dell'inganno, e in Italia essa non fu battuta); e soprattutto con le conseguenze economiche e politiche dell'attentato alle Torri gemelle dell'11 settembre 2001, sotto il cui segno il governo si trovò ad agire.

Contò però anche l'impreparazione del ceto politico del centrodestra, che era spesso privo di esperienze significative di governo, cosa che valeva sia per gli esponenti della Lega e di Alleanza nazionale, sia per quelli di Forza Italia, in cui la già forte presenza di esponenti del vecchio pentapartito era ancora compensata da deputati e senatori provenienti dalle professioni e dalle imprese. E contarono i conflitti e le diverse visioni dei partiti federatisi nella Casa della libertà. Il secondo, e più longevo, governo Berlusconi finì così – malgrado i cinque anni a sua disposizione e la forte maggioranza di cui godeva – con il fare poco[2] e, come nel caso della scuola o delle pensioni, quel poco fu spesso all'insegna di una continuità con i provvedimenti di Berlinguer e Dini.

In particolare anche la Lega, che aveva subordinato la sua presenza al governo alla possibilità di ottenere il federalismo, non vi riuscì, malgrado fosse disposta ad annacquarlo e a ingoiare per esso bocconi anche amari in altri campi. Anche sotto la pressione di un elettorato dominato dagli interessi locali ma contrario a sfasciare il paese, essa finì così più che altro per aggravare le contraddizioni e la miopia del governo, distorcendone la politica e colorandone le posizioni in modo spesso rozzo e primitivo, come per esempio nel caso dell'immigrazione, dove contribuì ad arrecare un danno gravissimo.

Ma la distonia con le necessità del paese non era solo del centrodestra. Nella continua campagna elettorale del 2006-2008 i due blocchi fecero a gara nel proporre l'eliminazione o comunque la riduzione dell'ICI e uno dei più importanti provvedimenti del secondo, stentato governo Prodi fu l'abolizione dell'innalzamento dell'età necessaria per conseguire la pensione di anzianità. Il provvedimento era una prova delle contraddizioni della sua maggioranza e del distacco dalla realtà di una parte delle forze politiche che la componevano. Esso però derivava anche dalla scelta della sinistra di subordinare le sue politiche sociali alle richieste del sindacato nonché dalla già ricordata sostituzione di una teoria operativa, ancorché sbagliata, come il marxismo, con un moralismo che rendeva impossibili azioni necessarie perché «inique» o contrarie ai diritti acquisiti. Questo moralismo, politicamente fragilissimo ma capace ancora di trovare sostegno presso gruppi consistenti di elettori, e non solo tra quelli che avevano qualcosa da difendere, si esprimeva anche nel peso, parossistico, dato alla pur seria questione della criminalità organizzata, cui continuavano a venire spesso ridotte la vita e la storia del paese.

L'illusione che, se non tutto, molto potesse tornare come prima, o continuare come nel passato, fece così in modo che andasse sprecata l'opportunità creata dai riformismi del decennio precedente e dai bassi tassi di interesse garantiti dall'euro. Per meglio dire, quella opportunità fu usata dalla politica per rinviare finché possibile nuove riforme, e da una parte consistente della popolazione per continuare, al riparo dai tagli, l'accumulazione privata, inclusa quella permessa dai numerosi diritti-privilegi lasciati in vigore. Dal 2001 al 2007 il deludente andamento del PIL non impedì allo stock di ricchezza privata di crescere (basti a questo proposito pensare all'aumento dei prezzi degli immobili), anche ma non solo per il peso ancora consistente dell'economia sommersa, che in Italia era di molti punti superiore a quello di paesi come il Messico o la Spagna e più del doppio di quello britannico. Dei bassi tassi di interesse garantiti dall'euro profittarono infatti in molti, e anche da questo punto di vista la nuova moneta europea svolse un importante ruolo di sostegno all'economia che non ebbe i riconoscimenti che meritava (le fu al contrario imputata una crisi che non dipendeva da essa).

Ma se, sia pure meno che in passato, la ricchezza e i redditi continuarono a crescere in termini assoluti e i consumi rimasero grosso modo stabili fino al 2007, il degrado della posizione relativa del paese, e quindi anche della sua popolazione, nel contesto internazionale si faceva sempre più evidente. Dal 1995 al 2004, per esempio, il livello medio di reddito degli italiani rispetto a quello dell'Europa dei 15 passò da quasi il 103 al 97,4%, scendendo quindi sotto la media. Il declino rispetto agli altri paesi europei poteva certo essere almeno in parte spiegato con l'impossibilità per l'Italia di crescere, se non fraudolentemente, in deficit, come aveva fatto in passato e come continuavano a fare paesi che avevano debiti inferiori al nostro e altri che decisero scientemente di alterare i loro conti senza pensare al futuro, cosa che l'Italia come sappiamo non fece. In altre parole, i dati relativi alla crescita italiana rispetto a quella europea potrebbero a ragione essere depurati dal fattore deficit, e ciò renderebbe il nostro paese meno atipico. Il declino, tuttavia, continuò negli anni successivi, poteva essere osservato anche nei confronti dei redditi statunitensi, ed era ancora più accentuato se si guardava a quelli dei paesi emergenti e se si teneva conto dei redditi attesi (pensioni, liquidazioni ecc.), in Italia già in brusco calo dalla metà degli anni Novanta.

Quello che accadeva in materia di redditi era inoltre replicato nel campo della produzione industriale, dove specie dopo il 2002 il divario con Francia e Germania – per non parlare di quello con i grandi paesi in via di sviluppo – diventò notevole, mentre anche il panorama industriale italiano mutava rapidamente[3]. Soprattutto calò, e in maniera assoluta e non solo relativa, la produttività dei fattori, inclusa quella del settore manifatturiero, che declinò di quasi l'1% all'anno tra il 2000 e il 2004, fornendo il secondo caso di caduta prolungata della produttività in un paese industrializzato dopo quello che aveva afflitto i sistemi sovietici a partire dagli anni Settanta. E calò vistosamente la quota delle esportazioni italiane sul commercio internazionale, che passò dal 4,5% del 1995 (anno atipico grazie alla svalutazione, ma negli anni Ottanta i valori erano stati anche più alti) al 3,4% del 2006 e al 2,9% del

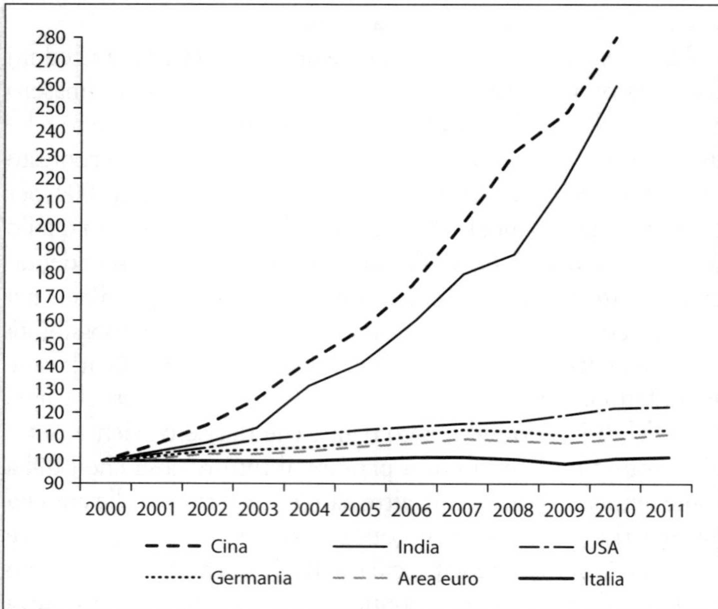

FIG. 6.1. Produttività media del lavoro, anni 2000-2011 (anno base 2000 = 100).

fonte: Per i paesi OCSE, database online *OECD.StatExtracts*, indicatore «Labour productivity growth in the total economy»; per Cina e India, A. Heston, R. Summers e B. Aten, *Penn World Table*, versione 7.1, Center for International Comparisons of Production, Income and Prices at the University of Pennsylvania, novembre 2012. Il grafico è di Carlo D'Ippoliti.

nota: Il grafico mostra la crescita del valore prodotto in media da ogni occupato (o per ora lavorata) rispetto al valore iniziale (anno 2000) reso pari a 100. Ciò però non vuol dire che nel 2000 la produttività fosse uguale in tutti i paesi. Per i paesi OCSE (nel grafico, Italia, Germania e USA) la produttività media del lavoro è calcolata come valore aggiunto per ora lavorata, utilizzando il PIL a prezzi costanti, valutato: per i paesi, nella valuta nazionale; per le aree geografiche (nel grafico l'area dell'euro): la media ponderata del PIL a prezzi costanti dei singoli paesi membri, in parità di potere di acquisto. Per Cina e India, la produttività media è stimata moltiplicando il valore aggiunto per lavoratore (dunque, non per ora lavorata), misurato tramite il PIL a prezzi costanti in parità di potere d'acquisto in dollari (valore fornito dalla fonte citata), per il valore della parità di potere d'acquisto.

2011. In quindici anni la presenza in termini relativi del paese nel mondo si era quindi ridotta del 30%, un dato confermato dalla riduzione del peso del listino della Borsa italiana rispetto a quello delle sue concorrenti vecchie e nuove. Era un calo certo causato anche dalla sempre più forte competizione asiatica e dalla scarsa capacità della nostra industria di penetrare nei mercati dei paesi emergenti. Contavano tuttavia anche l'accumularsi delle rigidità intellettuali, psicologiche, culturali e oggettive (come quelle derivate dall'invecchiamento) di cui si è discusso, nonché l'incapacità della politica di affrontarle[4].

Non a caso a partire almeno dal 2003 il tema del declino economico del paese divenne oggetto di numerosi studi e saggi e nel 2006 si parlava ormai apertamente di «stagnazione sociale ed economica dell'Italia»[5]. Cominciavano intanto a manifestarsi sintomi di regresso, o comunque di crisi e contemporaneamente di mutamento radicale delle condizioni del passato, anche in altri campi: dal 2006 l'attesa di vita prese per esempio a crescere più lentamente che in passato, mentre si assisteva a una nuova caduta del tasso di fecondità, ancora più accentuata nel Mezzogiorno, che faceva dell'Italia uno dei paesi guida del declino demografico. L'Italia, fino a poco tempo prima molto tradizionale in materia di comportamenti sessuali, era ora alla testa dei paesi europei in termini di pratiche una volta considerate immorali (il che avrebbe dovuto far riflettere sulla efficacia delle critiche moralistiche, ancorché giustificate, allo stile di vita di Berlusconi, che per molti era oggetto semmai di ammirazione)[6].

Soprattutto, la crisi della famiglia, un fenomeno comune a tutti i paesi sviluppati, toccava per la prima volta seriamente anche il nostro paese, che ne era sembrato relativamente immune. Al calo dei componenti delle unità familiari, passati in media dai 3,4 del 1971 ai 2,4 del 2011, corrispondeva l'aumento, velocissimo, delle «famiglie» composte da una sola persona, tra cui moltissime vedove (e vedovi), ma non solo[7]. Questo calo è tanto più notevole se si ricorda che stava aumentando, e non di poco, a causa della stagnazione economica, l'età in cui i giovani abbandonavano la casa dei genitori. Alla fine del 2010 abitava con la famiglia circa il 55% dei giovani di 25-29 anni, una percentuale che faceva dell'Italia anche in questo campo un paese guida in Europa. Era uno dei tanti segnali della fine di quella «giovane Italia» in una «giovane Europa» che nel 2004 trovò il suo simbolo forse più forte nella sospensione della coscrizione obbligatoria, che aveva segnato una modernità europea ora bruscamente relegata al passato e che non fu possibile abolire perché ciò avrebbe richiesto una modifica costituzionale (questa difficoltà giuridica avrebbe dovuto richiamare l'attenzione sull'importanza del provvedimento, che metteva fine a un'epoca e che passò invece quasi sotto silenzio, benché costituisse anche un'importante riduzione del carico fiscale imposto dallo Stato a una parte dei cittadini).

La percentuale di figli nati fuori dal matrimonio, che era stata irrisoria nel 1970 e aveva a stento raggiunto il 5% nel 1995, toccava intanto nel 2007 quasi il 20%, un dato certo ancora basso rispetto a quello di altri paesi ma in velocissima crescita (nel 2011 si è raggiunto il 25%).

Il fenomeno, esplosivo in tutti i paesi sviluppati, merita attenzione perché ha innescato un mutamento nei fattori che determinano la disparità sociale, tra cui emerge il far parte o meno di famiglie con uno o due redditi, e quindi lega in modo nuovo la diseguaglianza allo stile di vita e a fattori che si potrebbero definire culturali[8].

Gli elementi di novità della stratificazione sociale si manifestavano anche come conseguenza dell'impoverimento differito, e quindi diversamente distribuito su generazioni diverse, simboleggiato dalla riforma Dini, che aveva rafforzato la tendenza alla formazione di una società divisa in cui per i più giovani i diritti degli anziani, a loro volta sotto pressione, erano ridiventati anche formalmente privilegi. Questa stratificazione sociale *temporale*, che apriva la porta a complessi conflitti insieme sociali e generazionali, attraversava spesso la stessa famiglia, in cui conviveva una vecchia generazione che aveva fatto una vita dura ma aveva visto migliorare le sue condizioni e quelle dei suoi figli; una generazione matura, che aveva conosciuto un forte progresso, era riuscita a profittare dei diritti-privilegi (tra l'altro con pensioni di regola molto generose rispetto ai versamenti effettuati) e aveva nutrito forti aspettative per i suoi figli; e una giovane generazione, talvolta

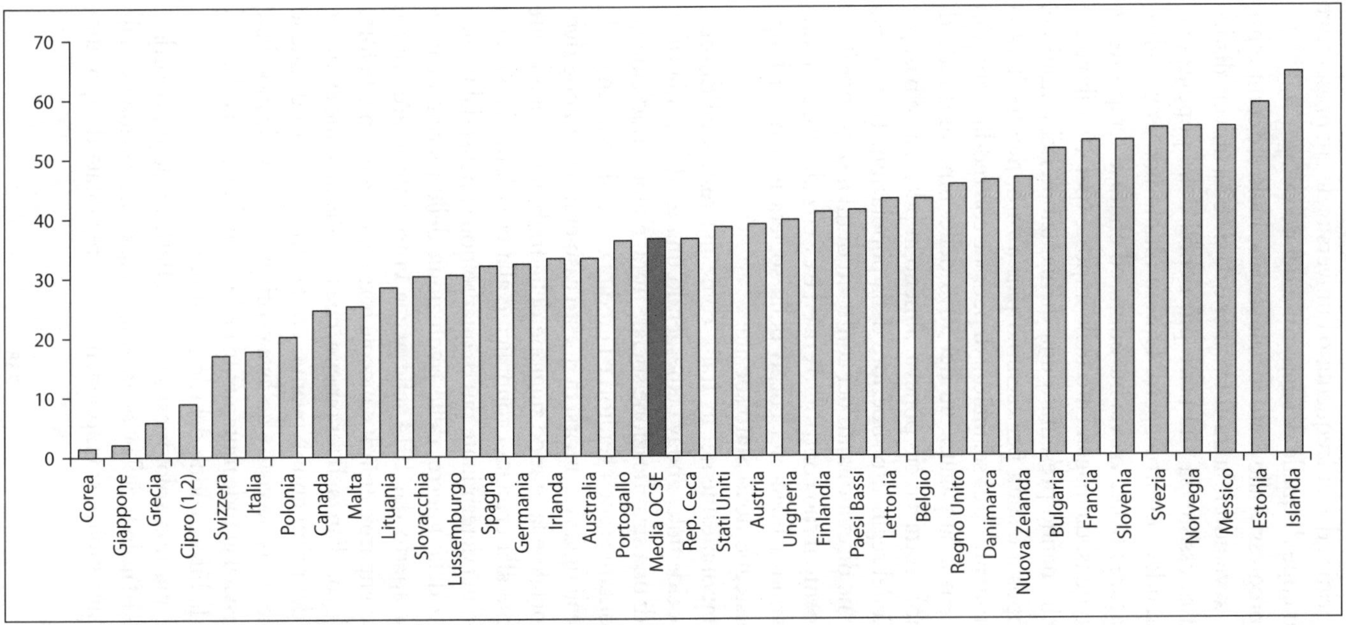

FIG. 6.2. Percentuali di figli nati fuori dal matrimonio, per paese (2009).

nota: Il dato per Giappone, Italia, Irlanda, Australia, Stati Uniti, Belgio e Nuova Zelanda è relativo al 2007; per la Corea al 2006; per il Canada al 2005.

fonte: http://www.oecd.org/social/familiesandchildren/40278615.pdf, da EUROSTAT, 2011, United Nations Statistical Division, 2011, e National Statistical Offices, 2011.

anche la prima ad aver frequentato l'università, le cui prospettive erano più cupe di quelle dei genitori e dei nonni[9].

I tagli progressivi allo Stato sociale stavano inoltre, e comprensibilmente, avviandone la trasformazione da sistema universalistico a sistema di assistenza alle fasce più deboli della popolazione, che si intendevano proteggere. Queste ultime non erano chiamate a pagare i ticket via via introdotti ed erano al tempo stesso esentate o quasi dal pagamento delle imposte (per 10 milioni dei soggetti che hanno presentato una dichiarazione dei redditi nel 2011 l'imposta è stata per esempio pari a zero, mentre il 14% dei contribuenti, circa sei milioni di persone con redditi superiori a 35.000 euro, ha pagato più del 50% delle imposte dirette di quell'anno). Tuttavia, ciò poneva, almeno in potenza, le basi per un'ostilità del segmento superiore della popolazione tanto verso la tassazione diretta quanto nei confronti di un *welfare* per il cui mantenimento il suo contributo era ed è essenziale, aprendo una possibile nuova faglia nel corpo della società italiana, a lungo unito a sostegno dello Stato sociale.

Contemporaneamente, in Italia come nel resto dell'Europa, almeno occidentale, andava emergendo una tendenza alla riformazione di una stratificazione sociale dura, e molto tradizionale, in cui a contare erano i genitori e l'eredità che essi erano in grado di lasciare ai figli. A esaurirsi in questo caso erano la grande rivoluzione sociale e la grande stagione della mobilità sociale legate certo anche alla crescita economica e alla creazione dei sistemi di *welfare*, ma determinate più di quanto non si pensi dal tragico trentennio delle guerre, delle rivoluzioni, delle iperinflazioni e delle crisi aperto dal 1914, che aveva visto tramontare corti e nobiltà, scomparire grandi e piccole fortune e generato una forte spinta all'eguaglianza. Il fenomeno, che in Italia divenne evidente a partire dai primi anni Novanta, era l'esatto opposto di quello che – come abbiamo visto – andava verificandosi a livello mondiale e confermava il grande mutamento delle gerarchie tradizionali del pianeta e la biforcazione del suo sviluppo[10].

Anche, ma non solo, a causa degli effetti della già ricordata riforma del Titolo V della Costituzione, alla stratificazione sociale se ne andava inoltre sovrapponendo una regionale di tipo nuovo, basata sulla segmentazione geografica del livello dei servizi ricevuti dalla popolazione. La tradizionale spaccatura Nord-Sud, di livello comparabile a quella esistente nel Regno Unito o in Belgio e meno profonda di quella che divide gli Stati degli USA, veniva quindi affiancata, più che sostituita, da una tendenza a una nuova frammentazione macroregionale, in cui spiccava tra l'altro l'evoluzione delle «regioni rosse» del Centro Italia, sembra più sfiduciate e impaurite delle altre rispetto a un futuro non amato anche perché confrontato con un passato che lì aveva dato più che altrove[11].

Nel complesso, la vecchia stratificazione sociale, che pure persisteva e da un certo punto di vista ricominciava a irrigidirsi, era perciò affiancata e percorsa da nuovi tagli. A essi si affiancavano quelli determinati dai comportamenti e dagli stili di vita, di cui nel 2004 l'Eurisko compose una mappa costruita a partire dagli studi sui consumatori e il consumo cominciati in Italia negli anni Settanta[12]. Le categorie interpretative che ne sono state tratte offrono una prospettiva interessante sul modo in cui è possibile analizzare la società italiana contemporanea: al contrario delle vecchie analisi basate sulle classi o sulla posizione sociale e professionale – che derivavano scelte e comportamenti individuali dal lavoro e dal reddito –, qui a contare sono le differenze di genere, di età e di cultura, nonché l'atteggiamento psicologico verso la vita, da cui vengono in qualche modo fatti discendere lavoro, posizione sociale, interessi e scelte di «consumo», nel senso più ampio del termine. Al posto degli operai, dei braccianti, degli impiegati, dei professionisti e dei borghesi del passato troviamo così maschi preculturali e tranquillità femminile, casalinghe partecipanti e casalinghe chiuse, lavoratori d'assalto e donne doppio-ruolo, élite di entrambi i generi e «protagonisti», che si dispongono su una scala determinata dall'inerzia e dall'azione, dalla marginalità e, appunto, dalla voglia e capacità di protagonismo.

La perdita di status del paese era anche segnalata dalla comparsa di una diglossia quasi matura, che andava al di là della fisiologica, e utile, penetrazione in una lingua dei vocaboli e dei concetti sviluppati nei paesi più innovativi in ogni periodo storico. Sappiamo che nel mondo della scienza e dell'università

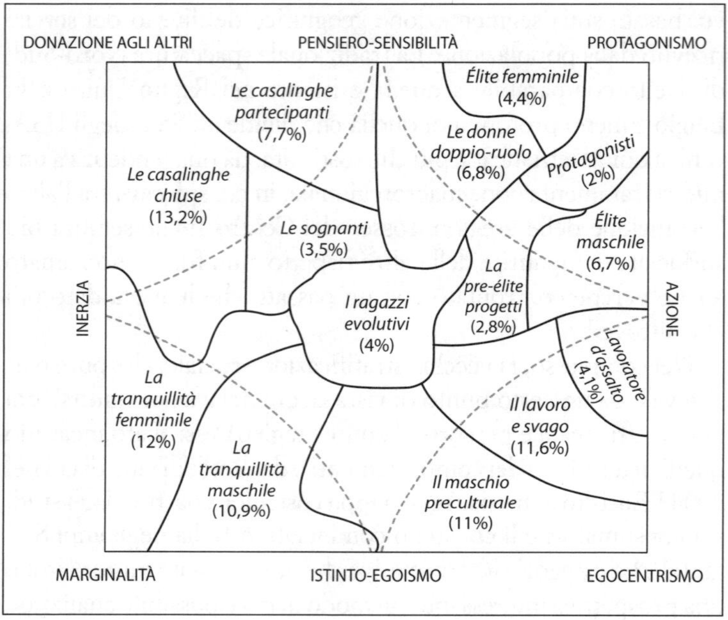

FIG. 6.3. Mappa sinottica EURISKO (2004).

il fenomeno si andava sviluppando da qualche decennio, anche a seguito degli esiti della seconda guerra mondiale. Ora però, grazie alle nuove possibilità offerte dalla rete, con i suoi *download*, e dai nuovi canali televisivi esso si estendeva in modo più massiccio che in passato anche in quello della musica e dell'intrattenimento, compreso quello di qualità, coinvolgendo la parte meglio istruita e più aperta della gioventù.

Lo svilimento di una lingua dal grande passato e la progressiva perdita di peso del suo bacino di riferimento sono naturalmente fenomeni sgradevoli. Tuttavia, la reazione di ignorarli o quella di denunciare il dominio dell'inglese, esaltando quel passato e difendendo l'«identità culturale»[13] in un mondo in veloce cambiamento, erano tipiche di un paese che rifiutava di fare i conti con la realtà: di fronte a una sua evoluzione sgradita, esso preferiva chiudersi in se stesso invece di affrontare razionalmente il fenomeno, il che avrebbe implicato anche riflettere sulle conseguenze psicologiche della diffusione della diglossia in una cultura già dominante[14]. Queste conseguenze non erano dissimili da quelle già ricordate che avevano luogo nelle «regioni rosse» e su scala minore nell'intero paese di fronte a un futuro che si profilava peggiore del passato, ed erano confermate dalla diffusione della paura della criminalità a fronte di reati violenti di fatto in nettissimo calo[15].

Erano processi che minavano la coscienza o piuttosto la psicologia sociale fondata sulle aspettative crescenti, figlia del miracolo, consolidatasi nelle convulsioni degli anni Settanta e incarnata dalla disponibilità a credere che lo Stato potesse e dovesse garantire – in maniera crescente ed egualitaria – anche i diritti sociali. Essi schiudevano la porta a una diversa interpretazione della Costituzione, le cui disposizioni in questo campo potevano tornare a essere considerate – come negli anni Cinquanta – dichiarazioni di impegno piuttosto che promesse effettivamente esigibili. Ma arrivarci non era e non è né facile, né automatico, anche perché si tratterebbe comunque di una rinuncia, ancorché razionale, e le rinunce spesso sono accompagnate da atteggiamenti e comportamenti che di razionale hanno poco.

Si esauriva così nel primo decennio del nuovo millennio la grande spinta cominciata prima dell'Unità, e simboleggiata dai quasi incredibili successi conseguiti dal nostro paese nei primi 140 anni della sua vita come Stato nazionale. E a differenza di quanto era accaduto nella crisi precedente, quella del 1989-1993, l'orizzonte della crisi e i mutamenti che la attraversavano non erano ora rischiarati dalla forza e dalla capacità di attrazione dell'ideale europeo. La straordinaria capacità, anche politica, di reagire al crollo dei sistemi sovietici e di promuovere una moneta unica – con un atto temerario dal punto di vista delle teorie economiche e politiche – mostrata dall'Europa alla fine degli anni Ottanta sembrava infatti essersi esaurita. A dimostrarlo stavano le enormi difficoltà incontrate dal progetto di Costituzione europea tra il 2003 e il 2009, un fallimento politico che illuminava crudamente la fragilità di una moneta, l'euro, lasciata a metà strada.

Non era quindi solo l'Italia a essere in crisi. Il mutamento radicale in corso nel mondo faceva sbandare con essa anche l'Europa, come dimostravano l'atteggiamento di quest'ultima rispetto alla questione turca o a quelle russa e ucraina, le risposte spesso primitive e rabbiose di parte della sua popolazione alle realtà dell'invecchiamento e dell'immigrazione, e l'incapacità – simile per certi versi a quella italiana – di trovare nuovi principi fondativi o di riadattare alle nuove condizioni quelli esistenti. Questi ultimi erano infatti stati scritti e pensati nell'ultima età dell'oro occidentale, e quindi incorporavano «un sogno fatto quando si era ancora nell'età della certezza e della stabilità», basato su «libertà, democrazia, uguaglianza, dignità umana, diritti della persona, benessere, sviluppo sostenibile, economia sociale di mercato, fine delle divisioni, progresso...», valori nobili ma che era difficile declinare in modo politicamente operativo nella nuova realtà. Questo era tanto più vero perché la necessità di ridurre le aspettative faceva dei bilanci degli Stati nazionali – simbolo della conquista di questi Stati da parte delle «masse» – il principale catalizzatore delle tensioni sociali e politiche. La «nazione», ora definita soprattutto in termini di diritti da difendere, tornava così al centro della scena, e acquistava tanta più forza perché la minaccia a quei diritti sembrava venire dall'esterno, dalla grande finanza o dalle fredde burocrazie europee, piuttosto che dalle illusioni e dai comportamenti dei decenni precedenti, finanziati per lungo tempo a credito e quindi incarnatisi nei debiti pubblici[16].

2. La crisi della «seconda Repubblica»

Il mondo nuovo preparato dai decenni precedenti emerse con nettezza con la crisi cominciata negli Stati Uniti nel 2007. Essa illuminò vividamente la perdita di posizione e di status dell'Occidente e la fragilità causata dalla scelta degli anni Settanta, che era stata generale ancorché di diversa intensità, di rispondere al declino con l'indebitamento pubblico e privato. La crisi finanziaria era insomma una conseguenza delle decisioni, anche inconsce, del passato e degli squilibri da esse provocate, e non la causa delle difficoltà correnti, anche se queste si manifestavano attraverso di essa.

La perdita, sia pure in modi e gradi diversi, di status e peso economico e culturale si riflesse nel settembre 2009 nell'annuncio che il G20 avrebbe sostituito il G8 come principale consiglio economico mondiale. È inoltre possibile che, come è accaduto in passato alla sterlina o al franco, in futuro anche l'euro e il dollaro debbano cedere posizioni alle valute di altri paesi, anche se va ricordato che sia la Cina che l'India sono nel mezzo di una grande trasformazione sociale (e, almeno in India, anche nazionale) che in Europa ha coinciso con crisi rovinose, da cui potrebbero quindi essere colpite.

All'interno dell'Occidente la differenza principale divide l'Europa continentale dagli Stati Uniti. Qui la struttura e la composizione del bilancio dello Stato (basti pensare al peso delle spese militari), il minore peso dell'imposizione fiscale (che offre ancora ampi margini all'aumento delle tasse) e le grandi risorse umane (la demografia americana è per esempio ben più vitale di quelle europee), culturali (si pensi solo al diverso atteggiamento verso l'immigrazione, malgrado tutte le contraddizioni e le iniquità che è naturalmente possibile indicare) e scientifiche, legate anche alla posizione dominante goduta a lungo dal paese, rendono possibili risposte certo non facili, ma nemmeno difficilissime alla crisi. E quest'ultima vi ha assunto non a caso forme che, anche nei loro meccanismi, sono ancora proprie della crisi di un'economia di mercato, in cui hanno contato le scelte sbagliate di banche e banchieri, la loro cattiva regolazione da parte dello Stato ecc.

In Europa invece la crisi, arrivata attraverso un contagio che ha innescato il materiale combustibile accumulato in trent'anni, è prima di tutto una crisi dello Stato e del suo bilancio, stretto tra un'imposizione fiscale al limite del sopportabile e spese sociali di difficile compressione; di una struttura demografica con pochi giovani schiacciati, anche culturalmente e psicologicamente, da un numero crescente di anziani; e della complessivamente scarsa – ma anche in questo caso le differenze tra paese e paese sono notevoli – capacità di far fronte alle nuove realtà, usando nel miglior modo possibile l'immigrazione, aprendosi ai rapporti con i nuovi paesi guida, riformando in modo efficace il *welfare* e trovando le risorse per risanare i sistemi di istruzione e di ricerca.

All'interno di questo quadro la posizione sociale, demografica, linguistica, culturale ed economica dell'Italia – gravata da un debito pubblico particolarmente alto, ostile alle riforme, tendente a chiudersi in se stessa e con una economia che, a parità di potere d'acquisto, stava per essere superata da quella del Brasile e della Russia[17] – era particolarmente difficile[18]. Eppure le elezioni del 2008, tenutesi in piena crisi e mentre i consumi cominciavano una caduta che non si è ancora arrestata[19], furono una volta di più segnate, a destra come a sinistra, da una retorica che andava dal nuovo appello agli «spiriti animali» e dalle rinnovate promesse di tagliare questa o quella tassa di Berlusconi all'«io sono ottimista» di Veltroni, e che non si preoccupava di affrontare, anche pubblicamente, i motivi per cui il reddito reale degli italiani aveva già cominciato a regredire pure in termini assoluti e il peso dell'Italia nel mercato mondiale continuava a calare.

Le elezioni furono vinte dal centrodestra, che conquistò una salda maggioranza nei due rami del Parlamento. Il terzo governo Berlusconi, che poteva contare su un personale politico più esperto, spesso proveniente dal vecchio pentapartito, come il capogruppo alla Camera Cicchitto, fu più efficiente del primo, come provano le riforme della scuola, dell'università e l'aggancio delle pensioni all'andamento demografico. Tremonti, al Tesoro, andò inoltre al governo con una visione più realistica della situazione e dei limiti dei mezzi a disposizione per affrontarla. La pressione sull'evasione fiscale crebbe e soprattutto, grazie anche al sia pur contraddittorio sostegno di Berlusconi, si riuscì a contenere l'aumento della spesa pubblica determinato da una crisi che riduceva le entrate, faceva aumentare le spese e, abbassando il PIL, aumentava il rapporto tra esso e il debito pubblico, che infatti nel 2008 balzò dal 105,7 al 116% per poi crescere più lentamente negli anni successivi, arrivando al 120,1% nel 2011 (e al 127% nel 2013).

Questa crescita, minore di quella verificatasi negli altri paesi europei e negli Stati Uniti, contribuisce a spiegare lo sviluppo, altrettanto minore, dell'economia italiana in questi anni. Essa conferma inoltre che, in linea con le scelte dei primi anni del nuovo millennio, ma in condizioni più difficili, l'Italia ribadì la sua scelta di non fare follie. Le voci di spesa che registrarono gli aumenti più significativi furono inoltre quelle indirizzate a ridurre le tensioni sociali nel paese: le ore autorizzate di Cassa integrazione balzarono per esempio dai 183,7 milioni del 2007, ai 227,6 del 2008, ai 913,6 del 2009 e a 1,197 miliardi del 2010[20].

Anche per la memoria del 1994, l'ostilità della Lega e di buona parte del personale politico che proveniva da Alleanza nazionale e dal vecchio pentapartito, nonché per la natura e le convinzioni di Berlusconi, il governo era però strutturalmente incapace di affrontare le ragioni della crisi e di prendere le misure necessarie. Molti dei suoi esponenti finirono anche per questo con l'aderire a un discorso che imputava la colpa della crisi alla «finanza», magari internazionale, che avrebbe minacciato o addirittura sconfitto la politica, la democrazia e la «nazione», dimenticando che almeno in Europa la crisi affondava le sue radici proprio in scelte politiche nazionali compiute per soddisfare le pressioni di gruppi organizzati dell'elettorato e i desideri di buona parte degli elettori.

Le difficoltà, in veloce crescita dopo il 2009, si combinarono con un affievolirsi della capacità di presa e di guida di Berlusconi, vale a dire del leader carismatico del centrodestra e del partito personale che ne reggeva i destini. Il suo comportamento autolesionistico, imputato dalla moglie a un malessere che diede presto segni di peggioramento, danneggiò tanto la capacità operativa del governo all'interno – lasciando spazio all'emergere di fazioni e gruppi in lotta tra loro e riducendo i controlli del Tesoro – quanto soprattutto l'immagine e la credibilità dell'Italia a livello internazionale[21]. E poiché l'Italia si trovava nella posizione di principale paese debitore d'Europa, e per i debitori che hanno bisogno perenne di credito, l'immagine e la credibilità sono essenziali, il paese si trovò presto sull'orlo del baratro, come e più di quanto non lo fosse nel 1992, anche perché ora la crisi era appunto una crisi generalizzata dell'Occidente e dell'Unione europea.

Il venir meno dei freni rappresentati dalla famiglia e l'esaltazione di sentimenti di potenza naturalmente già presenti in una personalità eccezionale come quella di Berlusconi (i soli rapporti con personaggi come Lavitola bastano a indicare l'affievolimento – almeno episodico – della capacità di giudizio propria di un grande imprenditore) aggravarono ulteriormente la situazione. È come se il Berlusconi degli imbarazzanti vertici internazionali del 2010-2011 non si rendesse nemmeno conto che i leader degli altri Stati, lungi dal considerarlo uno statista da rispettare e onorare, gli preparavano trappole tese a profittare della sua debolezza per imporre all'Italia condizioni e tutele che il paese poteva ancora evitare. Del resto, la paralisi del suo governo, in cui la Lega si opponeva alla riforma delle pensioni e tutti mal sopportavano la politica dei cordoni stretti del Tesoro, spingeva comunque il premier a chiedere interventi esterni, spesso anche apertamente, come quando pregò l'Unione europea di intervenire in materia di pensioni con un provvedimento generale, così da poterlo far ingoiare a nemici e alleati.

La lettera della Banca centrale europea del 5 agosto 2011 fu quindi in qualche modo richiesta dallo stesso Berlusconi, che non comprese di mettere in moto il meccanismo che avrebbe portato a novembre alla caduta del suo governo e all'incarico a Monti. Dopo un anno di convulsioni si apriva così, vent'anni dopo la crisi del 1992 e la caduta della prima Repubblica, una nuova crisi che segnava il tracollo della seconda, in un quadro dalle tinte più cupe. Il paese e i suoi gruppi dirigenti erano infatti diventati ancora più vecchi, e la crisi riguardava ora tutta l'Europa, minacciandone la stessa sopravvivenza come unione economica e politica. L'evoluzione del pianeta – diventato un gigantesco sistema di vasi comunicanti – lasciava inoltre intuire la presenza di una fortissima spinta a una convergenza mondiale che implicava un abbassamento *relativo*[22] (le cui dimensioni dipendevano in larga misura dal comportamento di ciascun paese e individuo) del tenore di vita dei popoli prima privilegiati a fronte di un innalzamento – largamente superiore per quantità e qualità – di quello di Stati dove fino a pochi anni prima redditi di poche centinaia di dollari all'anno erano la norma, oltre che un aumento della diseguaglianza all'interno di ciascun paese.

Dopo vent'anni in cui erano state tagliate essenzialmente le aspettative, si apriva quindi una stagione in cui sarebbero stati i redditi reali a essere colpiti, come del resto annunciava l'inizio del loro declino in termini assoluti. Certo, l'Italia era ed è un paese ancora ricco, con risorse e forze che possono ancora essere sfruttate. Grazie alle riforme degli anni Novanta e alla mancanza di follie del decennio successivo il suo bilancio è bene o male sotto controllo ed è quindi possibile addurre forti argomenti a favore della convenienza di aiutarla a uscire dalle difficoltà in cui si trova, dovute in larga parte alle follie di un passato ormai lontano, argomenti difficili da sostenere invece per altri paesi, in cui ogni aiuto viene divorato dal deficit corrente.

Tuttavia, come dimostrano il bilancio del riformismo e quello dell'ultimo decennio, molti dei problemi già chiaramente posti quindici e persino venti anni fa non sono stati risolti. Se nel 1998 «i temi di confronto»[23] erano la flessibilità del lavoro, il peso dello Stato e del fisco, il peso del debito pubblico, le difficoltà del sistema formativo, i rapporti di potere tra politica e giustizia, il ristagno complessivo del paese, l'euro e il destino dell'Italia al suo interno, le pensioni, il nodo rappresentato dal rapporto tra immigrazione, demografia e cittadinanza e il degrado di un quadro politico che la seconda Repubblica non riusciva a ricomporre, quindici anni dopo i temi sono gli stessi, con la sola eccezione delle pensioni, cui il governo Monti è riuscito a dare una risposta, certo socialmente costosa ma resa tale dai rinvii del passato più che dalla durezza del presente.

La natura e la qualità delle soluzioni dipendono in primo luogo dagli esiti europei della crisi in corso, a loro volta legati a come saranno risolte questioni fondamentali di sovranità, solidarietà e, soprattutto nei paesi più problematici, credibilità, e quindi ai talenti delle élite europee. Se l'Europa non riuscirà a compiere il salto necessario in termini di maggiore unità politica, mettendo uno Stato dietro una moneta costruita in sua assenza (ma comunque più solida dello SME, andato subito in frantumi nel 1992, perché sorretta da una Banca centrale e da più forti, ancorché insufficienti, vincoli comunitari), c'è il rischio concreto che l'euro si dissolva, generando specie nei paesi più deboli una svalutazione e quindi un'inflazione selvagge, capaci di regolare – ma crudelmente – la questione dello Stato sociale. Qualcosa di simile, anche se probabilmente di più acuto, è già successo nei paesi usciti dalle grandi guerre del XX secolo o nell'ex Unione Sovietica subito dopo il 1991, quando il valore di pensioni e stipendi precipitò.

Ovviamente, le soluzioni in questo caso sarebbero diverse da quelle ipotizzabili in un quadro di tenuta economica e sviluppo politico dell'Unione, ed è difficile immaginarne il decorso. È però interessante notare come si vada qui e là manifestando una preferenza certo mai dichiarata per lo scenario peggiore: di fronte alla necessità di riformare e tagliare razionalmente, affidando i propri destini a una autorità ritenuta ostile perché persegue comunque il «male», anche se quello minore, e opera dall'alto, imponendo la sua superiorità, si finisce con il preferire un evento solo apparentemente naturale come l'inflazione, che taglia in maniera cieca ma non implica la subordinazione ad autorità superiori. Il paradosso diventa ancora più interessante se si pensa che a favore della spesa, o comunque dei minori tagli possibili, sono alcune forze di sinistra, che finiscono così indirettamente per sostenere un'inflazione che colpirebbe con più forza proprio i più deboli. Nel mentre a favore di un programma di austerità troviamo almeno una parte di una «destra» che dovrebbe invece essere naturalmente incline a soluzioni che, come l'inflazione, premiano i più forti (ma questa «destra», visto che ve n'è un'altra, populista e nazionalista, ostile a ogni vincolo e che quindi opera per la rovina, ha dalla sua l'argomento della difesa dei risparmi e dei redditi della piccola e media borghesia). *Queste posizioni sono comunque soggette a veloci e imprevedibili riallineamenti, in un quadro politico ancora altamente volatile: alle elezioni amministrative del maggio 2012 molti elettori manifestarono la loro insoddisfazione nei confronti di un governo che li costringeva, magari malamente, a fare i conti con la realtà, votando in molte città per un partito, l'*Italia dei Valori, *di cui i giornali annunciarono allora il trionfo ma che sarebbe nel giro di un anno naufragato (anche a seguito di attacchi mediatici al suo leader), aprendo nuovi spazi a quel* Movimento 5 stelle *che sembrava invece aver vinto solo e quasi per caso a Parma*[24].

Escludendo il caso peggiore, la qualità delle soluzioni che l'Italia troverà dipenderà invece dalla cultura e dai comportamenti del paese e dei suoi gruppi dirigenti. Esse saranno tanto migliori quanto più questi ultimi riusciranno a guardare alla realtà e a mostrarne i lineamenti alla popolazione. Da questo punto di vista le celebrazioni del 150° anniversario dell'Unità, giustamente festeggiata per i grandi successi che ne sono discesi, sono state però anche un'occasione in parte persa, visto che non si è riusciti a usarle a sufficienza, oltre che per far rivivere e capire meglio, come è giusto che sia, gli eventi del passato, anche per riflettere, direttamente e indirettamente, sul presente e sul futuro[25].

Queste soluzioni sono comunque irte di difficoltà. Poiché i necessari interventi di risanamento e razionalizzazione non sono purtroppo sufficienti, vi è per esempio il problema di tagliare spese vive, e utili, un problema acuito dal modo in cui è cresciuto ed è cambiato il bilancio dello Stato nel corso del tempo. Al momento dell'Unità la stragrande maggioranza delle sue uscite andavano a coprire le necessità della corte, dell'esercito, della marina, dell'amministrazione e della pubblica sicurezza, facendo poi spazio alla diplomazia e alla cultura. Oggi pensioni, sanità e spese per interessi sono le voci più importanti, e non è facile privilegiare la ricerca pura in campo scientifico a fronte di un ospedale da chiudere, anche se è vero che la prima garantirebbe meglio il futuro del paese e la sua possibilità di avere buoni ospedali. Altrettanto difficile è in questa situazione finanziare un teatro lirico o un museo, anche se è noto che lirica e arte sono ciò che sostiene l'immagine dell'Italia nel mondo, e ancora più difficile è intervenire sulla sanità, anche se quasi la metà delle spese del settore è relativa al disperato e inutile tentativo di mantenere in vita per qualche mese chi sta morendo e comunque morrà. I tagli sollevano quindi rilevanti problemi morali, che richiedono dibattiti alti e impongono scelte di cui a volte è difficile persino iniziare a discutere, anche perché non è semplice pensare a esigenze di primaria importanza come diritti almeno praticamente di secondo rango, visto che essi vanno in qualche modo razionati.

La questione della crescita è invece complicata dall'inadeguatezza del quadro nazionale alla sua soluzione. Se è vero, come sembra, che il problema è costituito dall'insufficienza dell'energia interna e dalle nuove gerarchie che si vanno stabilendo nel pianeta, riforme e liberalizzazioni già difficili di per sé, e certo necessarie, infatti non bastano e occorre agganciare l'Italia alla parte del mondo che corre da trent'anni, sia in senso demografico che economico. Puntare sulla maggiore apertura possibile dell'Italia, della sua cultura come della sua economia, al mondo, l'esatto contrario di molte delle scelte fatte, o delle tendenze radicatesi, dopo gli anni Ottanta, è oggi però più difficile e non solo per le difficoltà che l'apertura indubbiamente crea e che spiegano parte di quelle tendenze, ma anche per il ritardo accumulato in questo campo, e per il fatto che quella corsa comincia a dare segni di rallentamento.

Ciò implica in primo luogo chiedersi cosa possa e debba voler dire essere italiani oggi e come si diventa tali, e quindi affrontare il problema degli immigrati già presenti nel paese nonché quello del tipo di immigrazione che sarebbe opportuno attrarre e di come essa potrebbe essere selezionata. Si tratta di una questione che andrebbe definita il prima possibile visto che le dinamiche demografiche ed economiche internazionali indicano che quella che è stata, e ancora è, un'opportunità straordinaria potrebbe prima o poi esaurirsi, lasciando più avanti i paesi che avranno saputo utilizzarla al meglio quando era ancora disponibile. Oggi in Italia gli immigrati sono circa 4,5 milioni, 600.000 dei quali sono bambini che vi sono nati. Eppure la stessa idea della loro possibile «italianità» fa fatica a farsi strada, tant'è che persino l'ISTAT fa proiezioni sul numero di «stranieri» che vivranno in Italia tra venti o trent'anni, e intanto votano per il nostro Parlamento centinaia di migliaia di discendenti di emigrati italiani all'estero, che spesso conoscono pochissimo il paese e non vi hanno mai pagato tasse o contributi. E se la Francia naturalizza circa 150.000 persone all'anno, e gli Stati Uniti più di un milione, da noi questa cifra è stata a lungo ferma intorno a 10.000 e solo da poco ha cominciato a crescere (nel 2008 sono state concesse quasi 40.000 naturalizzazioni a fronte di più di 50.000 domande), perché è aumentato il numero di chi vive e lavora regolarmente nel paese da più di dieci anni.

Anche ridurre la non convenienza individuale a fare figli non è facile. L'esperienza francese mostra che i margini per farlo ci sono, ma anche la soluzione di questo problema è complicata dalla scarsità delle risorse e dalla vischiosità di quelle già impiegate in settori cui è difficile sottrarle. Lo stesso vale per gli investimenti – soprattutto nel campo dell'istruzione – che andrebbero fatti sui relativamente pochi giovani italiani, cui andrebbero assicurate – nell'interesse generale – la miglior scuola e la migliore università possibili. Migliore vuol dire però anche più selettiva, cosa tanto più necessaria in vista del già ricordato riformarsi di una stratificazione sociale dura basata sulla provenienza familiare e sociale: in una società più stabile, con bassi tassi di crescita e, sperabilmente, non squassata da guerre, il canale principale di mobilità sociale e di ricambio delle élite non può che essere la selezione meritocratica.

In questa società più statica, le scelte e i comportamenti della politica e quelli degli individui contano quindi di più di quanto non avvenisse nella più felice stagione in cui una grande onda spingeva comunque tutti verso l'alto e sanava quasi automaticamente *a posteriori* errori e sbandamenti. Si tratta quindi di una società più dura, che avrebbe forse bisogno di un nuovo patto, di cui è però difficile scorgere anche i lineamenti, ma che non potrà non comprendere una nuova interpretazione dei diritti positivi, del cui razionamento occorrerà discutere, e che comunque non potrà essere – a meno di una cocente, nuova sconfitta – solo un patto italiano.

I problemi che esso pone sono moltiplicati dalle difficoltà che queste nuove condizioni creano alla vita stessa della democrazia. È questa forse la questione più importante: le democrazie occidentali sono nate con la crescita (se non dalla crescita), sono state da essa accompagnate e hanno usato questa crescita per aumentare – sia pure a balzi, conflittualmente e non uniformemente – la quantità delle risorse da redistribuire, creando potenti e generosi Stati sociali. All'allargamento della cittadinanza politica, e del suffragio, si è insomma accompagnato quello della cittadinanza sociale, promossa da partiti di massa all'insegna di una pluralità di ideologie.

Le difficoltà incontrate in tutti i paesi europei dalla politica democratica di fronte a una crisi da riduzione delle risorse e delle aspettative, l'impotenza dei partiti fondati sulla ricerca del consenso in queste circostanze, il ricorso a governi tecnici e la possibile insofferenza verso di essi già lasciano intravedere quelle, ben più serie, che la stessa forma democratica potrebbe trovarsi ad affrontare se tale crisi dovesse prolungarsi in un'epoca segnata se non da una forte riduzione (cui si può sperare di porre argine) dal ristagno delle risorse a disposizione. *La composizione del nuovo Parlamento italiano illustra con evidenza queste difficoltà, aggravate dalla tenacia di vecchie illusioni e dalla comparsa di illusioni nuove, accompagnate da fenomeni carismatici di cui il nostro paese non sembra capace di fare a meno.*

Poiché la democrazia liberale resta la miglior forma di governo possibile, la sua difesa richiede quindi la conoscenza dei problemi cui essa potrebbe andare incontro in un futuro in cui il «razionamento», e i conflitti da esso provocati, prendessero il posto di quelli, antichi, su come meglio distribuire risorse comunque in crescita. *Soprattutto, essa richiede élite politiche che abbiano capacità e qualità in grado di mantenere, anche in tempi di difficoltà e di allocazione di sacrifici, un rapporto di fiducia con almeno una parte maggioritaria dell'elettorato. E simmetricamente richiede cittadini disposti a liberarsi dalla nebbia delle illusioni, certo anche con l'aiuto della speranza. La nuova e più profonda fase della crisi europea, che quella italiana ha innescato, rende insomma ancora più decisiva la qualità dei comportamenti individuali e di quelli delle élite, sul piano politico come su quello delle scelte personali*[26].

note

[1] Conversazione con Massimo D'Alema del 12 dicembre 2011. Un caso in parte simile è stato analizzato da E.J. Lincoln, *Arthritic Japan: The Slow Pace of Economic Reform*, Washington, DC, Brookings Institution Press, 2001.

[2] Conversazione con Giulio Tremonti del 23 febbraio 2012.

[3] Tale mutamento, che ha il suo simbolo nella scomparsa della grande industria e nell'emergere di medie aziende esportatrici di grandi talenti ma incapaci di prenderne il posto e di giocare il suo ruolo nell'influenzare la politica del paese, è una delle ragioni del crescente malessere di Confindustria. Esso è naturalmente alimentato in primo luogo dalla difficoltà di rappresentare gli interessi dell'industria italiana in tempi nuovi e duri, un malessere che non a caso tocca tutte le grandi organizzazioni sociali, sindacati compresi, spiazzati dalla crisi.

[4] M. Vasta, *Italian Export Capacity in the Long-term Perspective (1861-2009): A Tortuous Path to Stay in Place*, in «Journal of Modern Italian Studies», 1 (2010), pp. 133-156; WTO, *World Trade Report 2011*, http://www.wto.org/english/res_e/booksp_e/anrep_e/world_trade_report11_e.pdf.

[5] F. Salleo (a cura di), *L'Italia, un paese in declino*, Quarantennale delle borse di studio «Marco Fanno», Roma, MCC, 2004; G. Nardozzi, *Miracolo e declino: l'Italia tra concorrenza e protezione*, Roma-Bari, Laterza, 2004; M. Deaglio, *Postglobal*, Roma-Bari, Laterza, 2004; T. Boeri *et al.* (a cura di), *Oltre il declino*, Bologna, Il Mulino, 2005; L. Torchia e F. Bassanini (a cura di), *Sviluppo o declino: il ruolo delle istituzioni per la competitività del paese*, Antella, Passigli, 2005; Banca d'Italia, *Considerazioni finali*, 2005; P. Ciocca,

Ricchi per sempre? Una storia economica d'Italia (1796-2005), Torino, Bollati Boringhieri, 2007; F. Barca, *Italia frenata. Paradossi e lezioni della politica per lo sviluppo*, Roma, Donzelli, 2006, pp. 9, 17.

[6] M. Barbagli, G. Dalla Zuanna e F. Garelli, *La sessualità degli italiani*, Bologna, Il Mulino, 2010.

[7] I primi risultati del censimento 2012 sono reperibili in http://www.governo.it/backoffice/allegati/67827-7634.pdf.

[8] Questo legame non sarebbe una novità, ma piuttosto la riproposizione in forme nuove di fattori culturali e comportamentali di stratificazione sociale che avevano potentemente operato in passato. I grandi studiosi delle società contadine hanno per esempio sottolineato il ruolo giocato dall'alcolismo nel determinare quella dei villaggi dove la terra non era un fattore eccessivamente scarso. Oggi negli Stati Uniti l'ammissione a una grande università, molto più legata che in passato agli sforzi per accedervi piuttosto che al reddito familiare, è considerata uno dei fattori essenziali del posizionamento sociale.

[9] Come ha notato Paolo Capuzzo, negli ultimi decenni il livello dei consumi dei pensionati è significativamente prima aumentato di più, e ha poi retto meglio, di quello dei lavoratori dipendenti, per non parlare di quello degli strati più marginali dei lavoratori. In *I consumi tra economia e cultura*, relazione al convegno SISSCo *L'Italia nell'era della globalizzazione*, Aosta, settembre 2012, http://www.sissco.it/fileadmin/user_upload/Attivita/Convegni/Italia_globalizzazione/CAPUZZO_-_relazione_Aosta_2012.pdf.

[10] T. Piketty, *On the Long-Run Evolution of Inheritance: France 1820-2050*, in «The Quarterly Journal of Economics», CXXVI, 3 (2011), pp. 1071-1131, http://piketty.pse.ens.fr/files/Piketty2011QJE.pdf, un saggio segnalatoci da Giovanni Federico, che ringraziamo. L'*Atlante geopolitico 2012*, Roma, Istituto dell'Enciclopedia Italiana, 2012, illustra invece il fenomeno opposto nei paesi «in via di sviluppo», che sperimentano da qualche decennio quel che era successo nell'Italia del miracolo.

[11] F. Ramella, *Cuore rosso? Viaggio politico nell'Italia di mezzo*, Roma, Donzelli, 2005.

[12] Ringraziamo Giovanni Gozzini, che ha attirato la nostra attenzione su di essa.

[13] Un nome imposto dal governo Berlusconi anche al Dipartimento che raggruppava gli istituti umanistici del CNR, tradendo la vocazione cosmopolita della cultura alta e accettando implicitamente la perdita di status e di ambizioni di quella italiana che pure si pretendeva di difendere. Esso è stato per fortuna ora cambiato.

[14] C.F. Gallagher, *North African Problems and Prospects: Language and Identity*, in J.A. Fishman e C.A. Ferguson, *Language Problems of Developing Nations*, New York, Wiley, 1968, pp. 129-150, è stato uno dei primi, interessanti tentativi di affrontare da un punto di vista scientifico le conseguenze anche psicologiche della diglossia, una questione naturalmente discussa già in passato da politici e intellettuali. Le risposte alla nuova situazione diglossica che ha posto fine a due-tre secoli dominati dall'affermazione delle grandi lingue nazionali europee coprono un ventaglio che va dalle Filippine, dove le scienze sono insegnate in inglese sin dalle elementari, ai paesi del Nord Europa che usano l'inglese in buona parte dell'insegnamento universitario e nei dottorati di ricerca.

[15] Diverso è il caso della corruzione. Qui l'aumento netto della percezione della sua presenza nel corso del decennio 2000-2009, denunciato dai sondaggi e dalle inchieste sul fenomeno, potrebbe essere solo formalmente contraddetto dalla notevole diminuzione di denunce e condanne, che potrebbe essere il risultato di una relativa stabilizzazione politica o di una diversa organizzazione della corruzione stessa dopo il tracollo dei partiti.

[16] G. Tremonti, *Uscita di sicurezza*, Milano, Rizzoli, 2012, pp. 87, 94.

[17] Dal 2010 al 2012 anche l'industria italiana sarebbe poi scivolata in tre anni dal 5° all'8° posto, venendo superata da India, Brasile e Corea del Sud.

[18] Il comportamento tradizionalista delle sue banche, ancora in gran parte orientate al finanziamento delle attività private, permise tuttavia al paese di reggere meglio la prima ondata della crisi, legata appunto a forme di finanza creativa. Questa stessa caratteristica si trasformò tuttavia in una debolezza quando, dopo il 2009, la crisi aggredì l'economia reale. M. Messori, *Settore bancario e compatibilità del sistema produttivo*, relazione al convegno SISSCo *L'Italia nell'era della globalizzazione*, Aosta, settembre 2012.

[19] Paolo Capuzzo ha notato che nel 2008-2011 i consumi calarono per la prima volta dal secondo dopoguerra per quattro anni consecutivi, e che la percentuale dei consumi alimentari sul totale, diminuita fortemente dal 1973 al 2000, e poi stabilizzatasi per qualche anno, ha ripreso di recente a crescere, specie ma non solo nel Meridione (in *I consumi tra economia e cultura*, relazione al convegno SISSCo *L'Italia nell'era della globalizzazione*).

[20] Sono dati tratti dalle serie storiche dell'INPS, http://www.inps.it/webidentity/banchedatistatistiche/cig4/index.jsp.

[21] Un processo di degrado per certi versi abbastanza simile e anch'esso legato alla malattia del leader di un partito personale e alla crisi della sua corte stava colpendo anche la Lega, che sarebbe presto stata travolta dal tracollo di Bossi e del suo «cerchio magico».

[22] Quello assoluto, attualmente in corso, discende piuttosto dalle scelte degli anni Settanta e Ottanta, e in particolare da quella di finanziare indebitandosi un aumento del tenore di vita che le condizioni reali non erano più in grado di assicurare. Esso è quindi un prodotto del nostro comportamento.

[23] R. e V. Foa, *Noi europei. Un dialogo tra padre e figlio* (1995), Roma, Liberal edizioni, 2008, con una postfazione di Renzo Foa, p. 76.

[24] Le parti in corsivo sono state scritte subito dopo le elezioni del febbraio 2013.

[25] Un'eccezione è costituita dai libri di Alberto Banti che, sia pure con alcune forzature, ci ha però costretto a chiederci come è stata declinata, sin dal Risorgimento, la questione dell'identità italiana. In un intervento alla Treccani, Pietro Costa ha notato che il tipo di celebrazioni che si è quasi naturalmente affermato, al di là della volontà di chi le organizzava, è stato ispirato a una reazione difensiva, e quindi negativa, al leghismo e alla globalizzazione, che riaffermava appunto l'identità della nazione. Esso confermava così la difficoltà di pensarsi in modo diverso, non «familiare», http://www.treccani.it/webtv/videos/Conv_italiani_discorsi_storici_tipologie_tradizioni_Costa.html.

[26] Le parti in corsivo sono state scritte subito dopo le elezioni del febbraio 2013.

Appendice

L'Appendice, curata da Carlo D'Ippoliti, riunisce parte delle figure e delle tabelle approntate per il volume, che speriamo permettano al lettore di meglio seguirne interpretazioni e ragionamento, o anche di contestarne le conclusioni. Il rimanente materiale, di cui viene fornito di seguito l'indice, è liberamente consultabile nella scheda volume sul sito www.mulino.it

Indice delle figure online

Indice delle tabelle online

POPOLAZIONE

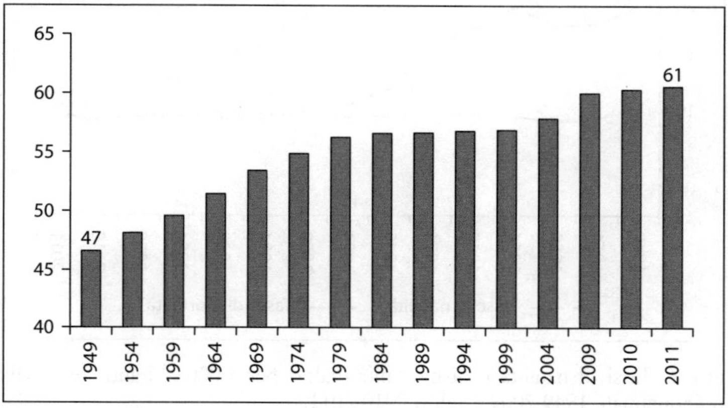

FIG. 1. Popolazione residente in Italia, in milioni. Intervalli quinquennali, 1949-2009 e valori 2010-2011.

fonte: Organizzazione delle Nazioni Unite, Statistics Division, *UNSD Statistical Database, Demographic Yearbook System*.

nota: L'immigrazione spiega il piccolo balzo successivo al 1999, che ha rallentato dopo il 2008 a seguito della crisi.

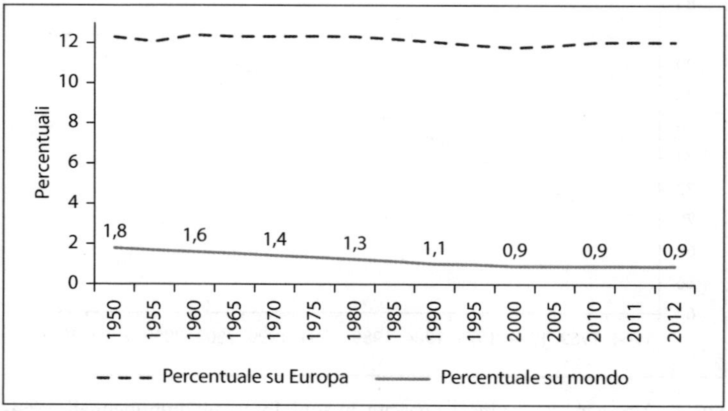

FIG. 2. Popolazione residente in Italia in percentuale della popolazione in Europa e nel mondo. Intervalli quinquennali, 1950-2010 e valori 2011 e 2012.

fonte: Organizzazione delle Nazioni Unite, Statistics Division, *UNSD Statistical Database, Demographic Yearbook System*.

nota: I valori 2012 sono previsioni.

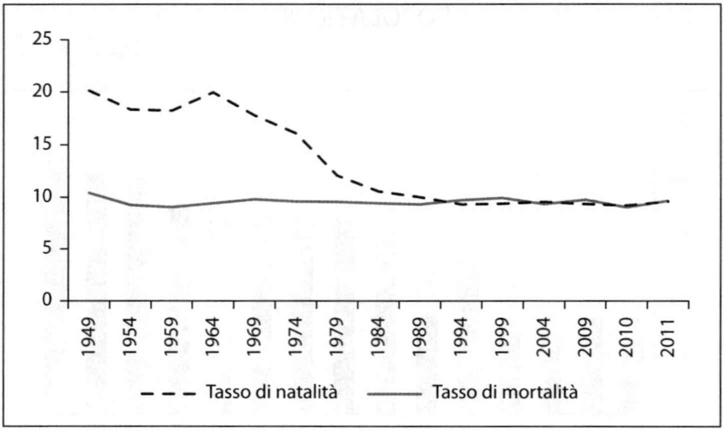

FIG. 3. Tassi di natalità e di mortalità, valori per 1.000 abitanti. Intervalli quinquennali, 1949-2009 e valori 2010-2011.

fonte: ISTAT, Ricostruzione della popolazione residente e del bilancio demografico.

nota: Il tasso di natalità è costruito come rapporto tra il numero di nati vivi dell'anno e il valore medio della popolazione residente (per mille); il tasso di mortalità è costruito come rapporto tra il numero dei decessi nell'anno e il valore medio della popolazione residente (per mille).

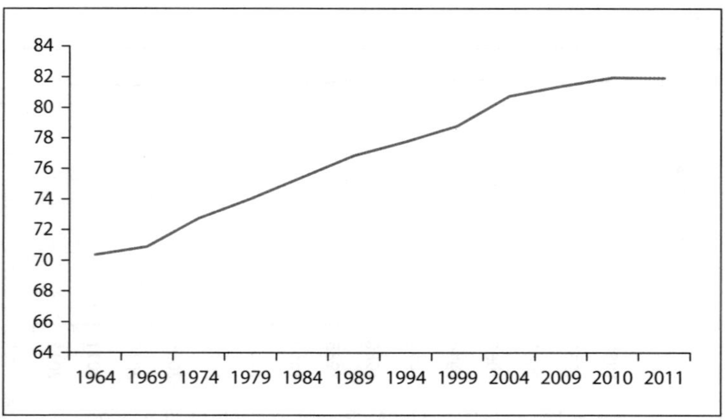

FIG. 4. Attesa media di vita alla nascita, in anni. Intervalli quinquennali, 1964-2009 e valori 2010-2011.

fonte: Banca Mondiale.

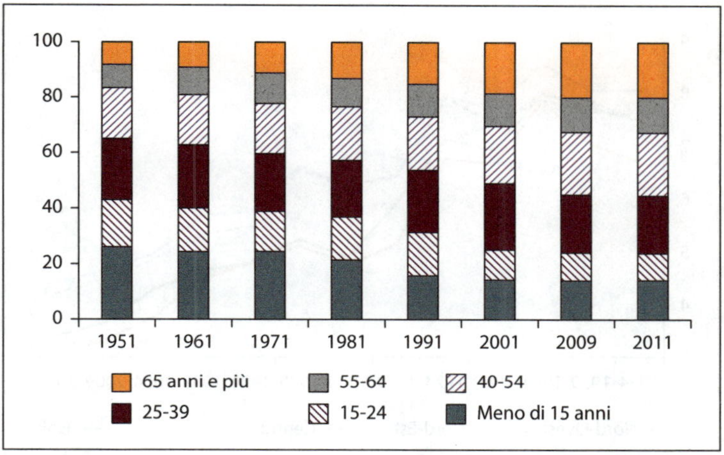

FIG. 5. Popolazione per classi di età quinquennali. Intervalli decennali, 1951-2001 e valori 2009 e 2011 (composizione percentuale).

fonte: ISTAT, *Censimento generale della popolazione* (1951-2001), *Rilevazione del movimento e calcolo della popolazione residente* (2009), *Popolazione residente comunale per sesso, anno di nascita e stato civile* (2011, dati provvisori).

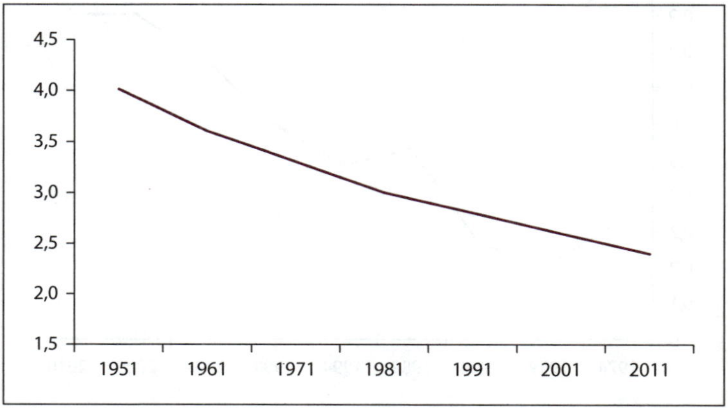

FIG. 6. Numero medio di componenti per famiglia, ai censimenti 1951-2011.

fonte: ISTAT, *Censimento generale della popolazione* (1951-2001), per il 2011: *Primi risultati del Censimento della popolazione e delle abitazioni.*

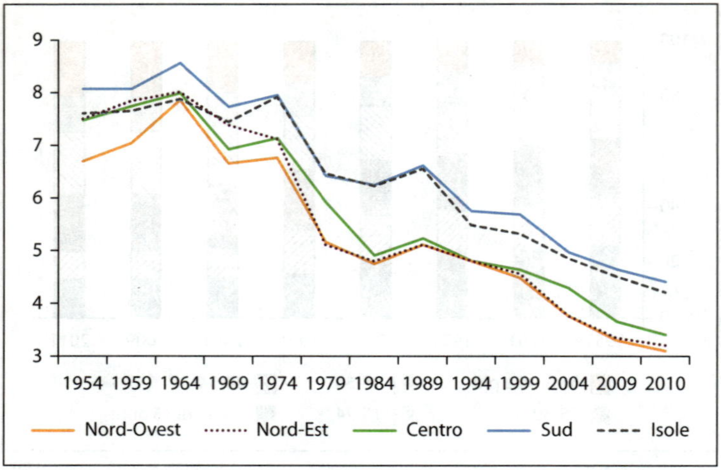

FIG. 7. Matrimoni per ripartizione geografica. Intervalli quinquennali, 1954-2009 e valori 2010 (tassi per 1.000 abitanti).
fonte: ISTAT, *Rilevazione sui matrimoni* (1930-2010).

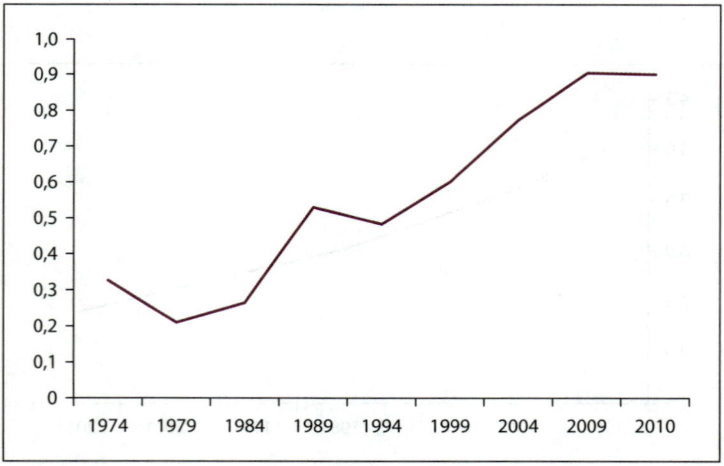

FIG. 8. Divorzi concessi per 1.000 abitanti. Intervalli quinquennali, 1974-2009 e valori 2010.
fonte: ISTAT, *Rilevazione sui matrimoni*.

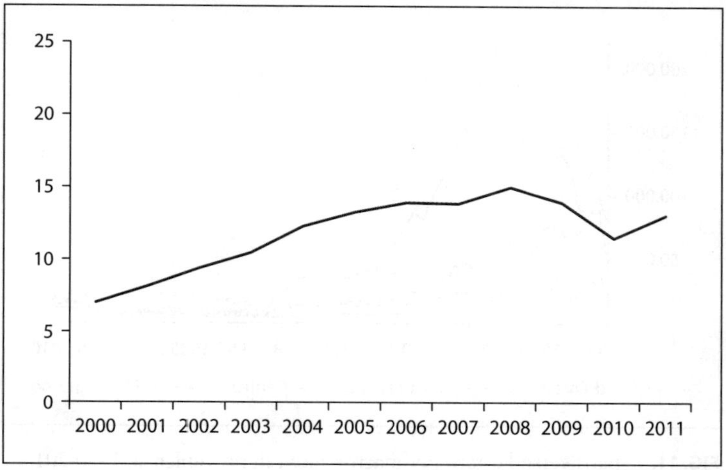

FIG. 9. Matrimoni misti o tra cittadini stranieri, in percentuale del totale dei matrimoni celebrati, 2000-2011.

fonte: ISTAT, *Rilevazione sui matrimoni.*

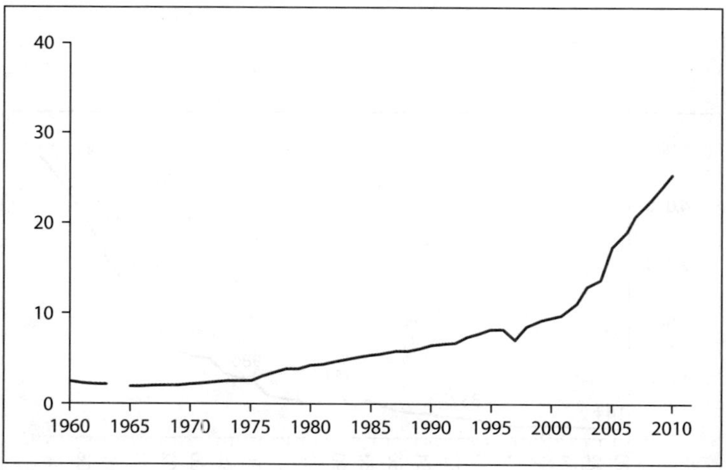

FIG. 10. Figli nati fuori dal matrimonio per 100 nati vivi (valore percentuale), 1960-2010.

fonte: Per gli anni 2004-2010: INPS, ISTAT e Ministero del Lavoro, *Rapporto sulla coesione sociale 2012*; per gli anni precedenti: EUROSTAT, *Population and Social Conditions.*

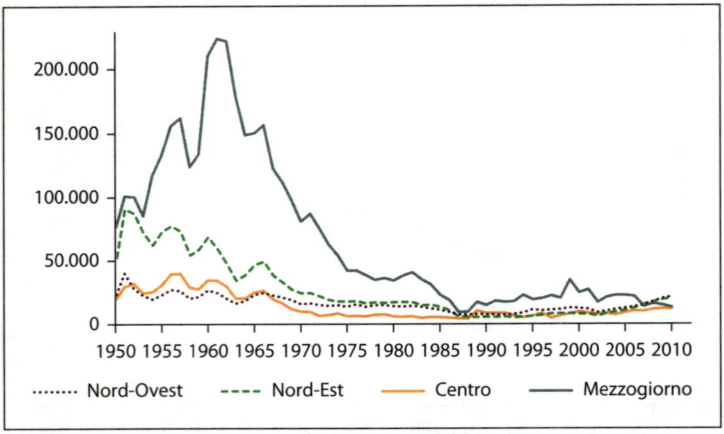

FIG. 11. Espatri verso l'estero per macroregioni di provenienza, 1950-2010.

fonte: Per gli anni 1950-1994: ISTAT, *Serie storiche, popolazione* («Rilevazione del movimento migratorio della popolazione residente»); dal 1995: ISTAT, *Demo-GeoDemo*, indicatore «cancellati per trasferimento di residenza per l'estero».

nota: Data la diversa definizione degli indicatori, i dati fino al 1994 non sono direttamente confrontabili con quelli relativi a dopo il 1995.

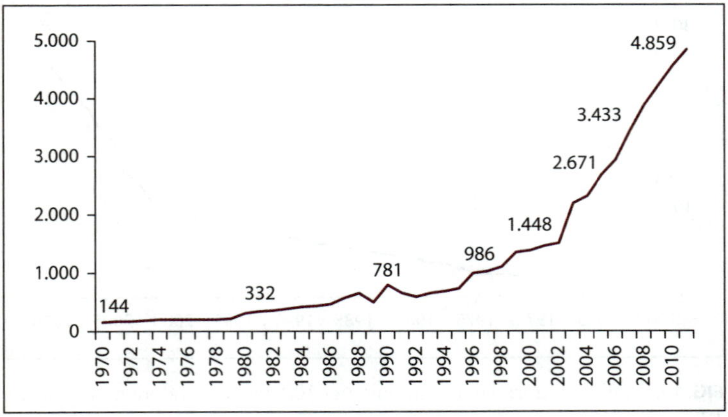

FIG. 12. Stranieri residenti in Italia (valori assoluti), 1970-2011 (popolazione al 31 dicembre).

fonte: ISTAT, *Indicatori demografici* (elaborazioni su dati Ministero dell'Interno).

TAB. 1. MIGRAZIONI INTERNE (VALORI ASSOLUTI, MEDIE BIENNALI)

MACROREGIONE DI ORIGINE	1980-1981				
	MACROREGIONE DI RESIDENZA				
	NORD-OVEST	NORD-EST	CENTRO	MEZZOGIORNO	TOTALE
Nord-Ovest	293.871	18.465	16.171	49.142	377.648
Nord-Est	12.438	162.983	8.336	11.365	195.122
Centro	11.990	8.531	149.345	23.369	193.235
Mezzogiorno	63.072	22.490	38.138	318.046	441.746
Totale	381.370	212.468	211.989	401.922	1.207.749
	1990-1991				
Nord-Ovest	285.814	14.938	11.882	34.034	346.666
Nord-Est	9.869	147.604	6.078	9.852	173.403
Centro	9.745	7.433	136.360	19.646	173.184
Mezzogiorno	55.475	25.117	35.183	280.471	396.245
Totale	360.903	195.091	189.502	344.002	1.089.497
	2000-2001				
Nord-Ovest	325.694	15.531	12.531	27.901	381.656
Nord-Est	11.403	196.098	8.398	14.745	230.644
Centro	10.875	10.377	161.329	19.711	202.292
Mezzogiorno	50.622	44.138	43.707	249.384	387.851
Totale	398.594	266.144	225.964	311.741	1.202.442
	2008				
Nord-Ovest	390.417	17.153	12.614	25.208	445.392
Nord-Est	14.471	247.471	9.193	17.541	288.676
Centro	13.139	12.947	202.219	22.599	250.904
Mezzogiorno	43.085	39.040	39.829	281.821	403.775
Totale	461.112	316.611	263.855	347.169	1.388.747

fonte: ISTAT, *La recente mobilità territoriale in Italia*.

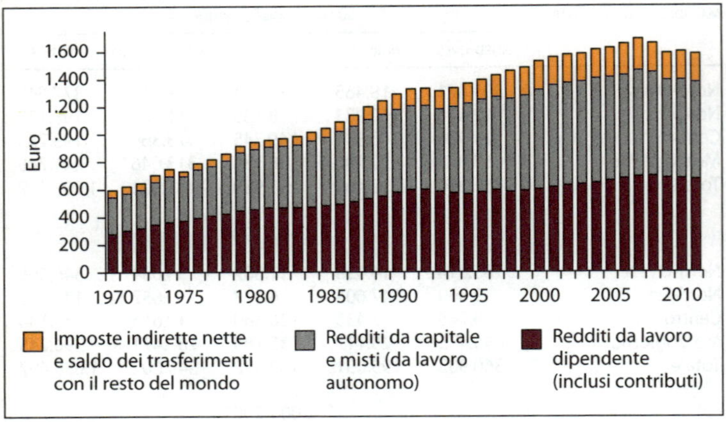

FIG. 13. Prodotto interno lordo, per fattori di produzione, a prezzi costanti, 1970-2011, milioni di euro 2011.

fonte: OCSE, OECD iLibrary, *StatExtracts, Economic Outlook*.

nota: I valori a prezzi costanti sono ottenuti mediante divisione dei valori a prezzi correnti per l'indice dei prezzi dei beni di consumo, tratto dalla stessa fonte.

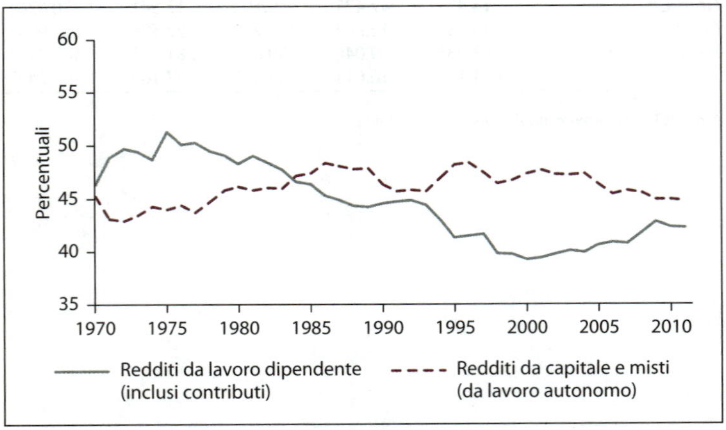

FIG. 14. Quote del reddito destinate alla retribuzione di lavoro e capitale, 1970-2011.

fonte: OCSE, OECD iLibrary, *StatExtracts, Economic Outlook*.

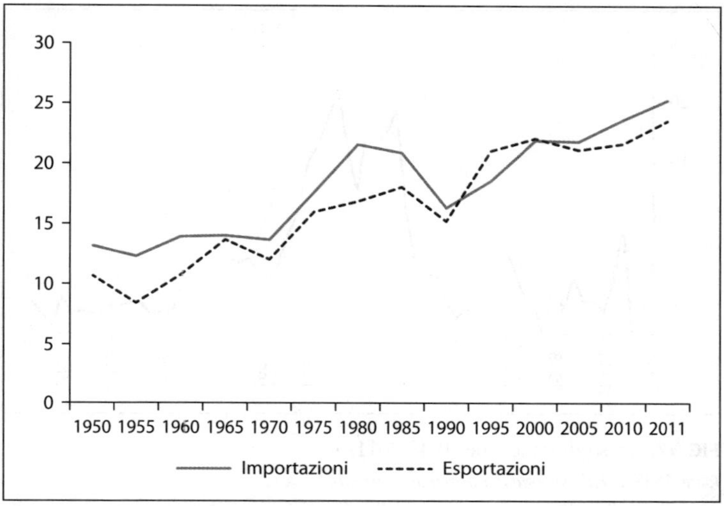

FIG. 15. Importazioni ed esportazioni in percentuale del PIL. Andamento quinquennale tra il 1950 e il 2010, con aggiornamento 2011.
fonte: ISTAT, *Dati riassuntivi su esportazioni e importazioni*.

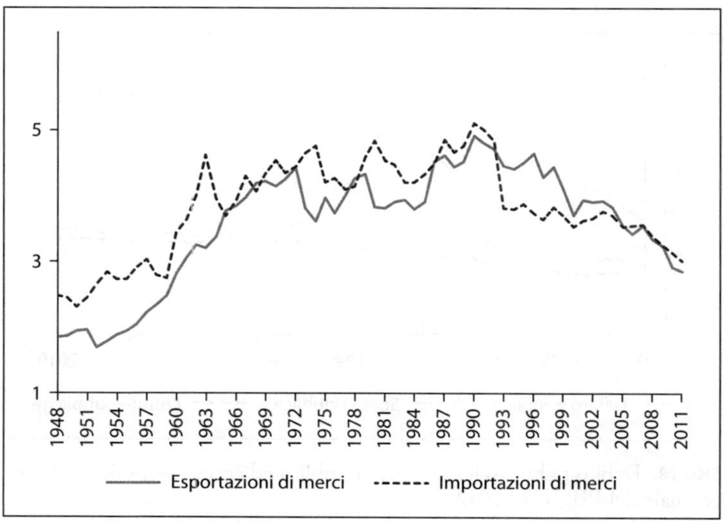

FIG. 16. Quote di mercato delle importazioni ed esportazioni di merci italiane, in percentuale del totale mondiale, 1948-2011.
fonte: World Trade Organisation, *Statistics Database*.

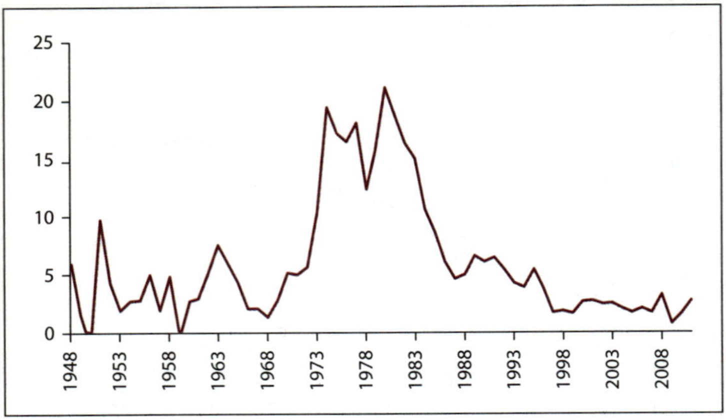

FIG. 17. Tasso di inflazione, 1948-2011.

fonte: ISTAT, *Rilevazione dei prezzi al consumo*.

nota: Tasso di variazione percentuale dell'indice dei prezzi al consumo per le famiglie di operai e impiegati. Con l'esclusione dei tabacchi a partire dal 1992 (legge 81 del 5 febbraio 1992).

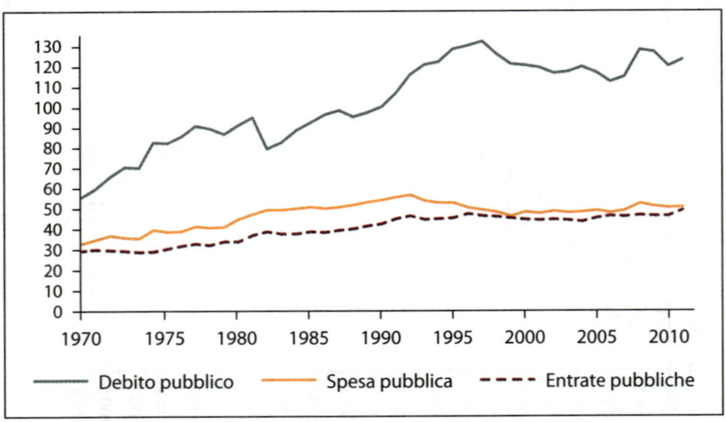

FIG. 18. Debito pubblico lordo, spesa pubblica ed entrate pubbliche, in percentuale del PIL, 1970-2012.

fonte: OCSE, OECD iLibrary, *StatExtracts, Economic Outlook*.

nota: I valori 2012 sono previsioni OCSE aggiornate a ottobre 2012. Gli aggregati si riferiscono al settore «General government», comprensivo delle amministrazioni e degli enti statali, regionali e locali.

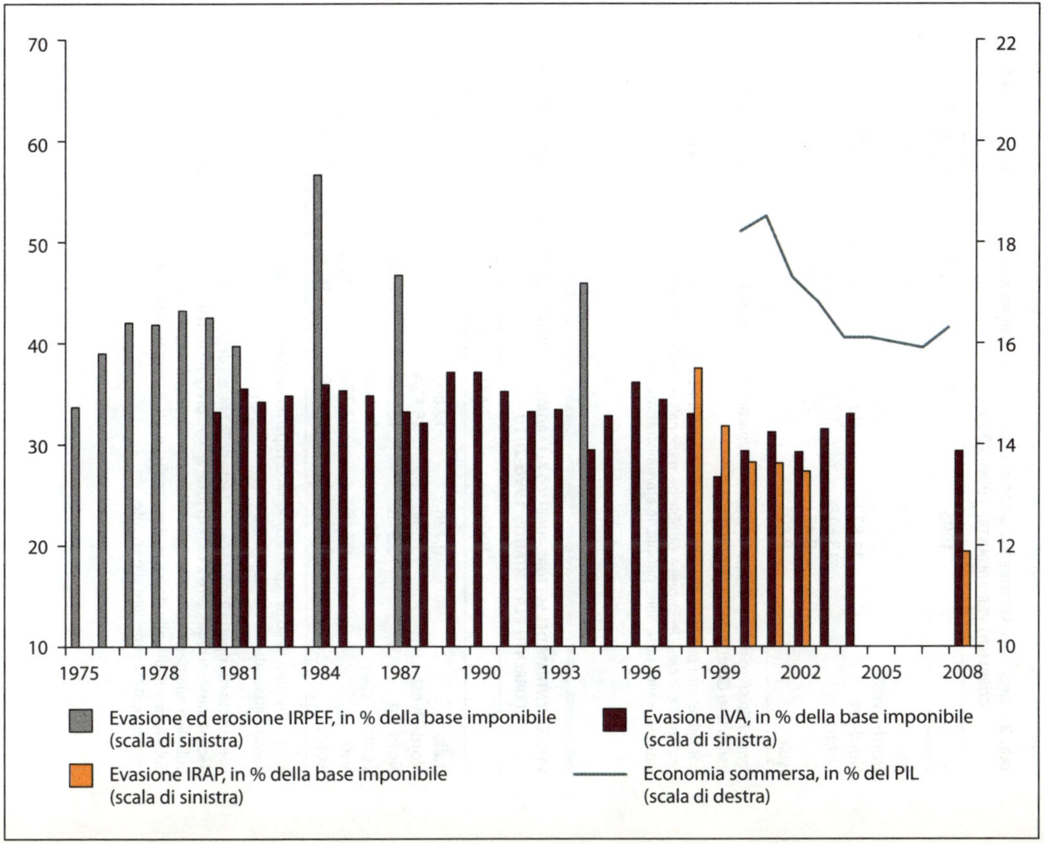

FIG. 19. Stime dell'evasione fiscale in percentuale della base imponibile, e stime dell'economia sommersa in percentuale del PIL, 1975-2009.

fonte: S. Manestra, *Per una storia della «tax compliance» in Italia*, *Questioni di Economia e Finanza*, n. 81, Banca d'Italia, Roma, 2010; ISTAT, *La misura dell'economia sommersa secondo le statistiche ufficiali. Anni 2000-2008*, Conti nazionali, *Statistiche in breve*, Roma, 2010; Corte dei Conti, Sezioni Riunite in sede di controllo, *Rapporto 2012 sul coordinamento della finanza pubblica*, Roma, maggio 2012. Il valore riportato per il 2008 è una media degli anni 2007-2009.

nota: Il sommerso economico deriva dall'attività di produzione di beni e servizi che, pur essendo legale, sfugge all'osservazione diretta, in quanto connessa al fenomeno della frode fiscale e contributiva. Tale componente è già compresa nella stima del PIL e negli aggregati economici diffusi dall'ISTAT. Nel grafico, l'evasione fiscale è riportata in percentuale delle entrate fiscali relative alla tassa o imposta evasa (asse di sinistra), mentre l'economia sommersa è riportata in percentuale del PIL (asse di destra).

TAB. 2. SPESA DEL SETTORE PUBBLICO ALLARGATO PER REGIONE E MACROAREA, EURO (A PREZZI CORRENTI) PER ABITANTE, 1996-2010

	1996	2000	2005	2010
Italia	11.378	12.015	15.531	17.119
Nord-Ovest	12.613	13.246	17.267	19.081
Nord-Est	11.877	12.307	15.762	17.137
Centro	13.818	13.971	18.032	19.624
Sud	8.471	9.374	11.991	13.831
Isole	9.401	10.548	13.642	14.912

fonte: Ministero dello Sviluppo economico, Dipartimento per lo sviluppo e la coesione economica, Banca Dati Conti Pubblici Territoriali.

nota: Il settore pubblico allargato include le amministrazioni pubbliche centrali e decentrate (enti regionali e locali), le imprese pubbliche nazionali e locali. Di conseguenza si tratta di un valore superiore alle spese delle pubbliche amministrazioni.

TAB. 3. ENTRATE DEL SETTORE PUBBLICO ALLARGATO PER REGIONE E MACROAREA, EURO (A PREZZI CORRENTI) PER ABITANTE, 1996-2010

	1996	2000	2005	2010
Italia	10.726	12.663	14.865	17.510
Nord-Ovest	13.594	15.824	17.873	21.361
Nord-Est	12.918	15.094	17.019	21.167
Centro	12.231	14.642	17.291	19.125
Sud	6.444	7.778	9.723	11.427
Isole	6.921	8.119	10.384	12.004

fonte: Ministero dello Sviluppo economico, Dipartimento per lo sviluppo e la coesione economica, Banca Dati Conti Pubblici Territoriali.

nota: La tabella riporta il valore per abitante delle entrate delle amministrazioni pubbliche centrali e decentrate (enti regionali e locali). In tutte le macroregioni (e in tutte le regioni) la spesa del settore pubblico allargato (riportata nella tabella precedente) è quindi superiore all'80% delle entrate pubbliche relative alle stesse aree geografiche. Ciò è stato possibile perché in Italia nel complesso la spesa è stata superiore alle entrate.

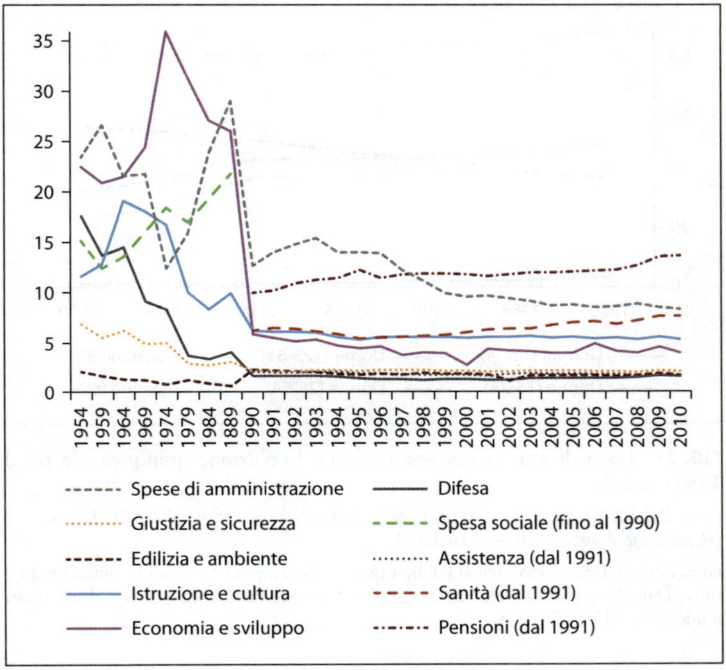

FIG. 20. Classificazione della spesa pubblica per funzione economica, in percentuale del totale, 1954-2010.

fonte: Fino al 1989: Ministero dell'Economia e delle Finanze, *La spesa dello Stato dall'unità d'Italia*; dal 1990: OCSE, *Government Expenditure by Function (COFOG)*.

nota: A partire dal 1990, la voce «Spesa sociale» è disaggregata nelle tre categorie «Assistenza», «Pensioni» e «Sanità». I valori di ogni anno non sommano a 100 perché per ragioni di semplicità dal grafico sono escluse le poste straordinarie di spesa (voci «Rimborsi di prestiti» e «Altre uscite»).

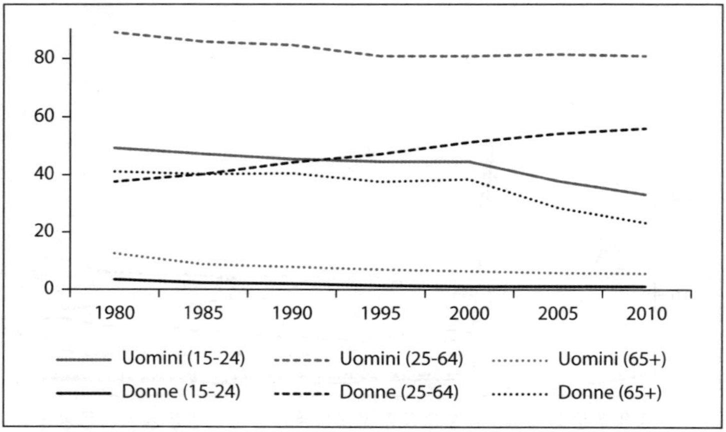

FIG. 21. Tasso di attività per sesso ed età. Evoluzione quinquennale tra il 1980 e il 2010.

fonte: ISTAT, *Rilevazione trimestrale sulle forze di lavoro* (fino al 2003); *Rilevazione continua sulle forze di lavoro* (dal 2004).

nota: Fino al 1992, sono inclusi anche i quattordicenni; dal 1993 solo i quindicenni e oltre. Dal 2004, gli occupati si riferiscono alle persone di 15 anni e oltre; i disoccupati a quelle tra i 15 e i 74 anni.

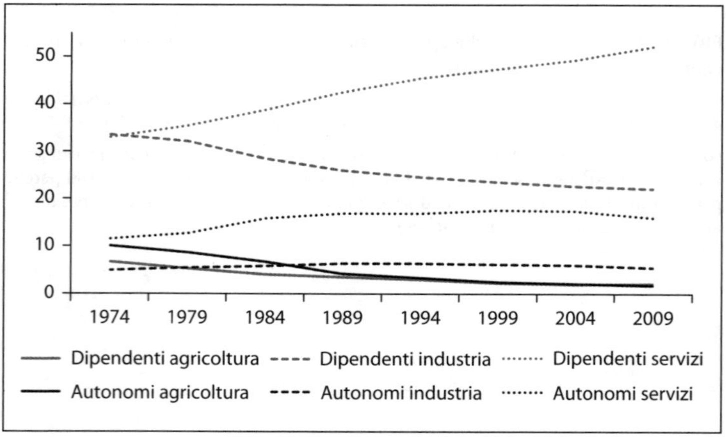

FIG. 22. Occupati per categoria e settore di attività, in percentuale degli occupati. Evoluzione quinquennale tra il 1974 e il 2009.

fonte: ISTAT, *Conti economici nazionali.*

nota: Gli occupati presenti derivano dalle stime di contabilità nazionale e comprendono tutte le persone occupate, residenti e non residenti, che prestano la propria attività lavorativa presso unità produttive residenti. Tra questi sono considerati anche i componenti permanenti delle convivenze, i militari di leva e i lavoratori residenti con meno di 15 anni, mentre sono esclusi i residenti che lavorano presso unità di produzione non residenti. I dati relativi agli occupati presenti non sono, quindi, confrontabili con quelli derivanti dalla *Rilevazione sulle forze di lavoro.*

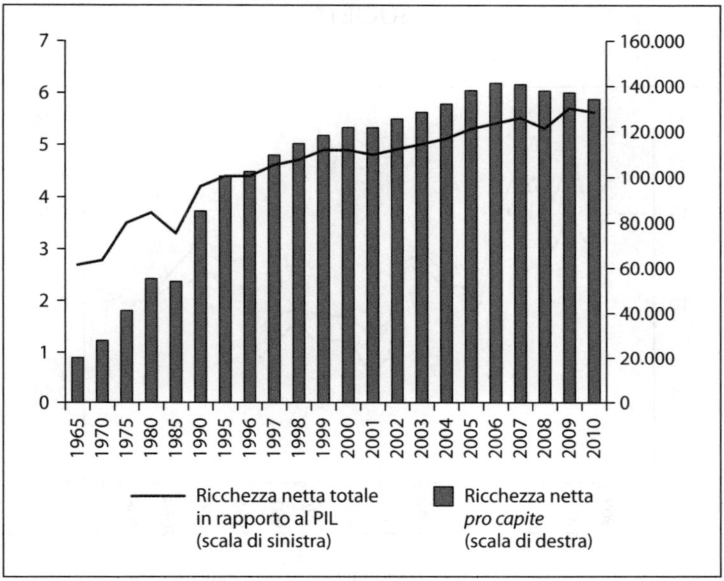

FIG. 23. Ricchezza delle famiglie, valori *pro capite* a prezzi costanti (in euro 2010) e valore in rapporto al PIL, 1965-2010.

fonte: Banca d'Italia, *Questioni di Economia e Finanza*.

nota: La ricchezza *pro capite* è espressa in euro ai prezzi 2010 (scala di destra). La ricchezza complessiva delle famiglie in rapporto al PIL è un numero puro, pari a diverse volte l'intera economia (da 2,7 volte il PIL nel 1965, a 5,6 nel 2010).

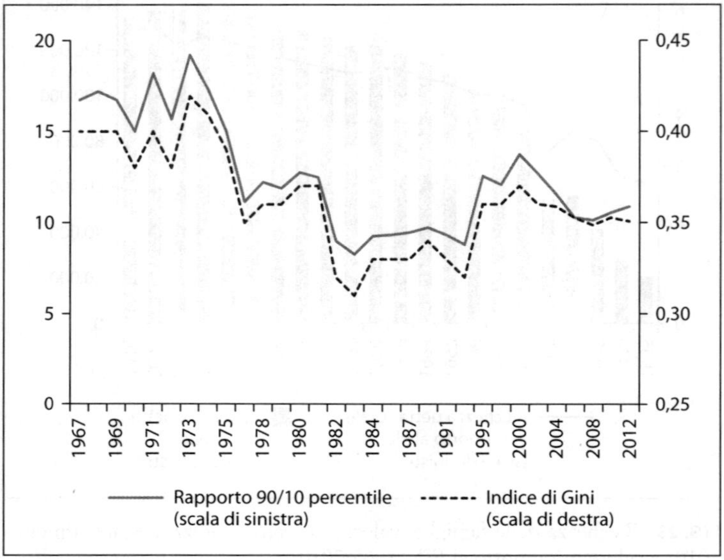

FIG. 24. Diseguaglianza dei redditi familiari tra il 1967 e il 2012.

fonte: Banca d'Italia, *I Bilanci delle famiglie italiane*, in *Supplementi al Bollettino Statistico* (diversi anni). Nel 1985 l'indagine viene sospesa; a partire dal 1987 le indagini vengono effettuate a cadenza biennale. Valori misurati sulla base dei redditi familiari equivalenti (ovvero i redditi totali del nucleo familiare, corretti per la numerosità della famiglia).

nota: L'indicatore «Rapporto 90/10» indica il rapporto tra il reddito minimo del 10% più ricco della popolazione (chiamato nono decile, o novantesimo percentile) e il reddito massimo del 10% più povero della popolazione (primo decile o decimo percentile): intuitivamente, l'indicatore misura quante volte occorre moltiplicare il reddito dei più poveri per ottenere quello dei più ricchi (valore misurato sulla scala di sinistra). L'indice di Gini (scala di destra) misura la «concentrazione» dei redditi individuali, ovvero quanto il reddito è distribuito in modo egualitario nella società. Entrambe le misure crescono al crescere della diseguaglianza, con la prima relativamente più sensibile agli estremi e la seconda influenzata da modifiche nell'intera distribuzione (quindi rispetto alla prima relativamente più sensibile alla condizione delle classi medie).

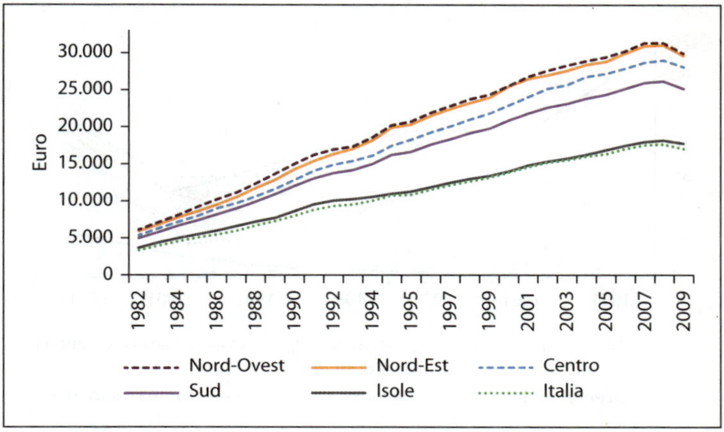

FIG. 25. Reddito *pro capite* per macroarea, 1982-2009.

fonte: ISTAT, *Conti economici nazionali.*

nota: La serie di dati dal 1980 al 1995 non è confrontabile con la serie dal 1995 al 2009, in quanto le stime regionali coerenti con l'ultima revisione di contabilità nazionale sono disponibili a partire dall'anno 1995. Per l'anno 1995 sono riportati due valori, ciascuno coerente con la rispettiva serie di riferimento.

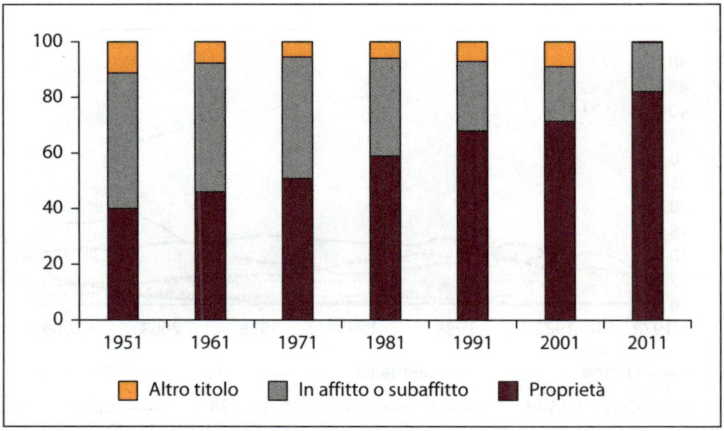

FIG. 26. Titolo di godimento delle abitazioni e delle stanze occupate da persone residenti (valori percentuali), ai censimenti 1951-2011.

fonte: ISTAT, *Censimento generale della popolazione e delle abitazioni.*

nota: La categoria «Proprietà» comprende anche l'usufrutto, le abitazioni di proprietà ma affittate (o subaffittate) e quelle a riscatto; «Altro titolo» comprende l'uso gratuito, l'enfiteusi, il godimento per prestazione di servizi (coloni parziari, portieri, guardiani ecc.). Per il 2011 si tratta di dati provvisori, senza distinzione tra affitto e altri titoli di godimento dell'abitazione.

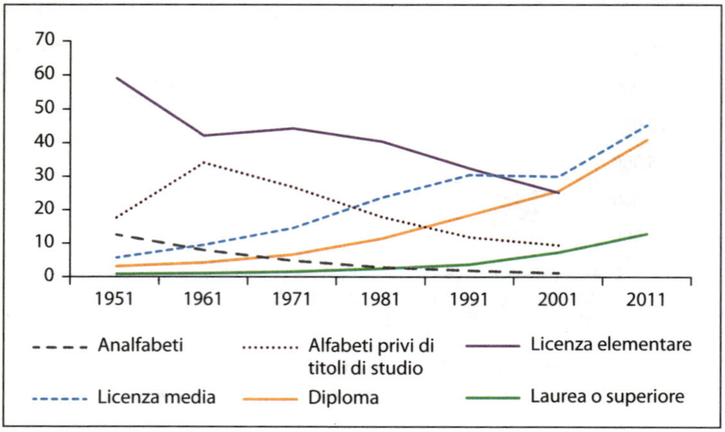

FIG. 27. Popolazione per titolo di studio e macroarea, in percentuale della popolazione di età superiore ai 6 anni (per il 2011, superiore ai 15 anni), 1951-2011.

fonte: Per gli anni 1951-2001: ISTAT, *Censimento generale della popolazione*; per il 2011: EUROSTAT, *Education and Training Database*.

nota: Per il 1951 il certificato di proscioglimento (3ª elementare) è compreso nella licenza elementare. Dal 1961 in poi il certificato di proscioglimento non è più considerato tra i titoli di studio.

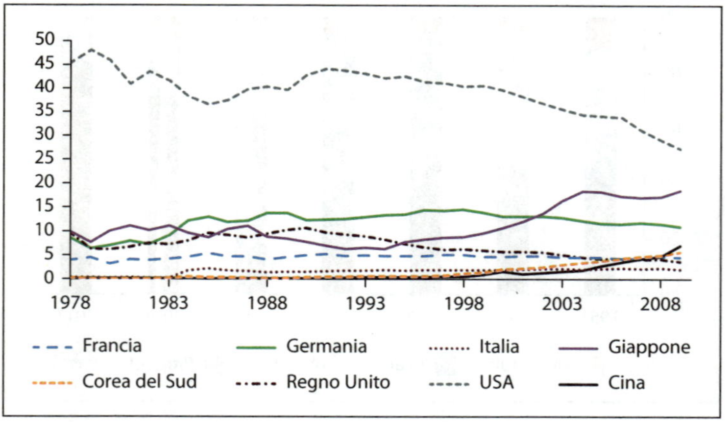

FIG. 28. Concessioni di brevetti regolati dal Trattato sulla cooperazione in materia di brevetti (PCT), percentuale sul totale mondiale.

fonte: OCSE, *OECD Patent Databases*. Brevetti classificati sulla base del paese di residenza dell'inventore, non del soggetto che ha fatto domanda di brevetto.

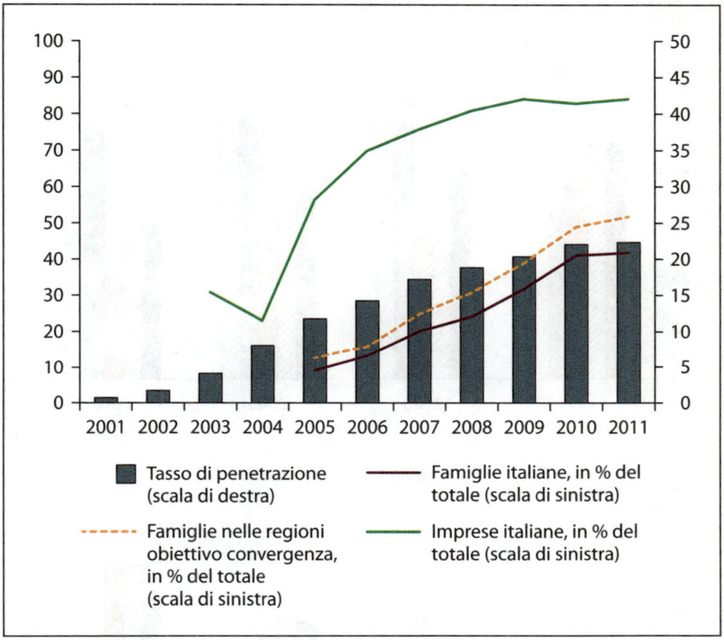

FIG. 29. Diffusione della banda larga in Italia, e percentuale di famiglie e imprese italiane con accesso a Internet a banda larga, 2001-2011.

fonte: EUROSTAT, *Information Society Database, 2010 Benchmarking Indicators*; OECD, *Broadband Portal, Broadband and Telecom*.

nota: Il tasso di penetrazione è il numero di connessioni a banda larga sul totale delle connessioni Internet.

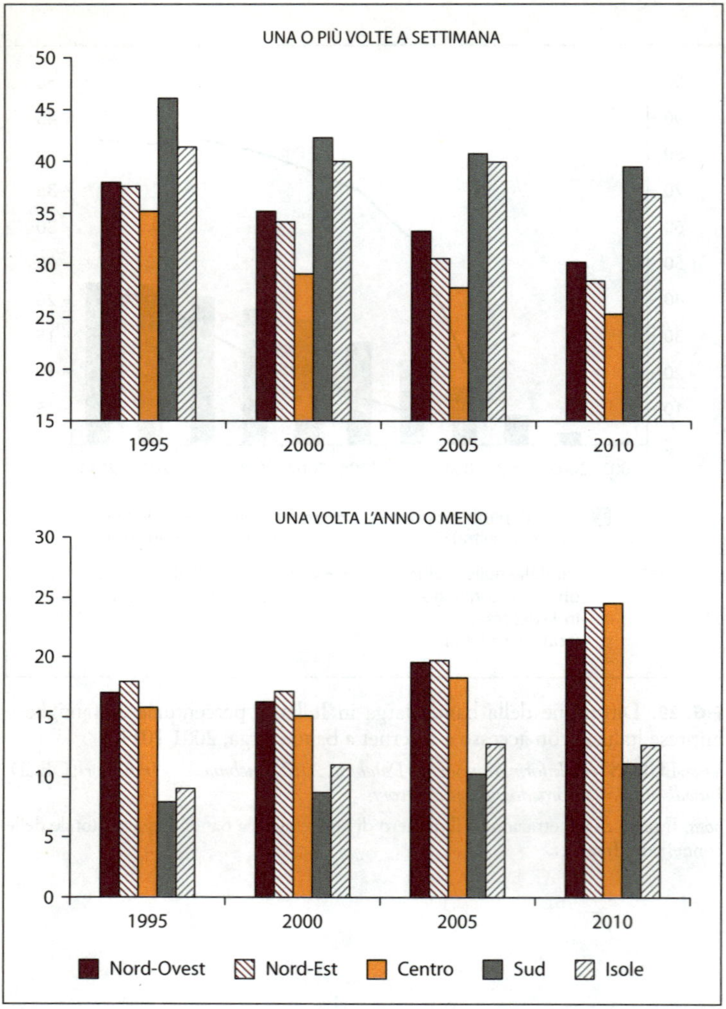

FIG. 30. Percentuale di persone dai 6 anni in su, per frequenza con cui si recano in un luogo di culto, per ripartizione geografica. Intervalli quinquennali, 1995-2010.

fonte: Indagine ISTAT, *Aspetti della vita quotidiana*.

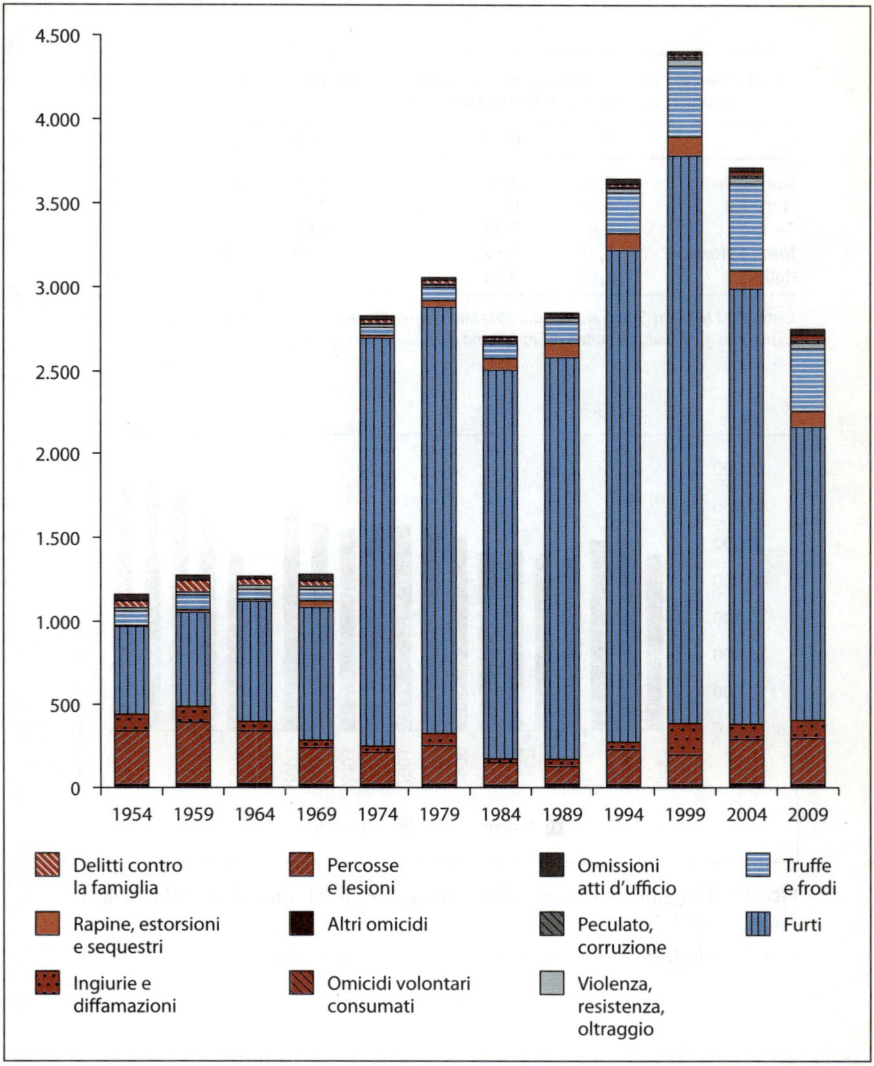

FIG. 31. Delitti denunciati di autore noto per i quali l'autorità giudiziaria ha iniziato l'azione penale e delitti di autore ignoto, per tipo di delitto, 1954-2009 (tassi per 100.000 abitanti).

fonte: ISTAT, *Rilevazione dei reati per cui è iniziata l'azione penale*.

nota: La categoria «Altri omicidi» include omicidi volontari (tentati e consumati), omicidi del consenziente, omicidi preterintenzionali e infanticidi; «Truffe e frodi» include truffe, appropriazione indebita, ricettazione, insolvenza fraudolenta; «Violenza, resistenza, oltraggio» include violenza, resistenza, oltraggio a pubblico ufficiale ecc. (artt. del c.p. 336, 337, 338, 340, 341, 341 *bis*, 342, 343, 344, 345, 337 *bis*; legge 92 del 2001 art. 4); «Peculato, corruzione» include peculato, malversazione, concussione, corruzione, istigazione alla corruzione ecc. (artt. del c.p. 314, 315, 316, 316 *bis*, 316 *ter*, 317, 318, 319, 319 *ter*, 320, 321, 322, 322 *bis*; legge 86 del 1990 artt. 1-16; legge 300 del 2000 artt. 3 e 4): per il periodo dal 1887 al 1895 e dal 1931 al 1946 i dati relativi a peculato, malversazione, concussione, corruzione erano inclusi in quelli relativi a omissione di atti d'ufficio ecc.; «Omissione atti d'ufficio» include i reati di cui agli articoli del Codice penale 323, da 325 a 335, da 346 a 356.

TAB. 4. OMICIDI VOLONTARI CONSUMATI DENUNCIATI DALLE FORZE DI POLIZIA ALL'AUTORITÀ GIUDIZIARIA, PER 100.000 ABITANTI, 1985-2010

	1985	1990	1995	2000	2005	2010
Nord-Ovest	0,82	1,30	1,03	0,88	0,68	0,80
Nord-Est	0,67	0,83	0,71	0,73	0,61	0,40
Centro	0,80	1,33	0,81	0,80	0,72	0,70
Mezzogiorno	**3,18**	**6,57**	**3,31**	**2,19**	**1,67**	**1,40**
Italia	1,63	3,13	1,76	1,31	1,03	0,90

fonte: ISTAT (mod. 165) fino al 2003; dal 2004 Ministero dell'Interno (banca dati SDI), *Delitti denunciati all'autorità giudiziaria da Polizia di Stato, Arma dei Carabinieri e Guardia di Finanza.*

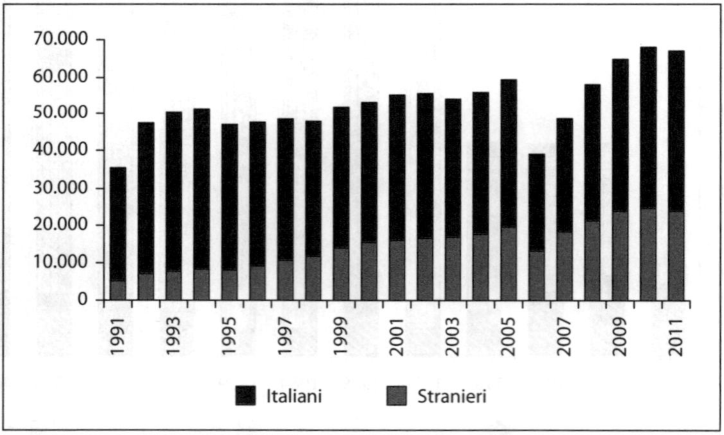

FIG. 32. Detenuti per nazionalità, rilevazioni al 31 dicembre 2011, valori assoluti, 1991-2011.

fonte: ISTAT, *Rilevazione dei reati per cui è iniziata l'azione penale.*

Indice dei nomi

Indice dei nomi

Finito di stampare nel mese di aprile 2013
presso Litosei, via Rossini 10, Rastignano (Bo)
DTP: Centro Immagine - Lucca

Stampato su carta Arcoprint Milk di Fedrigoni S.p.A.,
prodotta nel pieno rispetto del patrimonio boschivo

contemporanea

ultimi volumi pubblicati:

186. Francesco Strazzari, *Notte balcanica. Guerre, crimine, stati falliti alle soglie d'Europa*
187. ITANES, *Il ritorno di Berlusconi. Vincitori e vinti nelle elezioni del 2008*
188. Tommaso Padoa Schioppa, *La veduta corta. Conversazione con Beda Romano sul Grande Crollo della finanza*
189. Gianpiero Dalla Zuanna, Patrizia Farina e Salvatore Strozza, *Nuovi italiani. I giovani immigrati cambieranno il nostro paese?*
190. Ignazio Visco, *Investire in conoscenza. Per la crescita economica*
191. Ilvo Diamanti, *Mappe dell'Italia politica. Bianco, rosso, verde, azzurro... e tricolore*
192. Daniela Del Boca e Alessandro Rosina, *Famiglie sole. Sopravvivere con un welfare inefficiente*
193. Gianpietro Mazzoleni e Anna Sfardini, *Politica pop. Da «Porta a Porta» a «L'isola dei famosi»*
194. Giorgio Cosmacini, *Testamento biologico. Idee ed esperienze per una morte giusta*
195. Marzio Barbagli, Gianpiero Dalla Zuanna e Franco Garelli, *La sessualità degli italiani*
196. Gianfranco Pasquino, *Le parole della politica*
197. Andrea Graziosi, *L'università per tutti. Riforme e crisi del sistema universitario italiano*
198. Luca Verzichelli, *Vivere di politica. Come (non) cambiano le carriere politiche in Italia*
199. Franco Cazzola, *Qualcosa di sinistra. Miti e realtà delle sinistre al governo*
200. Carlo A. Marletti, *La Repubblica dei media. L'Italia dal politichese alla politica iperreale*
201. Alberto Clô, *Si fa presto a dire nucleare. Riflessioni di un nuclearista non pentito*

202. Lev Gudkov e Victor Zaslavsky, *La Russia da Gorbaciov a Putin*
203. Marcello Dei, *Ragazzi, si copia. A lezione di imbroglio nelle scuole italiane*
204. Christian Caliandro e Pier Luigi Sacco, *Italia Reloaded. Ripartire con la cultura*
205. Antonio Massarutto, *Privati dell'acqua? Tra bene comune e mercato*
206. Andrea Goldstein, *Bric. Brasile, Russia, India, Cina alla guida dell'economia globale*
207. Roberto Cartocci, *Geografia dell'Italia cattolica*
208. Antonio Cassese, *L'esperienza del male. Guerra, tortura, genocidio, terrorismo alla sbarra*
209. Michele Salvati, *Tre pezzi facili sull'Italia. Democrazia, crisi economica, Berlusconi*
210. Franco Garelli, *Religione all'italiana. L'anima del paese messa a nudo*
211. Giuseppe Berta, *Fiat-Chrysler e la deriva dell'Italia industriale*
212. Asher Colombo, *Fuori controllo? Miti e realtà dell'immigrazione in Italia*
213. Daniela Del Boca, Mencarini Letizia e Silvia Pasqua, *Valorizzare le donne conviene*
214. Martha C. Nussbaum, *Creare capacità. Liberarsi dalla dittatura del Pil*
215. Gianluca Passarelli e Dario Tuorto, *Lega & Padania. Storie e luoghi delle camicie verdi*
216. Roberto Balzani, *Cinque anni di solitudine. Memorie inutili di un sindaco*
217. Michele Roccato e Terri Mannarini, *Non nel mio giardino. Prendere sul serio i movimenti Nimby*
218. Carlo Galli, *Abbiccì della cronaca politica*
219. Guy Standing, *Precari. La nuova classe esplosiva*
220. Caterina Malavenda, Carlo Melzi d'Eril e Giulio Enea Vigevani, *Le regole dei giornalisti. Istruzioni per un mestiere pericoloso*
221. Piergiorgio Corbetta e Elisabetta Gualmini, *Il partito di Grillo*
222. Norberto Bottani, *Requiem per la scuola? Ripensare il futuro dell'istruzione*
223. Giulio Sapelli, *Elogio della piccola impresa*
224. Lorenzo Bini Smaghi, *Morire di austerità. Democrazie europee con le spalle al muro*
225. Giuliano Amato e Andrea Graziosi, *Grandi illusioni. Ragionando sull'Italia*